대통령, 그리고 시대의 라이벌

대통령, 그리고 시대의 라이벌

초판 인쇄 2018년 10월 1일
초판 발행 2018년 10월 5일

지은이   김병문
펴낸이   이찬규
교정교열   정난진
펴낸곳   북코리아
등록번호   제03-01240호
주소   13209 경기도 성남시 중원구 사기막골로 45번길 14
        우림2차 A동 1007호
전화   02-704-7840
팩스   02-704-7848
이메일   sunhaksa@korea.com
홈페이지   www.북코리아.kr
ISBN   978-89-6324-627-7 03350

값 19,000원

김병문 지음

대통령, 그리고 시대의 라이벌

시대의 라이벌

북코리아

지금까지 한국의 정치는 대통령에 의해 상당한 영향을 받아왔다. 따라서 대통령을 이해하는 것은 한국정치와 정치역사를 이해하는 데 매우 중요하다. 그러나 대통령과 한국정치에 대한 책들은 그 내용이 딱딱하여 흥미를 유발하기 어려운 면이 있어 사람들이 쉽게 접근하기 어렵다는 사실이 아쉬웠다.

이러한 의미에서 필자는 미흡하나마 2012년《그들이 한국의 대통령이다》라는 책을 출간하여 대통령의 에피소드를 통해 대통령과 한국정치에 대한 이해를 구하고자 했다. 이어서 대통령을 좀 더 이해하기 위해 대통령과 그 시대에 대적했던 라이벌을 함께 엮어서 "대통령, 그리고 시대의 라이벌"이라는 제목으로 이 책을 쓰게 되었다.

역대 대통령 중 박빙의 승부나 극적인 승부를 중심으로 대통령이 어떻게 그들의 라이벌을 극복할 수 있었는가를 살펴보고자 했다. 한국정치사에 기록될 만한 대통령 선거나 라이벌 경쟁에서 이승만과 김구, 박정희와 김대중, 김영삼과 김대중, 노무현과 이회창, 그리고 박근혜와 문재인을 선택했다. 이들이 경쟁했던 선거나 라이벌 대립은 한국정치사에서 기록될 극적이고 아슬아슬했던 승부의 역사적 경험이었고 치열한 경쟁의 역사적 현장이었다.

　필자는 가급적 역사적 사실에 기초하여 대통령과 경쟁자들의 정치사를 관찰하려 노력했다. 역사적 사실에 대한 주관적 주장이나 관점보다는 사실을 중심으로 실제로 성사되었던 역사적 경험을 살펴보고자 했다. 이번에도 책을 써 나가는 과정에서 느낀 점은 마음과 달리 쉽고 재미있게 쓰는 것이 어렵다는 느낌을 받았다. 이것이 필자가 항상 부딪친 한계다. 필자의 부족함으로 인한 한계점은 향후 이 책을 계기로 좀 더 재미있고 쉬운 대통령에 대한 책들이 나왔으면 하는 바람으로 대신한다.

　이 책을 통해 한국의 대통령에 대해 조금이나마 이해하는 데 보탬이 되는 것이 나의 바람이다. 끝으로 이 책을 완성하는 데 도움을 주신 모든 분께 감사드리며 사랑하는 가족에게도 고마움을 느낀다.

2018년 10월

저자 김병문

차례

제1장 이승만과 김구

이승만은 누구인가?

이승만은 1875년 황해도 평산에서 이경선(양녕대군의 15대 손)의 외아들(6대 독자)로 태어났다. 네 살 때 서울의 남대문 밖으로 이사 와서 본격적으로 서울에서 생활했다. 아버지는 특별한 직업 없이 족보연구에만 관심을 가졌고 어머니가 삯바느질을 하며 생계를 꾸려갔다. 어머니는 이승만에게 지극한 정성을 바치며 애정을 쏟았다.

어려서부터 이승만은 자신이 왕족 출신이라는 사실에 우월성을 갖고 있었고, 이것이 그의 일생에 상당히 영향을 준 듯하다. 미국 유학 시절에 프린스턴 대학이 주최하는 만찬에 참석한 이승만은 단아하고 우아한 자세로 묵묵히 있으면서 본인을 'Prince of Korea'로 소개해 당시 사교클럽의 유명 인사들은 이승만이 왕자인 줄 오해하기도 했다. 한말 시대의 양반, 특히 왕족이라는 사실은 전통적 유교사회에서 이승만에게 대단한 우월성을 심어주었다. 왕족에 대한 우월성은 이승만이 지도자가 되는 데 정당성에서 부담을 느끼지 않았다. 6대 독자라는 특수성도 이승만의 자존심 및 독선적 행위에 영향을 주었다. 무릇 독자들은 절대적인 사랑과 존경을 받길 원하듯이 이승만도 남존여비사상이 팽배한 한말에, 그것도 6대 독자로서 항상 사랑과 존경의 대상이 되어왔다. 이처럼 사랑과 존경을 받았던 이승만은 자신의 우월성만 강조하면서 남의 태도나 의견을 무시하는 독선적인 태도를 보이게 되었다.

이승만은 구한말 과거에 응시할 정도로 한학에 대한 조예가 있었다. 그러나 과거에 여러 번 응시했음에도 합격하지는 못했다. 이승만은 자신의 불합격이 실력보다는 과거제도가 잘못되었다고 생각하며 제도 개혁에 눈뜨게 되었다. 1894년 19세 때 당시 선교사가 운영하던 배재학당에 입학해 영어를 배운 지 6개월 만에 영어신문의 주필을 맡게 되었다. 짧은 기간에 영어를 잘하게 된 것은 아마도 선교사의 영향력과 언어 능력이 상당히 발달했기 때문이었을 것이다. 졸업 후에는 배재학당 영어교사로 재직하며 미국인에게 한국어를 가르치기도 했다.

1896년 21세 때는 서재필의 영향을 받아 독립협회에 가입해 개화운동에 앞장섰다. 1904년 29세 때는 미국으로 건너가 조지워싱턴 대학, 하버드 대학에서 수학하고 1910년 35세 때는 프린스턴 대학에서 철학박사학위를 받았다. 한학과 신학문을 두루 경험한 이승만의 교육적 배경은 지도자로서 커다란 장점이 되었다. 그러나 이러한 교육적 배경은 이승만에게 타인을 존중하기보다는 오직 자신만이 국가와 국민을 이끌 역량이 있다고 확신하며 자만심을 갖는 계기가 되었다.

이승만은 20대 젊은 시절 한국의 개화운동에 적극적으로 활약했다. 정부 타도를 계획했다는 황국협회의 고발로 독립협회 간부들과 함께 투옥되어 종신형을 선고받았다. 투옥 중에는 저 유명한『독립정신』이라는 책을 저술했다. 그리고 투옥 중 감옥에서 여러 번 탈옥해 횃불시위를 이끌어내는 등 당시의 청년들에게 상당히 영웅적인 행동을 보여주었다.

이승만은 민영환의 주선으로 석방된 후 미국으로 건너갔다. 미국 정부에 일본의 한국 침략 저지를 호소했으나 실효를 거두지 못하고 미국에 머물면서 유학하게 되었다. 이후 박용만의 초청으로 하와이에서 잡지를 창간하고 한국인학교 교장으로 활동하며 민족주의와 민주주의를 가르쳤다. 그러나 이승만은 외교적 노력을 통해서만 독립운동이 가능하다고 생각하여 무력투쟁을 주장하는 박용만과 첨예한 의견 차로 결별했다.

1919년 44세 때 3·1운동 이후 상해임시정부가 수립되자 초대 대통령으로 선출되었으며 워싱턴에 구미위원회를 설치했다. 그러나 미국에 거주하면서 대통령 업무를 수행하는 데 대한 불만이 커지자 변장하고 몰래 선박을 이용해 상해로 건너갔다. 일본에서는 이승만을 체포하기 위해 혈안이 되었지만 중국인으로 변장하고 몰래 상해에 입국하는 데 성공했다. 상해에 도착한 이승만은 대통령 일을 수행하면서 당시 임시정부

인사들과 독립운동 방법을 놓고 격론을 벌였다.

이후 이승만은 해방이 되기까지 미국에서 한국의 독립을 위해 나름대로 외교적 노력을 기울이며 독립운동을 했다. 그런데 상해임시정부의 대통령직을 제대로 수행하지 못하고 구미위원회와 임시정부 사이의 재정적인 문제마저 발생하자 이승만과 임시정부 간에는 갈등이 쌓이게 되었다. 결국 임시정부 요인들은 대통령 탄핵안을 통과시켰다. 그러나 이승만은 탄핵을 당했음에도 미국에서 활동하면서 계속 대통령 직함을 사용했다.

이승만은 미국에서의 독립운동 시절 안창호가 조직한 독립단체인 국민회와 치열한 대립과 싸움을 불러일으켰다. 이승만은 자신의 주도하에 국민회를 포함한 모든 조직이 운영되어야 한다고 주장했으며, 자기의 의도대로 되지 않으면 비방과 모략 등을 동원했다. 국민회와의 대립에서 보여준 이승만의 행태는 자만심이 넘쳐나고 독선적이었다는 사실을 생생히 보여주었다. 이승만은 정치지도자로서 타협과 수용능력이 부족했다. 오히려 권력 지향적이고 독선적인 행태가 강했다. 이승만은 1942년 〈미국의 소리〉 방송을 통해 고국 동포들에게 "조만간 일제는 패망할 것이며 우리가 기어이 독립을 쟁취하게 될 것이니 희망을 잃지 말고 싸워나가자"고 호소했다. 이승만의 떨리는 목소리는 전파를 통해 사람들 사이에 귓속말로 전파되어 나갔다.

해방 이후 이승만이 귀국했을 때 그의 명성, 가정적 배경, 교육, 나이 등은 당시 해방정국에서 이승만이 카리스마적 지도자로 인식되는 요인이 되었다. 미군정은 이승만의 귀국을 처음에는 비밀에 부치고 어느 정도 시일이 지난 뒤에 국민에게 알리려 했으나 벌써 소문이 나 있었다. 날이 새자, 이승만이 머물고 있는 조선호텔 주변에는 많은 사람이 모였다. 신문보도를 보고 지방에서부터 이승만을 만나려고 사람들이 대거 상경하는 사태까지 벌어졌다. 미군 헌병들이 나서서 정리했지만, 막무가내로 못 만나게 한다고 아우성이었다. 두루마기에 갓 쓴 노인들에서 아낙네들도 섞여 있어 아무데서나 어지르고 잔디밭에 변을 보는 일까지 있어 온통 난장판이 벌어졌다.

해방 이후 여러 정치단체는 이승만의 권위를 인정했고 이승만을 지도자로 모셔가려 했다. 독립운동가로서 이승만의 화려한 경력과 카리스마는 대중에게 크게 부각되는 데 결정적 역할을 했다. 실제로 해방 이후 국민은 이승만이 한국을 대표하는 애국자요,

선각자의 상징과 희망으로 생각했다. 이승만은 자신의 유리한 배경을 이용해 대중으로부터 많은 지지를 얻으려 했다. 해방정국에서 이승만이 정권을 잡게 되는 데 큰 역할을 한 것은 바로 이승만의 화려한 경력과 대중성이라 할 수 있었다(김병문, 2012).

김구는 누구인가?

김구는 1876년 황해도 해주에서 태어났다. 김구의 아버지 김순영은 가난한 처지였음에도 강한 자존심과 저항정신의 소유자였다. 어머니 곽낙원은 한 번도 자세를 흩트린 적 없는 강한 신념과 인내심을 지닌 대표적인 한국의 어머니였다. 이러한 가정에서 태어난 김구는 선천적으로 강인한 체질과 솔직 대담한 성격이었다. 말동무나 같이 놀아줄 친구가 없다는 외로움과 가난이라는 굴레는 훗날 그가 과묵한 성격이 되는 데 커다란 영향을 주었다. 4세 때 당시 열에 아홉은 사망했다는 천연두를 앓았으나 천행으로 목숨을 건졌으며, 9세가 되던 해에 비로소 국문을 배우기 시작했다.

김구는 서당에서 본격적인 한학 수업에 정진하면서 17세 되던 해에 과거에 응시했으나 합격하지 못했다. 이에 김구는 당시 매관매직으로 타락한 과거제도에 큰 실망을 느꼈다. 김구는 벼슬자리를 사고파는 부패한 세태에 울분을 참지 못해 18세 때 동학에 들어갔으며, 황해도 도유사의 한 사람으로서 동학의 제2대 교주인 최시형을 만났다. 이후 김구는 팔봉접주가 되어 동학군의 선봉장으로 해주성을 공략해 탐관오리들을 추방하려 했으나 관군에게 대패하고 말았다.

1895년 동학의 기강이 무너지고 세력이 약화되자 김구는 황해도 신천군에 사는 진사 안태훈을 찾아가 몸을 의탁했다. 당시 안태훈의 아들 안중근은 16세의 어린 나이였다. 김구와 안중근의 만남은 매우 운명적이었으며 짧은 교류를 가졌지만, 나라를 위하는 마음은 같았다.

1895년 일제가 궁궐에 침입해 국모를 시해한 을미사변 이후 한민족의 분노는 전국적인 의병항쟁으로 분출되었다. 을미사변에 뒤이은 김홍집 내각의 단발령으로 의병항쟁은 더욱 거세게 불타올랐다. 이런 상황에서 김구는 한반도를 둘러싼 정국 변화를 관망하기로 하고 황해도 안악으로 가던 중 1896년 2월 치하포 주막에서 변장한 일본인 쓰치다를 만나게 되었다. 김구는 '보통 무역이나 장사를 하는 일본인 같으면 이렇게 변장하고 다닐 까닭이 없으니 이는 필시 국모를 시해한 놈이거나 그렇지 않으면 그의 일당일 것이요, 설사 이도 저도 아니면 우리 국가와 민족에 독균임이 분명하니 저놈 한 놈을 죽여서라도 국가의 수치를 씻어보리라' 하고 결심했다. 김구는 그가 차고 있던 칼을 빼앗아 그를 찔러 죽이고 "국모의 원수를 갚으려고 이 왜놈을 죽였노라"라는 내용의 글과 함께 자신의 이름을 쓰고는 서명까지 한 후 이 포고문을 길가에 붙이고 유유히 고향으로 돌아왔다.

김구는 집에서 은신하던 중 이 사건으로 체포되어 해주 감옥에 수감되었고, 인천 감옥소로 이감되었으며, 1897년 재판에서 사형이 확정되었다. 사형집행 직전에 고종 황제의 특사로 집행이 중지되었으나, 석방해주지 않자 이듬해 봄에 감옥소를 탈출했다. 김구는 탈옥 후 수사망을 피해 다니면서도 황해도 장연에서 봉양학교를 설립하고 계몽과 교육 사업을 했다.

일제는 1904년 러일전쟁을 일으킨 후 '한일의정서', '한일협정서' 등을 강제로 체결해 대한제국의 재정과 외교상의 자주권을 박탈하는 등 침략의도를 드러냈다. 그리고 마침내 1905년 11월 17일 강제로 을사조약을 체결했다. 을사조약 체결 소식이 〈황성신문〉의 사설 "시일야방성대곡(是日也放聲大哭)"을 통해 알려지자 김구는 진남포 예수교 교회 청년회의 총무 자격으로 전국대회에 참석해 이준, 이동녕 등과 함께 을사조약 폐기를 상소하는 등 구국운동을 전개했다. 상소투쟁이 효과가 없다고 판단한 김구는 장기적인 구국운동은 청소년의 교육에 있다고 생각하고 황해도로 내려가 계몽운동에 몰두했다.

김구는 1911년 1월 데라우치 총독 암살모의 혐의로 체포되어 17년 형을 선고받았다. 1914년 7월 감형되어 형기 2년을 남기고 인천으로 이감되었다가 가출옥했다.

김구는 옥중에서 이름을 김창수에서 김구로 바꾸고, 호를 백범(白凡)으로 바꾸었다. 이름을 바꾼 것은 일본의 국적에서 이탈한다는 뜻이었고, 호를 백범이라 한 것은 우리나라에서 가장 미천하고 무지한 백정(白丁)의 '백(白)'과 범부(凡夫: 평범한 사람)의 '범(凡)'자를 따서 호로 삼았다. 천한 백정과 무지한 범부까지 국민 모두 적어도 김구만 한 애국심을 가진 사람이 되게 하자는 뜻이었다. 김구는 우리 동포의 애국심과 지식의 정도를 높이지 않고는 완전한 독립을 이룰 수 없다고 생각했다.

1919년 3월 1일 빼앗긴 국권과 민족을 되찾기 위해 독립만세운동이 일어나면서 일제의 감시와 탄압이 더욱 심해지자 김구는 국내에서의 활동이 어렵다고 생각하고 중국 상해로 갔다. 상해에 도착하자마자 신익희, 윤현진, 서병호 등과 함께 임시정부 내무위원으로 활동한 그는 내무총장인 안창호를 찾아가 임시정부의 문지기를 맡게 해달라고 간청했다. 임시정부 국무회의에서는 김구의 나이를 고려해 경무국장에 임명했다. 이후 1923년 내무총장, 1924년 국무총리 대리, 1926년 국무령에 취임했다.

1928년 3월 25일 김구는 이동녕, 안창호, 송병조, 차리석, 조완구, 조소앙, 엄항섭 등과 같이 한국독립당을 조직해 민족진영의 단합을 꾀했다. 또한 당시 침체에 빠져 있던 임시정부와 한국독립운동계를 활성화하기 위해 한 몸을 나라에 바칠 애국투사를 선정해 적의 주요 인물을 제거하거나 주요 기관을 파괴하고자 한인애국단을 결성했다. 1932년 1월에는 한인애국단에 가입한 이봉창 의사를 동경에 파견하여 일왕을 저격하게 해 국내외를 놀라게 했다. 같은 해 4월 29일에는 윤봉길 의사가 상해 홍구공원에서 폭탄의거를 일으켜 일군 사령관 등 다수의 장성 및 고관들을 상해해 세계를 놀라게 하고 민족혼을 일깨웠다.

1940년에는 한국국민당, 한국독립당, 조선혁명당 등 단체를 통합해 '한국독립당'을 조직했고 대한민국임시정부 주석에 선출되었다. 1941년 대한민국임시정부가 중경으로 옮길 때 이를 통솔했고, 한국광복군 총사령부를 설치해 사령관에 지청천을 임명했다. 1941년 12월 9일에는 임시정부가 대일선전포고를 하면서 본격적으로 대일항전에 진력할 수 있는 기반을 만들었다. 1944년 4월에는 한국과 미국 간 군사합의를 이끌어냈다. 이른바 광복군의 국내침투작전을 위한 OSS(미군전략 특수공작대)와 합동군사훈련을 통해 본토상륙을 위한 특수훈련에 들어갔다. 그러나 1945년 8월 15일 일제가 무조건 항복함에 따라 이 피나는 노력은 빛을 보지 못했다. 이때 김구는 "아, 왜적 항복! 이것은 내게 기쁜 소식이었다기보다는 하늘이 무너지는 듯한 일이었다"라고 『백범일지』에서 술회했다. 자력으로 나라를 되찾지 못했다는 비통한 심정을 잘 표현한 내용이었다(위키백과).

해방정국에서의 이승만과 김구

이승만의 귀국

해방 이후 해외에서 활동한 독립운동세력 중 가장 먼저 귀국한 사람
은 이승만이었다. 1945년 10월 16일 귀국한 이승만은 오랫동안 해외
에서 활동했기에 국내에서의 지지기반이 약했다. 그러나 자신의 세력
을 규합하는 과정에서 이승만은 "무조건 하나가 되자, 뭉치자" 혹은
"뭉치면 살고 흩어지면 죽는다"처럼 '대동단결'이라는 정치적 구호를
적극적으로 활용하며 약한 지지기반을 극복했다.

　　미 국무성은 이승만이 미국의 정책을 줄곧 비판해왔고 한국의 즉
각적인 독립을 열렬히 주장해왔으므로 그를 귀국시킬 경우 미국에 유
리할 것이 없다고 판단하고 이승만의 귀국을 막기 위해 노력했다. 그
러나 이승만은 당시 일본에 주둔하고 있던 맥아더 극동사령관의 도움

해방 이후 대중 앞에서
연설 중인 이승만
[출처: 대통령기록관]

으로 민간인 자격으로 귀국하게 되었다. 남한의 미군정 사령관 하지[*]
는 맥아더에게 이승만과 대한민국임시정부 요인들이 귀국할 때 상징
적인 역할 이상을 해서는 안 된다는 조건을 요구했다.

맥아더는 이승만에게 전용기를 제공하면서 귀국 시 동경에 들러
하지 사령관과 회담을 주선했다. 이러한 사실은 국내 신문을 통해 보
도되었다. 미군정은 환영대회에서 이승만을 '위대한 애국자'로 소개하
면서 그의 정치적 위신을 높여주었다. 이는 당시 정치인들뿐만 아니라
일반 국민 사이에서도 이승만이 남한의 유일한 정부인 미군정의 적극
적인 지지를 받고 있다는 인상을 주기에 충분했다.

미군정은 이승만의 측근들을 미군정 내부의 요직에 앉힘으로써
이승만에 대한 지원을 보여주었다. 이승만이 미국에 머물 때 밀접한

---

[*] 하지 사령관(1893~1963)은 제1차 세계대전과 제2차 세계대전에 참전했고, 미군 제24군단
장(중장)으로 오키나와에 주둔하다가 해방 이후 남한의 미군정 사령관으로 부임했다. 1945
년부터 1948년까지 주한미군 사령관 겸 미 군정청 사령관으로 활동했다. 미군정기간 중 한
국의 이승만, 김구 등과 정치적으로 충돌했고 김규식을 실권 없는 대통령으로 만들려다가
실패하기도 했다. 1948년 8월 15일 한국 정부가 수립되자 본국으로 귀환했다.

관계를 맺고 있던 굿펠로와 올리버는 각각 하지 장군의 특별정치고문과 교육고문으로 활약하면서 이승만의 정치적인 입지를 강화하는 데 큰 역할을 했다(한국역사연구회, 1991).

소련과 미국의 의도를 간파한 이승만

이승만은 이미 해방 전부터 한반도에 대한 소련의 의도와 미국이 내건 유화정책의 허점을 꿰뚫어보고 있었다. 따라서 이승만은 민족의 대동단결을 외치며 정치적 통합운동에 나섰다. 공산당 당수인 박헌영에게 3개월간만이라도 연합국에 우리의 단합된 모습을 보이자고 호소했을 정도였다. 한반도의 분단은 열강의 군사적 이유 때문에 부득이하게 이루어진 것이지만, 이제라도 늦지 않으니 38선이 더 굳어지기 전에 우리 민족이 하나로 모여서 민족자결원칙에 의해 자치능력이 충분히 있다는 것을 내외에 과시하자는 주장이었다.

이승만은 처음부터 남북통일정부 수립은 쉽지 않다고 생각했다. 남북통일정부 수립은 북한을 점령하고 있는 소련군의 동의를 얻어야 가능한데, 당시 소련군은 동유럽에서와 마찬가지로 북한에 공산정부 또는 단독정권을 세울 작정이었기 때문이다. 이것은 일본이 항복한 지 한 달밖에 되지 않은 1945년 9월 20일 스탈린이 소련군 연해주군관구 사령관에게 보낸 전문에서 분명하게 드러났다.

그러나 미군은 소련군의 협조를 얻어 남북통일정부를 세워보려고 했다. 그래서 소련의 비위를 건드리지 않기 위해 남한의 공산주의자들을 우파 세력들과 똑같이 대우했다. 그 때문에 공산당 행사에 미군정청 간부가 참석해 축사를 하는 일도 일어났다.

이승만은 국내의 여러 정당에 연합을 강조하면서 자신이 초당파적인 영수임을 암시했다. 동시에 자신의 직계세력을 중심으로 정치적인 조직을 강화하기 시작했다. 윤치영, 임영신, 허정, 이기붕 등은 미국 유학생이었으므로 영어가 능통해 미군정 당국자들과 긴밀하게 접촉할 수 있었는데, 이들은 모두 이승만의 직계였다.

이승만은 먼저 미군정 당국자들과의 관계개선을 시도하면서 국내의 최대 정치세력인 한국민주당(한민당)과의 연계를 모색했다. 미군정과의 관계개선은 자신이 한국의 절대적인 지도자임을 미군정 당국자나 미국의 지도자들에게 인식시키기 위해서였다.

이승만은 일제강점기에 부를 축재한 인사들도 자신의 지지세력으로 만들어 정치자금의 원천으로 삼았다. 당시 한국사회의 재벌급 인사들은 이승만의 비서였던 윤치영의 초대로 이승만이 살던 돈암장을 방문해 정치헌금을 약속하기도 했다(동아일보사, 1990).

이승만이 당시 국민에게 지도자로서의 인식을 확실히 보여주는 사례가 있다. 1945년 11월 '선구회'라는 단체에서 해방 후 첫 여론조사를 시행했다. 선구회의 여론조사는 아직 해외 지도자들이 국내에 모두 들어오지 않고 좌우 대립이 본격화되지 않은 시점에서 시행된 여론조사이므로 해방 직후 정치가들에 대한 국민의 지지도를 알 수 있는 좋은 자료다.

조사는 ① 조선을 이끌어갈 양심적 지도자, ② 희망하는 정부 형태, ③ 내각이 조직될 경우 적당한 인물, ④ 생존 인물 중 최고의 혁명가라는 4개 항목에 대해 시행되었다. 이 조사에서 가장 높은 점수를 얻은 사람은 건국준비위원회(건준)를 조직한 여운형*이었다. 그는 ①과 ④항목에서 각각 최고 득표를 차지했다. 해방 초기 건준을 주도한 그의 인기도를 잘 말해준다고 할 수 있었다. 여운형 다음으로 높은 점수를 얻은 사람은 이승만이었다. 그는 ①과 ④항목에서 여운형 다음으로 각각 2등을 차지했으나, 내각의 책임자를 묻는 항목에서는 가장 많은 표를 얻었다. 좌익이 주도한 조선인민공화국의 내각 명단에서도 이승만을 주석으로 추대했듯이, 그는 한때 좌우 모두의 최고지도자로 인정받았다. 반면 김구는 ①과 ④항목에서 각각 3위와 4위를 차지했지만, 내각의 책임자로서는 2위를 차지했다. 이들 외에도 해방 직후 좌익의 최고지도자였던 박헌영은 ①과 ④항목에서 각각 4위와 3위를 차지했다. 그는 주로 비밀 지하활동을 했으므로 대중에게 잘 알려져 있지 않았다. 여론조사를 시행한 선구회가 우파 성향의 조직이었음에도 장차 조직될 임시정부 내각 명단에 추천된 인물은 좌익 여섯 명, 우익 네 명으로 좌익이 우익보다 더 많았다. 반면 한국민주당 관련 인물이 각 항목별로 단 한 명도 1위를 차지하지 못한 것은 당시 한민당이 대중에게 그리 인기가 높지 못했다는 사실을 보여주었다(서중석, 2005).

이승만은 해방 직후의 혼란한 상황에서 좌우익을 통합하는 강력한 지도자로 모든 정치세력을 규합해 국가건설에 주도적인 역할을 하

---

* 여운형(1886~1947)은 정치가이자 독립운동가로 1919년 재일유학생의 2·8독립선언과 3·1운동에 관여했고, 상해임시정부 수립에 힘썼으며, 임시의정원 의원과 외무부 차장으로 활동했다. 1920년 사회주의 계열의 상해파 고려공산당과 이르쿠츠크 고려공산당에 가입했으며, 1925년 중국국민당에 가입하여 중국혁명운동에 참여했다. 1933년 조선중앙일보사 사장직에 취임했으며, 1934년 조선체육회 회장직을 맡았다. 1941년 8월 일제의 패전을 예상하고 독립운동과 국가건설을 위해 조선건국동맹을 조직하여 위원장으로 활동했다. 1945년 해방이 되자 건국 준비를 위해 조선건국준비위원회(건준) 결성을 주도하고 위원장으로 활동했다. 1946년 5월 미소공동위원회가 휴회된 후 김규식 등과 함께 좌우합작과 민족통일에 기반을 둔 미소공동위원회 재개와 성공을 목표로 좌우합작운동을 전개했다. 1947년 7월 19일 서울 혜화동 로터리에서 한지근에게 암살당했다.

기 원했다. 따라서 기존의 정치세력들과 경쟁하며 거대 정당이나 단체를 구성하는 것보다 자신의 대중적 명망을 이용해 기존의 정치 · 사회 단체들을 하나로 통합하여 국민적 지도자가 되고자 했다. 귀국 직후부터 이승만이 통합을 주장하며 좌우익 인사들을 만나 대동단결을 꾀하려던 이유는 바로 이것 때문이었다.

김구와 임시정부의 귀국

1945년 11월 23일, 중경 임시정부의 김구 일행이 귀국했다. 미군정이 김구의 귀국을 추진한 것은 군정의 협력자로서 공산주의자들을 견제할 수 있을 것으로 기대했기 때문이다. 그러한 의미에서 보수세력인 한민당도 열렬히 환영했다.

중국 국민당 정부의 장개석 주석은 임시정부 국무위원들이 중국을 떠나기 전에 성대한 환송연을 베풀어주었으며 30만 달러의 전별금도 제공했다. 장개석은 2대의 비행기로 임시정부 요인들을 상해까지 태워주는 한편, 귀국 후 중국 정부와의 신속한 연락을 위해 무전사 3명을 딸려 보내기도 했다. 그와 같은 환대에는 임정세력이 한국에서 집권하기를 바라는 중국 정부의 소망이 담기기도 했다.

김구 일행은 이승만과 마찬가지로 임시정부의 요인이 아닌 개인 자격으로 귀국하게 되었다. 그것은 임시정부를 정부로 인정하지 않는 미군정의 강력한 요구 때문이었다. 그러나 귀국한 뒤 임시정부 측의 태도가 달라졌다. 귀국 즉시 김구가 살고 있는 경교장에서 각료회의를 여는 등 정부로서 행동하려 한 것이다. 이승만도 임시정부의 주미

외교위원부 위원장이었으므로
첫 각료회의에 참석했다(이주
영, 2011).

경교장에서의 이승만과 김구의 만남
(출처: 백범김구기념관)

　12월 3일, 임시정부는 미
군정 측에 행정권을 넘겨 달라
고 요구하기도 했다. 그러한 요
구에 대해 미군정 측은 38선
이남에서는 미군정만이 유일
한 정부라고 강조하면서 임시
정부를 인정하기를 거부했다.
송진우가 이끄는 한민당도 임
시정부를 우파세력으로 보고
지지하고 나섰다. 좌익들도 임시정부와 손잡으려고 했다. 임시정부는
좌우합작 체제였으므로 가능성이 있다고 본 것이다. 그러나 임시정부
측은 좌익들을 대등하게 보려 하지 않아서 합작은 실현되지 못했다.

독립촉성중앙협의회

이승만은 해방 후 혼란 속에서 자신의 입장을 뒷받침할 세력이 필요
했다. 다른 지도자들보다 국제 감각이 뛰어났던 이승만이 볼 때, 통일
된 독립국가 건설은 쉬운 일이 아니었기 때문이다. 이승만은 미국에
있을 때부터 강대국들이 한국인에게 즉각 독립을 허용하지 않을 가능
성이 크다고 보았다. 이승만에게 가장 시급했던 것은 정부를 세우는

일이었다. 그러므로 그에게는 미국과 소련이 한국의 독립국가 건설을 방해하지 못하게 하는 것이 시급했고, 그러기 위해서는 한국인의 단결이 급선무였다. 여기서 "뭉치면 살고 흩어지면 죽는다"는 구호가 나오게 되었다. 한국인이 분열되었다는 것을 세계에 드러내 보이면 강대국들이 독립을 늦추기 위한 구실로 이용할 위험이 컸기 때문이다. 이승만은 국민의 뜻을 모으기 위한 국민운동으로 1945년 10월 23일 65개 단체의 대표들을 모아 '독립촉성중앙협의회(독촉중협)'를 조직했다. 독촉중협은 각자의 조직을 그대로 유지하는 단체들로 이루어진 느슨한 연합체였다(이주영, 2011).

독립촉성중앙협의회를 구성한 의도는 해방정국의 구심적인 역할을 이승만 자신이 맡는다는 것을 과시하기 위함이었다. 또한 곧 귀국할 중경의 임시정부 인사들에게 대한 그 나름의 정치적 대비였다. 이승만은 자신이 어느 정파의 수령이 아니라 전 국민의 대표라는 인상을 심어주려고 노력했다. 무엇보다 한국인의 단결된 모습을 강대국들에 보여주는 것이 중요했으므로 일단 좌익들도 끌어들이려 했다.

결성 초기에 독립촉성중앙협의회(독촉중협)는 한민당, 건국준비위원회 계열 그리고 조선공산당 등이 참여했기에 이승만은 일시적이나마 명실공히 좌우익의 통합을 주도한 인물이라는 이미지를 부각시킬 수 있었다. 그렇지만 이미 좌익과 우익 세력은 서로 정책과 이해관계면에서 타협할 수 없을 정도의 차이를 보이고 있었다. 특히 친일파 청산문제를 비롯한 이승만의 친미·반공적 태도는 조선공산당을 독촉중협에서 탈퇴하게 만드는 계기가 되었다. 뒤이어 여운형이 이끄는 조선인민당마저 독촉중협과의 모든 관계를 청산하자 독립촉성중앙협의회는 처음부터 와해할 불씨를 드러내면서 이승만이 의도한 목적은 달성되지 못했다(동아일보사, 1990).

몽양 여운형과
우사 김규식
(출처: 국가기록원)

　공산주의세력은 친일파를 참여시켜서는 안 된다고 주장하면서
독립촉성중앙협의회를 결성하기 전에 친일파부터 먼저 가려내자고
고집했다. 이승만은 모든 정당이 단합해 우선 독촉중협을 결성한 뒤
그것을 토대로 연합국으로부터 독립을 쟁취하고 나서 친일파 숙청에
관한 법률을 제정해 그에 따라 친일파를 숙청하자고 공산당을 설득했
다. 그러나 공산당은 이승만의 설득을 외면하고 독촉중협에서 탈퇴했
다(인보길, 2011).

　이승만은 '독촉중협'의 정치적 실패로 인해 국내의 유력한 정치세
력과 유대가 필요했다. 무엇보다 독촉중협을 적극적으로 지지해준 한
민당과의 결합이 필요했다. 이승만과 한민당이 결정적으로 밀접해진
계기가 된 것은 상해임시정부의 귀국이었다. 임시정부가 귀국하기 직
전까지만 해도 한민당의 공식적인 입장은 임정을 유일한 민족적이고
합법적인 정부로서 떠받들어야 한다는 것이었다. 그러나 임정은 귀국
이후 국내의 친일세력에 대한 단죄를 거듭 천명했다. 임정의 이러한
태도는 당시 친일세력이라고 평가받던 한민당으로서는 결코 환영할
만한 일이 아니었다. 따라서 이후 임정과 한민당은 상당한 거리를 두
게 되었다(동아일보사, 1990).

신탁통치와 반탁운동

1945년 12월, 모스크바에서 열린 미·영·소 3국 외상회의는 미국, 영국, 소련, 중국 4개국의 감시 하에 한국에 대해 5년간 신탁통치를 실시키로 결정했다. 정치적 통합운동에 힘써 오던 이승만과 김구는 즉각 이를 비난하면서 신탁통치 반대운동에 앞장섰고 전국에서 좌우 할 것 없이 온 국민이 들고 일어났다.

모스크바 외상회의의 결의는 신탁통치 실시의 제1단계 작업으로 남북에 주둔하는 미·소 양군에 공동위원회를 조직 운영하도록 하고 신탁통치를 받아들이는 정당과 단체만을 협의대상으로 삼아 자기들의 의도대로 한국의 장래를 이끌고 가려는 계산이었다. 이를 위해 미소공동위원회 개최가 결정됐다.

이승만과 김구는 국민의 총의가 신탁통치 절대 반대에 있음을 보이기 위해 1946년 1월 1~2일에 걸쳐 전국적인 파업을 호소했다. 그 결과 미군정에 종사하는 일체의 관리에서 고용원에 이르기까지 호응해 남한 사회의 모든 기능이 일시 마비됐다. 이에 미군정은 사태의 심각성을 깨달았다.

이승만은 라디오를 통해 4개국에 의한 신탁통치는 결코 성공할 수 없고, 기간이 5년이라고 해도 얼마든지 연장될 수 있다고 주장했다. 또한 이 계획의 직접적인 효과는 소련의 영향력을 38선 이북뿐만 아니라 한반도 전체에 미치도록 하는 것이라고 주장했다. 이 보도가 나가자 정국은 들끓기 시작했고, 즉각 '신탁통치 반대' 구호가 터져 나오면서 반탁운동(신탁통치 반대)이 시작되었다. 반탁운동의 선봉에 선 것은 김구의 임시정부였다. 임정은 "5천 년 주권과 3천만의 자유를 쟁취하기 위해서는 외국의 신탁통치를 배격해야 한다"는 내용의 성명서를 발표했다(임영태, 1998).

반탁운동으로 우익에게 넘어간 주도권

신탁통치를 반대하는 목소리가 전국으로 번져 나가자 여론을 중시하던 미군정은 난처해졌다. 그러나 아직은 협조관계를 유지하고 있던 소련과의 입장 때문에 계획된 각본대로 미·소공동위원회 개최를 강행하려 했다.

이승만은 신탁통치가 시작되면 소련이 개입하게 될 것이고, 그렇게 되면 한반도는 결국 공산화되고 말 것이라고 경고하면서 신탁통치의 부당성을 지적했다. 김구는 '신탁통치반대국민총동원위원회'를 조직해 임시정부 포고령을 발표했다. 내용의 핵심은 미 군정청에서 일하

는 모든 한국인 공무원들에게 이제부터 임시정부의 지휘를 받으라고
지시한 것이다. 김구는 '임정'을 승인하고 미·소 양군은 즉시 철수하
라는 내용의 주장을 폈다. 미군정의 입장에서 볼 때, 그것은 임시정부
가 행정권을 접수하기 위해 쿠데타를 일으키려는 것이나 다름없었다.
하지 사령관은 김구를 불러 강력히 경고하고, 또다시 그러한 행동을
하면 중국으로 추방하겠다고 위협했다. 미군정과 '임정' 사이에는 심
각한 갈등사태가 전개되었다(김병문, 2012).

　　1946년 1월 1일, 서울 거리는 온통 신탁통치 반대를 외치는 시위
행렬로 시끄러웠다. 처음에는 공산주의자들도 신탁통치에 반대했다.
그러나 박헌영이 1945년 12월 28일 밤 비밀리에 급히 평양에 소환되
어 소련의 지령을 받고 서울에 온 다음부터 공산당의 태도는 완전히
달라졌다. 1946년 1월 3일 서울운동장 집회부터 좌익들은 갑자기 신
탁통치 지지를 외치게 되었다. 그에 따라 신탁통치 문제를 놓고 좌익
은 찬성하고 우익은 반대하는 좌우 격돌이 일어나게 되었다.

　　신탁통치 찬반 논쟁을 계기로 좌우의 갈등과 대립은 본격화되었
다. 그때까지 친일파는 매국노요 민족반역자였는데, 반탁운동을 '세

탁'의 계기로 삼으며 애국자로
둔갑했다. 친일파가 반탁운동
에 적극적으로 참여하면서 우익
의 반탁투사들은 공산당을 매
국노·민족반역자로 몰아세웠
다. 이는 해방 직후 좌익이 차지
했던 정국의 주도권을 우익이
확보하는 계기가 되었다(서중석,
2005).

신탁통치 반대 데모 (출처: 국가기록원)

　　이 시기에 우파 진영의 3거
두인 이승만, 김구, 김규식(임시
정부 부주석)*은 미소공위 결렬 후
의 정국에 대해 각자 서로 다른 생각을 가지고 있었다. 이승만은 남한
단독정부 수립운동을 추진했으며, 김구는 임시정부의 법통을 내세워
반탁·자주독립의 방향으로 나아갔고, 김규식은 미군정 후원 하에 여
운형을 상대로 좌우합작을 추진했다.

---

*　　김규식(1881~1950)은 교육자이자 항일 독립운동가로, 1918년 모스크바에서 개최된 약소
민족대회 및 1919년 파리강화회의에 한국 대표로 참석하여 1945년 11월 고국에 돌아올 때
까지 해외에서 독립운동을 했다. 1942년 임시정부 국무위원을 지냈으며, 광복 후에는 김구
등과 함께 귀국하여 신탁통치 반대운동에 나섰다. 이후 여운형과 함께 좌우합작운동에 앞장
섰다. 1948년 2월 남한의 단독 총선거에 반대하여 김구, 조소앙 등과 함께 북한으로 건너가
남북협상에 참여했다. 1950년 한국전쟁 중 납북되어 병으로 사망했다.

이승만의 권력기반 구축: 독립촉성국민회 장악

좌익이 신탁통치 찬성으로 돌아서면서 임시정부와 공산당의 합작은 불가능해졌다. 따라서 김구는 이승만과 손잡을 수밖에 없었다. 1946년 2월 8일, 이승만과 김구는 임시정부의 대중투쟁조직인 반탁국민총동원회와 독촉중앙협의회를 합쳐 새로운 국민운동체인 독립촉성국민회(이하 독촉국민회)를 발족시켰다. 독촉국민회의 주된 활동 내용은 지방 차원, 특히 도 단위에서 좌익 세력을 대체하고, 통합된 우익전선을 구축해 미소공동위원회에 대응하는 것이었다.

이승만과 김구는 각각 총재와 부총재에 추대되었으나 두 사람은 모두 취임 승낙을 유보했다. 이승만은 독촉중협 실패와 당시 전개되고 있던 김구 주도의 반탁투쟁 등으로 인해 정치활동이 위축된 상태였으므로 총재직 수락을 적극적으로 받아들이지 않았다. 이는 독촉국민회 내 이승만의 주도권이 강하지 않았음을 의미한다(최상오·홍선표, 2011).

이승만은 1946년 4월에 열린 전국 도·군지부장회의 대회에 참석하지 않았다. 이에 반해 김구는 이 대회를 주도적으로 이끌어갔다. 4월 대회까지 독촉국민회는 김구 및 임정 주도하에 운영되었다고 할 수 있다.

그러나 김구 주도의 독촉국민회 운영은 1946년 6월 이후 역전되었다. 이것을 가능하게 한 것은 1946년 4~6월 동안 진행된 이승만의 지방순회였다. 이승만은 전국 지방순회를 하기 전에 지방조직을 정비하기 시작했다. 독촉중협이 결성된 후 우익의 지방 유지들이나 각계 청년단체, 부인회 등의 대표들이 서울에 올라올 때마다 이승만이나 비서진들이 그들에게 지방조직을 결성하라고 한 것이다. 또 지방조직을 독려하기 위해 내려가 각종 청년단체, 사회단체를 규합하기 시작했다.

지방순회 기간 이승만을 반기는 수많은 인파 (출처: 대통령기록관)

당시는 온 겨레가 단결해서 반탁을 주장했으므로 엄청난 규모의 지방 조직이 형성될 수 있었다(이철승·박갑동, 1998).

이승만의 지방순회 기간 중 각 지방에 조직된 독촉국민회지부는 이승만의 든든한 정치기반이 되었다. 이후 미소공위가 결렬되자 이승만은 지방의 조직 기반을 바탕으로 1946년 6월 3일, 전라북도 정읍에서 남한만의 단독정부를 수립하겠다는 이른바 '정읍 발언'을 하게 되었다.

이승만은 지방순회 성공에서 얻은 자신감으로 1946년 6월 독촉국민회대회 소집을 지시했다. 이 대회에서 이승만은 만장일치로 의장에 추대되었고 김구가 부의장에 지명되었다. 이승만은 이름뿐인 의장은 싫다며 전권을 요구했고, 독촉국민회는 수락했다. 부의장인 김구 또한 이승만의 이 같은 요구를 받아들였다. 이는 김구도 독촉국민회에 대한 이승만의 전권을 인정한 것이다. 이승만은 친이승만계 인물을 기용해 독촉국민회를 자신의 체제로 구축하면서 주도권을 완전히 장악했다.

　지방순회 때, 모든 도로에 경찰들이 도열했고 휴교하는 등 국민은 이승만의 연설을 듣기 위해 모여들었다. 각 지역의 원로와 유지들도 백발의 이승만을 환영하기 위해 모여들었다. 아울러, 한국경찰에는 좌익지도자를 모두 체포하라는 명령이 내려졌다. 이러한 체포명령으로 좌익지도자들은 도피해야 했고, 좌익 조직은 흔들릴 수밖에 없었다. 좌익지도자들에 대한 체포영장은 미곡수납계획에 반대했다는 혐의 또는 아무런 이유 없이 발부되었다. 그 결과, 좌익지도자 수백 명이 체포·수감되었다. 이러한 사실이 미군정 당국에 보고되었지만, 미군정은 강력히 부인함으로써 마무리되었다. 좌익의 방해가 없는 상황에서 보수적인 지방원로나 유지들은 재빨리 이승만의 대중적인 호소를 지지하면서 독촉국민회의 지방조직을 건설해 좌익의 공백을 메우는 데 여념이 없었다(장을병, 2007).

　또한 이승만은 우익 노동조직인 대한노총을 결성했고, 이를 통해 좌익계 전국노동조합평의회(전평)를 분쇄하려고 나섰다. 경찰은 대한노총이 전평을 분쇄하는 과정에서 큰 역할을 했다. 대한노총이 활동하는 지역에서는 경찰이 대한노총을 지원하는 행동을 취했으나 전평은 경찰의 엄중한 감시 표적이었다. 선전전단을 배포한 전평 노조원을 체포하거나 파괴행위를 조종하는 노동자들을 검거하는 등 강력히 처벌하기도 했다. 경찰이 전평을 옴짝달싹 못하게 만들어놓은 상태에서 대한노총은 전평의 지지기반을 잠식해나갔다. 이렇듯 이승만은 대한노총을 결성하여 노동계도 장악할 수 있었다.

제1차 미소공동위원회 실패와 이승만의 기회

1946년 5월 8일 제1차 미소공동위원회가 결렬되어 무기휴회로 들어가게 되었다. 미군정은 이승만의 지나친 반공노선이 소련과 마찰을 불러일으킬지도 모른다고 생각했다. 김구에 대해서도 고집 센 인물로서 위험하게 생각했다. 따라서 하지 미군정 사령관은 김규식과 여운형을 중심으로 한 좌우합작운동을 지원했다. 그러나 미군정이 지지한 좌우합작운동은 공산당과 이승만, 김구 등의 좌우 세력을 끌어들이지 못하고 중간세력의 통합에 그치고 말았다.

이승만은 "역사적으로 좌우합작을 통해 자유민주정부가 수립된 예가 없으며, 미 국무성에는 용공분자들이 득실거리며 그들이 주도권을 쥐고 사사건건 공산당에 이용만 당하고 있다"면서 미소공동위원회를 비난했다. 이승만은 "미국이 소련과 짜고 좌우합작이라는 미명 아래 한국 문제 처리를 어물어물 매듭짓고 그 뒤에 공산화가 되든 소련의 위성국가가 되든 내 알 바 아니라고 하며 한반도에서 빠져나가려고 한다"며 미국을 비난했다. 따라서 이승만은 미국을 묶어놓고 남한만이라도 자유민주주의에 의한 정부를 세우려고 했다. 미국은 미소공동위원회를 통해 과도정부 수립을 목표로 했지만, 이승만에게 중요한 것은 과도정부 수립 자체와 함께 자신에 의한 정부 장악 여부였다.

3

이승만의 승부수: 정읍 발언
(1946. 6. 3.)

미소공동위원회 결렬

해방정국에서 이승만은 사실상 불안정한 위치에 있었다. 특히 그를 지지하는 직접적인 조직체가 없었으므로 여운형·김규식·김구 등에 비해 불리한 위치에 놓여 있었다. 이와 같은 불리함을 극복하고 이승만이 정국의 주도권을 장악하기 위해서는 돌파적인 상황이 필요했으며, 이를 위해 이승만은 남한만의 단독정부 수립(단정론)을 내세우게 되었다.

이승만은 우익세력과 공산당의 합작은 불가능하다고 보았고, 소련과 미국이 타협할 수 있다고 보지도 않았다. 다만 동유럽에서 보여준 소련의 팽창정책이 한국에서도 그대로 적용될 것으로 믿었다. 남한에서만이라도 단독독립정부를 세워야 한다는 그의 유명한 정읍 발언(1946년 6월 3일)은 미·소의 합의 또는 미소공동위원회(미소공위)에 한가닥 희망을 걸어온 다수의 귀에 거슬리는 내용을 담고 있었다. 그러나 미·소 관계가 계속 충돌함에 따라 귀를 기울이는 사람이 점점 늘어났다.

이승만은 미소공위 회담이 실제로 성공을 거둘 수 없으리라는 사실을 예감하고 있었고, 이미 38선 이북에서는 사실상 공산정권이 수립되어 있다는 사실과 미국이 궁극적으로 남한에 반공정권을 수립할 수밖에 없다는 것을 인식하고 있었다. 따라서 이승만은 미군정 당국자들에게 자신이 전 국민의 절대적인 지지를 받고 있는 지도자임을 과시하기 위해 전국순회강연에 나선 것이다. 특히 이승만은 북한에서의 공산정권 수립과 좌우합작 세력에 불안감을 가지고 있던 우파세력을 결집하기 위해서도 현실적인 상황에 대한 어떤 돌파구를 모색할 필요가 있었다. 바로 이러한 돌파구로 면밀하게 계산된 것이 단독정부론(단정론)이었다.

미소공위 휴회는 전국에 큰 영향을 미쳤다. 내심 미소공위가 결렬되기를 바랐던 이승만은 마치 기다리기라도 한 듯 가장 먼저 남한만의 단독정부 수립(단정론)을 제기했다. 이승만의 정읍 발언이 보도되자 정국은 소란스러워졌다. 남한지역에 있던 주요 정당과 사회단체 가운데 오직 한민당과 독촉국민회를 제외하고 미군정과 거의 모든 정당·단체들이 이승만을 비판하고 나섰다. 그러나 이승만은 이에 개의치 않고 호남지역 유세 중 가는 곳마다 자주적인 남한정부 수립에 관한 자신의 소신을 주장했다. 역사적으로 분단이나 분권 경험이 없던 대부분의 국민은 단정이란 절대로 있을 수 없다고 생각했다. 단정론에 대해 비판의 소리가 높아가자 이승만은 정치적으로 고립될 위기에 처했다.

이승만은 미소공위 재개만 기약 없이 기다리지 말고 우선 남한에서만이라도 정부나 위원회 같은 것을 수립해 그것을 기반으로 하여 자율적으로 통일정부 수립을 추진하자며 남한의 자율정부 수립 추진 운동을 전개했다. 그래서 1946년 4월 중순부터 지방순회 유세를 하면서 독촉국민회의 지방조직을 본격적으로 확대했다. 그 단체를 통해 남한지역의 자율정부 수립을 추진하기 위해서였다.

그러나 그는 독촉국민회의 내에 김구계와 김규식계가 많이 참여하고 있어서 남한만의 자율정부 수립운동을 적극적으로 전개할 수 없다고 판단했다. 따라서 독촉국민회보다 더 적극적으로 정부 수립운동을 전개할 수 있는 별도의 단체를 조직하고자 했다. 이러한 의도에서 창설된 것이 민족통일본부였다. 총재로 임명된 이승만은 김구와의 단합을 과시하기 위해 우익진영에 이승만과 김구 간에는 아무런 갈등 없이 잘 협조하고 있다고 호소했다.

민족통일본부의 부총재직을 수락한 김구도 "독립을 하려면 먼저 우리 민족이 뭉쳐야 합니다. 어떻게 뭉치느냐 하면 이 박사(이승만)를 중심으로 해서 뭉칩시다. 그래서 뭉치면 이 박사(이승만) 하나요, 나누어놓으면 3천만이 되도록 합시다. 이 박사(이승만)와 김 박사(김규식)와 나 세 사람은 단결해 있습니다. 삼각산이 무너지면 무너졌지 우리 세 사람의 단결은 무너지지 않을 것이니 여러분은 안심하고 우리 세 사람과 같이 단결해가지고 3천만인이 한 덩어리가 되어 독립을 찾아서 우리도 남과 같이 한번 살아봅시다"라고 이승만에 대한 굳은 지지를 선언했다. 이로써 이승만은 우익진영이 단결해 자율정부 수립을 적극적으로 추진할 수 있는 기본 포석을 굳건히 마련했다. 민족통일총본부는 이승만이 전적으로 간부 구성을 주도했으므로 이승만의 정치노선에 충실했다(서중석, 2005).

이승만은 단독정부 수립에 대한 이유를 "무기 휴회된 (미소)공위가 재개될 기색도 보이지 않으며 통일정부를 고대하나 여의케 되지 않으니 우리는 남한만이라도 임시정부 혹은 위원회 같은 것을 조직해 38 이북에서 소련이 철퇴하도록 세계 공론에 호소해야 될 것이다"라고 주장했다. "동부유럽 여러 나라들처럼 코리아도 좌우합작 방식을 수락하도록 국무성이 끊임없는 압력을 가한다. 연립정부 안을 수락하라는 것은 코리아를 공산주의에 내맡기라는 것이나 마찬가지다. 온 생애를 일본 지배 반대투쟁에 바쳤는데, 이제 소련의 지배를 찬성하는 것으로 일생을 마칠 수는 없다. 아내와 나는 충분히 이야기를 나누었다. 우리 자신의 이익을 위해 코리아를 팔아넘기느니 나는 차라리 아이오와주의 조그만 양계장으로 은퇴하겠다"라고 강조했다(인보길, 2011).

이승만의 단정론은 남한의 정치적 현실과 북한과의 관계에서 인식된 그의 현실적인 전략이었다. 북한에서 공산정권이 사실상 어떠한 타협이나 변화를 허락할 수 없다면 남한에서도 그에 대응할 수 있는 단독정부 수립이 불가피하다고 인식했기 때문이다. 그리고 미국과 소련과의 타협노선이 점차 냉전체제로 바뀌고 있었으므로 남한에서는 반공체제 수립이 필연적일 것으로 인식했다. 또한 이승만이 단정론을 주장함에 따라 우파세력이 강화될 것이며 독립국가를 열망하는 사람들에게는 하나의 가능성을 제시할 수 있다는 생각을 했다. 비록 단정론이 실패한다 할지라도 이승만 자신에게 위험부담은 그렇게 크지 않을 것으로 생각했다(동아일보사, 1990).

이승만은 미국이 자신을 지지할 것이라는 판단하에 단정론을 제기했다. 그러나 그의 판단은 정확하지 않았다. 미국이 좌익을 약화시

키려고 한 것은 틀림없지만. 미군정과 미국 정부는 이승만을 지지하지 않고 김규식 등의 개혁적인 중도파 정치인을 지원했다. 미국은 소련과 협의해 한국 문제를 처리하는 것이 여전히 유효하다고 판단했다. 그 경우 지나치게 반소·반공적인 이승만과 김구 등을 배제하고 우익과 좌익의 온건파에게 합작하게 하는 것이 필요하다고 생각했다.

4

또 하나의 승부수: 이승만의 도미
(1946. 12. ~ 1947. 3.)

이승만의 정치쇼

이승만은 맹목적인 반탁운동만으로는 이후 우익 내부의 주도권을 장악하거나 정국에 대처할 수 없다는 것을 잘 알고 있었다. 또한 이승만은 공개적으로 미국의 정책을 자신의 단정구상과 연결해놓을 필요성을 강하게 느꼈다. 미국의 반공성향 여론에 모스크바 결정의 실현 불가능성을 홍보하고, 국내의 반탁진영을 자신의 통제 아래 장악하려 했다. 그러나 이러한 이승만의 구상이 우익 내부에서 전적인 지지를 받았던 것은 아니다. 이에 이승만은 미국 여론에 호소하는 외교활동을 위해 도미를 결정했다(정용욱, 2003).

　　당시 김구의 임시정부세력은 임정법통론(임시정부가 합법성에 의해 정당성을 가진 정부라는 논리)에 입각한 신정부 수립계획을 추진하고 이를 행동으로 옮기려 하고 있었다. 우익단체 63개를 참가시킨 가운데 국민의회를 발족시키고, 임정을 수반으로 하는 혁명적 계획인 임시정부 수립을 계획하고 있었다.

　이러한 환경에서 김구를 비롯한 모든 사람은 이승만의 도미 제안에 강력히 반대했다. 그러면서 미국 언론에 대한 호소가 성공하기 어려우므로 이제는 행동으로 보여줄 때라고 주장했다. 그러나 이승만은 자신이 미국에 가는 것만이 유일한 희망이라고 계속 설득해 절충안이 마련되었다. 김구는 이승만이 미국에 가되 당장에 소기의 목적을 달성하지 못한다면 혁명적 계획을 실천에 옮기겠다고 했다. 또 만약 이승만이 조속히 미국으로부터 확답을 받지 못한다면 임시정부 수립 계획을 실천에 옮길 것을 전제로 이승만의 도미에 찬성했다. 이승만은 김구의 계획이 파멸적인 결과를 초래할 것임을 알고 있었지만 다른 방도가 없었다.

　이승만과 미군정의 불편한 관계는 방미를 결심하게 만든 직접적인 원인이 되었다. 이승만은 일반적으로 우익세력의 관리자이자 우익 내 주도권을 장악했던 것으로 인식되었지만, 우익 내부에서조차 또 다른 우익의 거두인 김구, 김규식과 상호 의지하면서 경쟁을 계속했다. 따라서 국내에서 이승만의 지위가 안정적이라고는 할 수 없었다. 특히 우익 내부의 주도권 장악과 자신의 구상을 실현하기 위해서는 미국의 지원이 필수였는데, 미군정은 김규식을 대표로 하는 중간파(좌우합작파)를 지원하는 태도를 취하고 있었다. 미군정은 도미를 통해 남한 내 자신의 지위를 부각시키려는 이승만의 의도를 '주연의 인기를 가로채려는 조연의 음모'로 파악하면서 "선량한 박사(김규식)는 여전히 늙은 박사(이승만)의 최악의 적"이라는 인식을 심어주었다(정용욱, 2003).

　이승만이 방미를 결정한 또 다른 배경에는 단정안을 본격적으로 선전할 기회를 마련하겠다는 생각과 어떻게 하든지 미국의 대한정책을 새롭게 조절하지 않으면 안 된다는 사정이 크게 작용했다. 특히 11월의 미국 국회의원선거에서 보수성향의 공화당이 승리함으로써 이승만의 도미 의지에 더욱 불을 붙였다.

미소공동위원회에 더 이상 기대할 것이 없다고 판단한 이승만은 유엔총회에서 정부수립 문제를 직접 호소해보기 위해 미국에 갈 것이라고 발표했다. 우익은 한국 문제의 유엔 상정에 대해 대찬성이었다. 그래서 당시 우익진영의 통합기구인 민주의원은 이승만에게 '민주의원의장 및 대한민국대표'라는 직함을 주고, 1만 달러의 여비도 보태주었다.

이승만은 하지를 만나 자신의 워싱턴 여행 편의를 요청했다. 하지는 자신을 제치고 워싱턴과 직접 상대하겠다는 이승만의 의도에 "충격받았다"며 언성을 높였다. 그러면서 국무부에서 파견된 정치 고문단이 자신을 돕고 있으며, 수시로 국무부와 전문을 주고받고 있음을 상기시켰다. 하지는 이승만이 미국에서 얻을 소득은 없을 것이며, 한국 국민의 기대가 무너지면 오히려 재앙만 가져올 뿐이라고 경고했다 (이주영, 2011).

이승만은 출국 과정에서 하지와의 갈등을 과대 선전하면서 자신을 핍박받는 한국의 지도자로 인식시켰다. 이승만은 미군정이 자신에게 비행기 제공을 거절한다는 점을 은근히 강조했다. 이승만은 하지가 비행기를 내주지 않아 배로 출국하는 것처럼 위장했고, 12월 1일 요란하게 환송식을 치르며 인천으로 향했지만 그날 은밀히 서울로 돌아와 12월 4일 미군정에서 제공한 비행기 편으로 도쿄를 향해 출발했다. 이승만의 지지자들은 이승만이 12월 2일 출발하려 했으나 하지가 비행기를 내주지 않자 맥아더에게 연락해 가까스로 12월 4일 출국했다고 선전했다. 하지만 미국 측 보고에 따르면, 12월 2일에는 기상이 나빠 출국하지 못했다. 이러한 정치적 흥행극은 이승만의 연출력과 대중 조

이승만과 맥아더의 만남 – 맥아더에게
태극무공훈장 수여 (출처: 국가기록원)

작 기술을 유감없이 보여준 사건이었다(정용욱, 2003).

이승만은 도쿄에서 출발을 하루 연기해가면서 맥아더를 만날 수 있었다. 처음에 맥아더는 그의 면담 요청을 거절했으나 막무가내로 매달리는 그에게 몇 분간만 면회를 허락했다. 맥아더는 당시 미국의 동아시아정책에서 커다란 정치적 의미를 가졌으므로 이승만은 그와의 면담을 정치적 선전에 활용했다.

이승만은 맥아더와의 만남 자체에 일차적 의미를 부여했으므로 면담 내용은 중요한 것이 아니었다. 이승만은 맥아더를 만났을 때 하지의 좌우합작파 지원을 용공정책이라며 이를 철회하라고 주장했다. 이승만은 이후 자신의 주장을 맥아더의 의견인 양 왜곡해서 선전함으로써 이때의 면담을 하지를 공격할 빌미로 활용했고, 자신에 대한 맥아더의 지지를 과장해서 선전했다.

이승만은 미국 정부를 상대로 조속한 정부 수립을 위해 한국 문제를 유엔총회에 상정해줄 것을 호소하려 했다. 그러나 미국 정부 관계자는 어느 누구도 그를 만나주려 하지 않았다. 그의 반공·반소 노선은 미 국무부의 좌우합작 노선과 맞지 않았기 때문이다.

이승만의 도미외교는 국내에서 한민당의 지원에 힘입어 전개될 수 있었다. 한민당은 그 당시 미군정 당국자와 이승만과의 대립관계를 완화시키기 위해 노력했다. 미군정과 밀접한 관계를 유지하고 있던 한민당은 미군정과 이승만의 양편 사이에서 묘하게 곡예를 하는 상황이었다. 한민당은 미군정의 협조자였음에도 군정 당국자에게 단독정부 수립을 적극적으로 수용하게 하려 했다. 또한 이승만을 단정의 수반으로 옹립함으로써 계속해서 정치적인 우위를 유지하려 했다. 한민당과 이승만의 협조관계가 남한 단독정부 수립을 가능하게 했다고 볼 수 있는 장면이었다(동아일보사, 1990).

이승만의 선전술

미국 정계 사정을 잘 알고 있던 이승만이 방미 이후 미국 정부 내 정책논의와 여론동향, 여론형성 지도자들을 예의 주시하면서 선전을 위해 동원한 것은 주로 극우반공 성향을 지닌 의회 지도자들, 종교계 인사들, 그리고 언론인과 기자들이었다. 이승만은 미국의 기존 한반도정책과 자신의 구상이 본질적으로 같다는 점을 강조했다. 그러면서 점령정책의 혼란은 정책을 집행하는 하지와 일부 국무부 관리들이 소련과 공산주의자에 대해 유화조치를 취함으로써 생겨났다는 주장을 되풀이했다. 어떤 의미에서 하지는 이승만이 자신의 선전을 위해 선택한 희생양에 불과했다. 이승만은 유력한 고위 정책담당자들과 인맥이 통해 있음을 과시하기 위해 노력했다. 맥아더와의 면담, 국무차관보 힐드링과의 밀약설이 그 전형적인 예였다.

이승만은 미국 정부 내부의 대한정책 논의를 자신의 주장으로 재포장하는 능란한 선전술을 구사했다. 이승만은 자신이 정권을 장악하기 위해서는 무엇보다 미국의 지지가 필수이고, 그것에 의지하지 않으면 안 된다는 것을 잘 알고 있었다. 이승만은 자신에게 그다지 호의적인 반응을 보이지 않은 미국 정부의 공식 입장을 지켜보면서 한반도 정책 담당 관리들을 상대로 자신의 주장에 대한 반응을 떠보고 있었다(정용욱, 2003).

이승만은 언론기관과 문서를 통해 우회적으로 미 정계와 미국 국민에게 자신의 의지를 알리려 했다. 그 결과 독립운동 시절의 미국인 후원자들이 그를 위해 다시 뛰기 시작했다. 그들은 로버트 올리버 박사, 변호사 존 스태거스, 원로 언론인 제이 제롬 윌리엄스, 프레스턴 굿펠로 대령, 프레데릭 브라운 해리스 목사 등이었다. 이승만의 직계인 임영신과 오랫동안 구미위원부를 맡아 운영해오던 임병직도 그들을 도와 열심히 뛰었다. 이들은 국내적 기반이 취약한 이승만이 집권하는 데 절대적으로 필요했던 미국과의 교섭창구로서 큰 역할을 했고 미국이 단정노선을 공식화하는 데도 일정한 역할을 수행했다. 이들은 미국에서 이승만에게 유리하게 정책이 돌아가도록 많은 로비활동을 했으며, 미국과 이승만의 의도가 관철될 수 있도록 대유엔 로비도 전개했다(한국역사연구회, 1991).

이승만은 미 국무부에 서한을 제출했다. 그 핵심 내용은 남한에 일단 과도정부를 세웠다가 때가 되면 남북한 총선거를 통해 정식 통일정부를 세운다는 것, 그리고 소련군이 북한에서 철수할 때까지 미군이 남한에 주둔한다는 것이었다. 이승만은 미 국무부 안에 공산주의 동조자들이 있는 것 같으며, 남한의 하지 장군도 좌익에 유리하게 행동하고 있다고 비판했다. 그리고 북한에서 소련군은 50만 공산군을 양성하고 있는 데 비해, 남한에서 미군은 전혀 그러한 조치를 강구하지 않고 있어 남한은 북한에 의해 끌려 다닐 위험에 놓였다고 경고했다.

이러한 이승만의 제의에 대해 미국의 여론은 호의적이었다. 왜냐하면, 미국인은 유럽, 발칸반도, 중동에서 소련의 팽창 야욕을 확인했기 때문이다. 그래서 한국에 대한 미국의 정책도 바뀌어야 한다는 데 대해 공감했다. 유엔 외교는 출국을 위한 명분에 불과했고, 이승만의 진정한 목표는 미국의 한반도정책 담당자들과 여론 형성자들을 향해 자신의 구상을 알리고 선전하는 것이었다.

이승만은 자신을 지원해주던 미국 내 극우 반공 언론의 대소련 강경태도와 반공 선전에 편승함으로써 부분적으로 선전 효과를 얻었다. 극우보수계열 신문들이 이승만의 선전활동을 도왔다. 이승만은 미국 내 극우 반공 언론사의 기자들을 항상 주위에 둠으로써 이들을 자신의 외교활동과 선전에 적절히 이용했다. 그러나 정작 미국 정부 내 한반도정책 관련자들을 대상으로 한 로비활동에서 구체적인 효과를 거두지는 못했다. 국무부는 그의 주장을 무시했고, 그의 접견 요청조차 응하지 않았다.

하지는 이승만의 활동을 견제하기 위해 1947년 2월 미국으로 갔다. 미소공동위원회를 통한 정부수립만이 한반도문제에 대한 올바른 해결 방법이라는 기존의 정책을 강조하기 위해서였다. 하지는 트루먼 대통령을 만나고 상원 군사위원회에서 증언하는 과정에서 북한 공산주의자들의 위협을 인정할 수밖에 없었는데, 그것이 이승만의 남한 과도정부 수립 주장을 정당화시켜주는 결과를 가져오게 되었다.

정작 이승만이 결실을 얻은 것은 국내 선전이었다. 국제정세의 흐름이 국내에 알려지면서 이승만의 외교활동 선전이 실체 이상의 효과를 거두게 되었다. 이승만이 워싱턴에 있던 1947년 3월 12일, 대소련 봉쇄정책을 선언하는 트루먼 독트린이 발표되었다. 트루먼은 상하원에서 "지중해 지역에서 공산주의 침투에 방어선 역할을 하고 있는 그리스, 터키 양국에 4억 달러의 차관과 군사고문단 파견을 승인해 달라"고 연설했다. 그것은 미국이 대소련 유화정책을 폐기하고 냉전에 대비하기 시작했다는 신호였다. 이승만이 일관되게 주장해오던 "소련의 위협에 대비해야 한다"는 반소 · 반공노선과 같은 의미였다(오인환, 2013).

미국이 주한미군을 철수한다는 전제 아래 3년간 6억 달러의 대한 원조 계획을 검토 중이라는 〈뉴욕타임스〉의 보도도 이때 나왔는데, 국내 신문들은 이승만 외교의 공적으로 취급하는 방향으로 보도했다. 이로써 이승만은 국내 언론에 의해 반소 · 반공의 세계적 예언자처럼 부각되었고, 미국의 정책이 변화하는 데 기여한 것처럼 과장되었다. 이승만의 대중적인 인기는 다시 폭발했다(정병준, 2005).

트루먼 독트린과 미국의 정책 변화

트루먼 대통령은 소련에 대한 유화정책을 바꾸어 적극적인 서방권 강화정책을 펴나가기 시작했다. 동구권의 공산화를 좌시하지 않고, 공산세력 팽창을 더 이상 묵과하지 않겠다고 한 것이다. 이것은 소련과의 협력으로 평화를 달성해보겠다던 미국의 노력에 종지부를 찍게 된 것을 의미했다. 마셜 국무장관은 한국 문제에 대한 소련의 비협조를 규탄하고 남한에서 독자적인 정부 수립 계획을 추진할 용의가 있다고 말했다. 이는 남한과도정부 수립을 의미하는 것으로, 미국의 한반도정책이 바뀌고 있음을 보여주는 발언이었다.

이 같은 정책 변화에 감격한 이승만은 1947년 3월 13일, 트루먼 대통령에게 한 통의 편지를 보냈다. 여기서 이승만은 투르먼 대통령의 반공 의지를 찬양하면서 미군정 지역(남한)만이라도 즉각 과도독립정부를 수립하는 것이 공산주의 침략을 막고 남북한의 독립을 가져오는 길이라고 역설했다.

이승만은 미국의 대소련 태도와 정책을 근본적으로 불신·반대하고, 일찍이 미국에 대소련 협상을 포기하도록 종용하고 있었다. 또한 소련과 공산주의자를 비난·공격했다. 그래서 미군정과 국무성 관리들은 이승만을 '말썽꾼(trouble maker)' 혹은 '선동자'로 생각하고 멀리하게 되었다. 미국은 미소공동위원회를 통해 소련과 협조해 한국 문제를 해결해야 하고, 또 그럴 가능성이 남아 있는 한 이승만과는 협조할 수 없다는 생각이었다(이주영, 2011).

이승만에게는 국제정치 정세가 '냉전체제'라는 새로운 이념 대결 구도로 형성되어가는 운이 따라주었다. 이승만은 아시아 반소·반공 정책의 거두이자 예언자로서 트루먼 독트린을 이끌어낸 원동력이라는 찬사도 받았다. 이승만의 도미외교 성과는 이미 초과 달성되었다. 이승만은 국내 언론에 의해 반소·반공을 지향하는 남한 단독정부 수립의 세계적 예언자가 되었고, 미국의 정책입안자보다 먼저 세계정세의 흐름을 읽어내는 지도자로 부각되었다.

국내에서는 김구가 추구한 임정법통론에 입각한 신정부 수립 계획이 실패로 돌아갔다. 김구는 사전에 김규식에게 접근해 참여해줄 것을 요청했으며, 우익진영의 동의를 얻기 위해 노력했다. 또 계획을 추진할 행동대로 '대한민국 임시정부 특별행동대'가 조직되었다. 김구는 미군정장관 브라운을 만나 임시정부를 승인하고 정권을 넘겨줄 것을 요구했다. 그러나 미 군정청은 이를 정권탈취를 위한 쿠데타 기도로 보고 김구를 처벌하려 했다.

귀국한 이승만 앞에는 폭발 직전의 상황이 기다리고 있었다. 계속 마찰을 빚으면서도 이승만과 수년간 보조를 맞추어온 김구가 독자적인 길을 걷기로 결심한 것이다. 이승만은 이런 상황 전개에 크게 낙담했다. 이승만은 김구의 용기와 애국심은 매우 존경했지만, 그의 상황 판단력에는 우려를 품고 있었다(황정일·올리버, 2002).

신정부 수립 계획은 알 만한 사람들에게는 모두 알려진 채 진행되었으며, 마지막 단계에서는 신문에서조차 '아이들 장난'이라고 비웃었다. 이승만 역시 김구에게 계획을 연기할 것과 자신의 지시에 따라 행동을 통일할 것을 재차 요청했다. 이 계획에는 김규식의 중도우익은 물론 한민당, 군정청 한인 관리들, 경찰 모두 불참했다. 결국 미군정의 강력한 제재로 김구의 신정부 수립 계획 시도는 체면만 손상한 채 실패로 돌아갔다.

이승만은 귀국 즉시 기자회견을 열고 남한에 단독정부 수립을 위한 절차를 밟기로 힐드링 국무차관보와 자신이 서로 개인적으로 양해했다고 발표했다. 하지 장군은 자신도 워싱턴에서 방금 도착했지만 이승만이 주장하는 것 같은 양해나 정책은 존재하지도 않는다는 반대성명을 발표했다.

이승만의 단정안은 내치·외정에서의 독립, 즉 주권과 외교권을 완전히 회복한 사실상의 독립정부를 의미했다. 이는 모스크바 결정의 폐기를 전제로 한 것이다. 반면 미군정의 과도정부안은 행정·사법·입법 권한을 한국인에게 넘겨주는 것을 주요 내용으로 했으며, 주권·외교권의 회복 등 완전 독립은 미소공위를 통해 가능하다는 입장이었다. 또 미군정의 과도정부안이 반드시 이승만에 대한 지지를 의미하지 않았다는 점도 중요한 차이였다. 오히려 미국은 이 시점에서 과도정부의 주도세력으로 김규식을 중심으로 한 중간파를 예상했다.

미군정은 국무부에 이승만을 견제하고 하지의 정책을 지지하는 성명을 발표해줄 것을 누차 건의했다. 미군정은 이승만이 유일하게 두려워하는 것은 미국 신문의 비우호적인 기사와 정부 고위관리의 비난 성명이라는 것을 잘 알고 있었다. 미국은 이승만을 견제하면서 제2차 미소공동위원회의 성공을 위해 노력했다. 한편 이승만은 총선거를 통한 남한정부 수립을 열렬히 선전함으로써 자신의 단정 구상을 미국의 정책과 연결하는 한편, 미소공위 결렬 이후에 대비했다.

제2차 미소공동위원회

제2차 미소공동위원회는 이승만과 미군정의 경쟁에서 가장 중요한 고비였다. 만약 미소공동위원회가 성공한다면 미군정은 김규식을 중심으로 한 중간파를 지지하면서 과도정부를 세울 수 있게 된다. 그러나 미소공동위원회가 실패한다면 미국 정부의 정책에 변화가 생길 것이고, 이러한 변화는 이승만의 단정론에 힘을 실어주게 되어 이승만의 부활이 예상되었다.

　1947년 5월, 미소공위 재개를 앞두고 이승만과 김구를 비롯한 반탁·반소련 세력들을 빼고는 모두 미소공위에 대한 기대감으로 부풀어 있었다. 하지 장군과 그의 측근들은 이승만과 김구에게 미소공위에 협조할 것을 당부했다. 이승만과 김구의 태도는 강경했다. 그러나 한민당과 한독당은 미소공위 참여 여부를 놓고 이승만과 김구의 반대로 눈치를 보며 우왕좌왕하고 있었다. 결국 한민당은 미소공위에 참여하기로 결정했다. 대다수의 정당은 제2차 미소공위를 환영했다. 이승만을 포함한 우익은 하지 장군을 '공산주의자', '친공산주의자'로 몰아세우며 미소공위에 반대했다(한배호, 2008).

　이승만에게는 제2차 미소공위의 성공 가능성이 예상된 1947년 6~7월이 가장 힘든 순간이었다. 미 군정청은 미소공동위원회가 열리는 동안 이승만의 방해를 우려해서 그를 가택연금 상태에 두었다. 그에 따라 이승만은 라디오 방송 출연은 물론, 일반인과의 접촉마저 금지되었다. 전화도 철거되고, 편지도 검열을 받았다. 미국인도 그를 만나기 위해서는 까다로운 절차를 밟아야 했다. 전화선을 끊어놓은 상태에서 미군 헌병 2명이 24시간 근무를 하면서 출입을 통제했다(이철승·박갑동, 1998).

　미소공동위원회의 성공 가능성이 높아졌다고 해서 미군정이 지지하는 김규식과 여운형 주도의 좌우합작파의 인기가 높아지지도 않았다. 좌우합작파는 실질적인 권한을 위임받지도 못했고, 극좌나 극우 세력의 견제를 극복할 수 있는 독자적인 조직 기반도 갖추지 못했다. 미군정과 한민당마저 이승만에게 등을 돌리자 이승만으로서는 김구와의 협조가 더욱 절박해졌다. 이승만과 김구는 서윤복의 보스턴마라톤대회 우승 환영을 명분으로 수만 명이 참가한 가운데 반탁시위 집회를 개최했다.

　1947년 5월 29일 개최된 제2차 미소공위는 어떤 정당과 사회단체를 협의 대상으로 초청할 것이냐를 놓고 또다시 교착상태에 빠졌다. 소련은 이승만을 비롯한 한민당 등 우익 단체를 제외하고 30개 단체만 포함 대상으로 제한하겠다고 했다. 미국은 단체 수를 제한하는 것에 반대하고, 1천 명 이상의 당원이나 회원을 갖고 있으며 두 개 이상의 도에 지부를 둔 단체는 미소공위의 협의 대상으로 포함해야 한다고 주장했다. 우익단체를 협의 대상에서 제외하려는 소련의 일방적 주장에 양보하면 미소공위의 협의 대상으로 남는 것은 좌익 정당이나 사회단체들뿐이었다. 그리고 그들을 중심으로 임시정부를 수립하려 할 것이다. 만약 미국이 소련의 주장에 동의하면 미국이 한국을 포기하고 공산주의와 소련이 한반도를 지배하도록 방치하는 것으로 해석되었다.

미소공위가 교착상태에서 벗어나지 못하고 있던 1947년 8월 4일, 미국 정부는 한국문제에 대한 건의안을 발표했다. 그중 하나가 '자유선거를 통한 임시정부 수립'이었다. 이는 한국문제 해결을 위한 미국 정부의 기본 정책 변화였다. 미국 정부는 소련의 제의대로 이승만이나 우익단체를 배제하고 임시정부를 수립하면 공산주의세력이 손쉽게 임시정부를 지배할 수 있음을 우려했다. 자유선거를 통한 임시정부 수립에 관한 문제는 미·소 간에 해결하기보다는 유엔으로 넘기는 것이 유리하다고 계산했다. 이러한 미국 정부의 정책 변화는 이승만에 의한 남한 단독정부의 실현성을 높여주었다. 그러나 미소공위 결렬로 한국문제가 유엔으로 넘겨지면 김구가 주장했던 미·소 양군의 철수 후에 통일정부를 수립하겠다는 의도와는 다른 방향으로 진행될 것이었다. 즉, 김구의 통일정부 의도와 달리 현실적으로 미·소 양군 철수는 이루어지기 어려운 상황이었다. 당시 미국과 소련은 실제로 주둔군을 철수할 생각이 없었으며, 남과 북에 자신들의 영향력을 유지할 생각이었다.

미군정

해방되자 미군정은 임시정부 요인들을 서둘러 환국시켰다. 해방 이후 들떠 있던 분위기에서 조국의 독립을 위해 천신만고 헌신했던 임시정부 요인들을 환국시키지 않는다면, 미국에 대해 회의를 느낄 것을 우려해서였다. 당시 미군정 당국자들은 김구를 비롯한 임시정부 요인들이 환국하면, 미국이 구상하고 있던 우익 주도의 정치통합에 보탬이 될 것이라고 믿고 있었다. 미군정은 명분과 실리가 맞아떨어졌기에 임시정부 요인들을 늦게나마 서둘러 환국시켰다.

　임시정부 요인들의 환국은 주도면밀한 계획 속에서 진행되었다. 우선 임시정부 요인들을 일시에 환국시키면, 국내정치에 미칠 파장이 너무 크므로 2진으로 나누어 환국시켰다. 그리고 환국 순서도 정치적으로 면밀하게 고려했다. 상대적으로 보수적인 김구 계열은 11월 23일 제1진으로 환국시켰고, 상대적으로 급진적인 김원봉 등은 12월 3일

제2진으로 환국시켰다. 환국 당시부터 임시정부 내 정파들의 성향과 자신들의 현실적인 필요에 따라 차별적으로 대응하고 있었다. 귀국 후 김구가 임시정부 주석으로 정부의 권한을 행사하려 하자 하지와의 관계가 나빠지기 시작했다. 하지는 임시정부가 미군정에 협조하는 역할만 생각했는데, 김구는 임시정부의 법통을 주장하며 정부로서의 역할을 강조했다. 이러한 차이는 김구와 하지가 갈등관계를 지속한 원인이 되었고, 김구는 미군정의 지지를 전혀 받지 못하게 되었다.

임시정부 주도의 반탁운동이 절정에 달했던 1945년 12월 말과 1946년 초, 임시정부는 사실상 과도정부로 인정받으려는 시도를 했다. 이에 미군정은 이러한 임시정부의 행동을 쿠데타로 규정하면서 단호한 태도로 제지했다. 1946년 1월 1일 정초부터 하지 사령관은 김구 주석을 자기 사무실로 불러들여 임시정부의 행동을 쿠데타로 몰아붙였다. 김구는 이에 격분하여 하지에게 자결하겠다며 격렬히 항의했다. 이렇듯 험악한 분위기가 조성되자, 하지는 김구를 진정시키면서 "나는 미군정과 싸운 것이 아니라 신탁통치와 싸운 것"이라는 요지의 라디오방송을 하도록 권고했다. 그러면서 하지는 김구가 약속을 어기고 딴 소리를 할지 모른다는 생각에 그에게 "나를 속이면 죽여버리겠다"고 협박까지 했다(장을병, 2007).

미군정은 임시정부가 정권획득을 위한 수단으로 반탁운동을 이용하는 것을 결단코 용납하지 않았다. 즉, 미군정은 반탁운동의 정치적 효과는 일부 인정했지만 임시정부가 미군정에서 만들어놓은 한계선을 넘는 것은 결코 용납하지 않았다. 미군정은 임시정부의 역할에 대해 회의적인 평가를 내렸다. 임시정부가 법통을 내세워 과도정부로 인정받으려고 시도하는 것에 대해 임시정부를 하나의 정당, 혹은 하나의 정파로 축소시키려 했다.

김구에게 반탁이란 반외세·자주독립·자결을 의미했다. 그러나 한국을 둘러싼 미·소 관계의 현실적 차원에서 김구는 미군정이 수립한 정국 구도에서 배제될 수밖에 없었다. 김구와 미군정의 대립은 김구의 반탁운동이 한계성을 지닌다는 것을 의미했다.

미군정이 임시정부(임정)의 주도하에 전개되고 있던 반탁운동에 반대하는 전면대응을 시작하자 이승만이 전면에 나서기 시작하면서 그 성격이 조금씩 달라지기 시작했다. 김구의 반탁이 민족주의에 역점을 두었다면, 이승만의 반탁은 무엇보다 반공주의를 기본으로 하고 있었다.

이승만은 미·소의 협력에 의한 통일정부 수립에 큰 기대를 걸고 있지 않았다. 그저 미·소 냉전논리의 현실을 인식해 반탁운동에 참여한 것이다. 반탁에 대해 김구가 열정적인 민족애를 바탕으로 감성적이었다면, 이승만은 냉철한 현실 파악을 바탕으로 미국이라는 변수를 고려하고 있었다.

김구가 반탁운동을 전개해나가면서 간과했던 것은 미군정이 한반도를 지배하고 있는 현실적 권력실체라는 사실이었다. 김구는 공산주의자도 반탁대열에 참여하기를 호소한 반면, 이승만은 이들을 제외시키자고 한 사실에서 볼 수 있듯이, 이 둘은 반탁에 대한 인식이 달랐다. 이승만은 한국의 독립정부 수립에 미군정과의 마찰이 이롭지 못하다고 인식했고, 한민당도 같은 생각이었다. 한민당은 미군정을 부인하고 주권선언을 하자는 임시정부 측의 강경론에 반대했다. 미군정과의 충돌은 미국 및 민주주의 여러 나라와의 충돌을 일으킬 우려가 있으며, 혼란이 야기되면 결국 공산주의만 이롭게 된다고 인식했다.

하지와 이승만의 갈등

미군정 사령관인 하지와 이승만은 서로 앙숙관계였다. 하지 사령관은 이승만을 극도로 미워했다. 이승만은 하지의 정책에 반대하고 하지의 국제정세관이 빈약하다고 비난했다. 하지는 미군정의 정책에 반대하며 자신을 무시하는 이승만의 독선적 태도에 불만을 품고는 이승만이 대통령이 되는 것을 어떻게든 막으려고 했다. 그래서 좌우합작운동을 통해 이승만을 배제하려고 했다. 이승만은 성격이 불같은 김구에게 하지의 잘못된 정책을 일러주었고, 김구는 하지를 찾아가 격렬하게 비난했다. 결국 하지는 김구와도 사이가 나빠졌는데, 이승만이 김구를 앞세워 자신을 공격하고 비난한다고 여기게 되었다(김병문, 2012).

미국은 이승만과 김구를 배제하면 미·소 합의에 의해 한반도 문제가 해결될 수 있다고 생각했다. 그래서 중도세력을 육성해 그들이 남한의 주도권을 장악하면 통일임시정부에서 공산당이 지배하는 사태가 방지될 수 있다고 계산했다. 만일 미국과 소련의 합의에 의한 한반도 문제 해결이 불가능해져 부득이하게 남한에서 단독정부가 수립될 경우라도 미국은 남한 정부의 주도권을 이승만이나 김구가 아닌 중도세력이 장악하기를 희망했다.

미군정은 제1차 미소공위가 결렬되면서부터 이승만과 김구를 정치무대에서 퇴출시키고 중도세력을 육성하기 위해 김규식을 중심으로 한 좌우합작을 적극적으로 지원했다. 그리고 좌우합작위원회 활동을 통해 육성될 중도세력이 장차 정계의 주도권을 확고하게 장악할 수 있는 제도적 장치를 마련했다. 과도입법의원 설립이 대표적인 사례였다.

과도입법의원 설립에 격분한 이승만은 하지를 방문해 좌우합작

중심의 정권 인수계획을 포기하라고 요구했으나, 하지는 이승만의 정권 장악을 용납할 의사가 없다고 응수했다. 이에 이승만은 하지가 이제껏 여러 가지 과오를 범했어도 한국 국민에게 변호하려고 노력해왔는데 이제부터는 공개적으로 반대하겠다고 선언했다. 하지도 미국은 협박에 의해 정책을 바꿀 수 없으며 미군정의 프로그램에 협력하지 않으면 이승만도 끝장나게 될 것이라고 반박했다(황정일·올리버, 2002).

하지는 이승만의 측근인 올리버에게 다음과 같은 내용의 편지를 보냈다.

이승만 박사는 군정에 쓸모 있는 역할이 끝났습니다. 그를 공개적으로 비난함으로써 망신시켜야 할지 모르겠습니다. 우리가 당신(로버트 올리버)을 한국에 들어오게 한 단 하나의 이유가 있습니다. 우리는 당신이 이승만 박사에게 어떤 통제를 가할 수 있기를 바라고 있습니다. 당신이 그렇게 하지 않으면 이승만의 생애는 끝난 것이고, 한국 통일을 위해 소련과 합의해야 할 우리의 기회를 그가 이미 망쳐버렸는지 모릅니다. 이승만 박사는 한국 정치가들 중에서 너무나 위대한 인물이며, 그렇기 때문에 나는 그가 유일한 인물이라고까지 말합니다. 그러나 공산주의에 대한 공격을 멈추지 않는 한 그는 한국 정부 내에서 어떤 자리도 차지하지 못할 것입니다(인보길, 2011).

1947년 후반, 미국 정부의 정책 방향이 신탁통치를 포기하고 한국의 단독정부 수립을 심각하게 고려하는 방향으로 전환하기 시작할 무렵, 하지와 이승만 사이에는 노골적인 싸움이 전개되고 있었다. 하지와 그의 정치고문 제이콥스는 본국에 보낸 보고서에서 "이승만이 언론과 군중 데모를 통해 하지 장군이 미국 정부의 정책을 따르지 않고 있다고 비난하고 있으며, 심지어 하지 장군의 경질을 요구하고 있다"고 보고했다. 제이콥스 정치고문은 장문의 보고서를 통해 이승만의 언동을 비난하면서 일제강점기 같았으면 사형감이고 북한에서라면 사형에 처해지거나 탄광으로 보내질 거라는 극언까지 했다.

이승만과 하지의 대립은 정치적인 문제에 그치지 않고 개인적인 감정대립으로 발전했다. 1948년 정월의 어느 추운 밤에 벌어진 우연한 사건은 두 사람의 관계를 회복 불능의 지경으로 몰아넣고 말았다. 하지는 마침 외출준비를 하고 있던 이승만에게 집에 돌아가는 길에 자신의 관저(경무대)에 들르라고 지시했다. 이승만은 경무대 밖에 차를 세워두고 부인을 기다리게 하고 들어갔는데, 하지와의 면담이 무려 1시간 반이나 걸려 밖에서 기다리고 있던 부인이 찬바람에 벌벌 떨게 됐다. 그 뒤로 초대하지도 않았지만, 이승만은 설사 초대하더라도 응하지 않기로 마음을 먹었다.

6

유엔임시위원

1947년 9월, 미 국무장관 마셜이 한국 문제를 유엔에서 처리하도록 하는 안건을 유엔총회에서 제안했다. 소련과의 협상으로는 미국이 한국 문제를 해결할 수 없다는 판단이었다. 제안문은 1948년 3월 31일 전에 유엔 감시하에 남북한에서 선거를 치를 것과 유엔 회원국의 대표들로 구성된 '유엔한국임시위원회'가 남북한 각 지역에서 선거를 참관할 수 있도록 할 것을 주 내용으로 하고 있었다.

유엔총회는 1947년 11월 소련권을 제외한 자유민주우방의 찬성을 얻어 미국의 제안을 43 대 0(기권 6, 결석 8)으로 가결했다. 유엔총회가 유엔한국임시위원회의 감시하에 독립정부를 수립하기 위해 한국에서의 자유선거를 가결했다는 사실은 이승만의 승리를 의미했다(조용중, 1990).

이승만은 11월에 임영신을 통해 한국 문제를 유엔총회에 상정하기 위한 외교활동을 활발하게 벌였다. 이승만은 신탁통치 결정을 폐기하기 위해서는 미국과 소련에 맡기기보다는 유엔을 부각시켜 유엔이 한국 문제를 맡는 것이 유리하다고 판단했다. 따라서 이승만은 유엔이 한국 문제를 떠맡아서 한국인에게 즉시 독립을 허용하고 미·소 양군은 철수해야 한다고 주장했다. 유엔총회는 점령군에게 가능한 한 최단 시일 내에 철수할 것을 강조하고, 남북 총선거로 구성된 중앙정부는 가능하다면 90일 이내에 점령군이 완전히 철수하도록 점령국과 협정할 것을 요구했다(정용욱, 2003).

유엔에서 한국 문제가 숨 가쁘게 진행될 때 국내 정치세력은 각자 다른 길을 걷고 있었다. 김구는 유엔의 활동을 지지하면서 이승만·한민당과의 단합을 모색했다. 김구는 이승만·한민당과 함께 '탁치 반대, 모스크바협정 폐기, 좌우합작 반대' 노선을 주도했다. 그러나 한국 문제가 유엔으로 넘어간 이후 김구의 한독당은 중도파와 우파 사이에서 동요하는 모습을 보였다. 김구는 한국 문제가 유엔으로 넘어가게 되자 한독당 내 진보파인 조소앙을 통해 중도파와의 연합을 촉구했다. 그러나 이것이 실패로 돌아가자 1947년 11월 말부터 이승만과 한민당과의 단합을 다시 추진했다(서중석, 2005).

1947년 12월 2일 한민당 지도자 장덕수*가 암살됨으로써 김구 진영과 한민당-이승만의 단합은 사실상 무산되었다. 한민당은 장덕수의 암살에 김구와 한독당이 관여했다고 믿었다. 장덕수 암살사건은 김구와 한민당의 협력관계를 끝장내는 동시에 파국으로 끌고 가는 결정적인 계기가 되었다. 김구는 자신이 배후로 의심받자 이승만에게 도움

---

* 　장덕수(1894~1947) 암살사건은 1947년 12월 2일 한국민주당의 당수 장덕수가 미 군정청 경찰관인 박광옥(한국독립당 당원), 배희범(한국독립당의 당원) 외 5명으로부터 권총 저격을 받고 암살된 사건이다. 장덕수는 평소 한국민주당과 임정의 한국독립당 연대에 대해 상당히 부정적이었고, 그 결과 암살 배후로 김구가 지목되었다. 장덕수는 미소공위 참가 문제를 두고 김구와 갈등을 빚었고, 한민당과 한독당의 통합에도 앞장서서 반대했다. 한민당은 장덕수 암살 배후로 김구를 지목했다.

을 요청했는데, 이승만은 "김구 주석이 고의로 이런 일에 관련되었으리라고는 믿을 수 없다"며 사실상 김구 관련설을 강하게 암시하는 등 딴전을 피웠다. 이에 분노한 김구는 이승만의 무관심과 배신감에 치를 떨며 결국 이승만과 완전히 결별할 것을 다짐했다.

김구는 유엔한국임시위원단을 만났을 때 미·소 양군 철수-남북 요인회담-총선에 의한 통일정부 수립안을 제시해 이승만과 한민당을 깜짝 놀라게 했다. 마침내 김구는 이승만·한민당과 완전히 결별하고 김규식과 노선을 같이하게 되었다.

7

이승만의 승리

유엔한국임시위원단

1948년 1월 8일, 유엔한국임시위원회는 9개국으로 구성된 위원단(단장: 메논 인도 대표)이 한국에 도착해 각계 인사들을 만나면서 한국인의 공동의견을 찾기 시작했다. 북쪽에서도 남쪽에서와 같이 공동의견을 찾으려 했으나 소련에 의해 입국이 거절되었다. 유엔총회는 이러한 상황에 직면해서 '한반도의 가능한 지역에서 선거를 실시할 것'을 결의했다. 이에 위원단은 3월 12일 총회 결의안을 받아들이고, 1948년 5월 10일을 총선거일로 확정했다.

서울에 온 유엔한국임시위원단은 남한에서만 정부를 수립하는데 대해 호의적이지 않았다. 단장인 메논은 환영대회장에서 "북한에도 애국자들이 있다"고 말함으로써 남한만 협의대상으로 삼지 않을 것임을 분명히 했다. 그것은 좌우합작, 남북협상의 가능성을 거론한 것으로 유엔한국임시위원단 역시 남북을 아우르는 통일정부를 세울 수 있다는 의미였다. 이승만과 우익세력은 이에 당황하며 몹시 우려했다(이주영, 2011).

이승만과 한민당의 김성수는 유엔한국임시위원단을 설득하기 위해 미 군정청 경무부장인 조병옥과 수도경찰청장인 장택상에게 영어 잘하는 사람들을 모아 환영위원회를 구성하도록 했다. 그러고는 환영대회, 환영만찬, 환영음악회 같은 행사를 열어주었다. 특히 단장인 메논에게는 가장 많은 공을 들였다. 메논에게는 남북통일정부보다는 우선 남한에서만이라도 총선거가 실시될 수 있도록 유엔에 보고해야 하는 절박함이 있었다. 다행히도 문학을 좋아하는 메논이 만찬모임에서 여류시인 모윤숙을 만나면서 문제가 조금씩 풀리기 시작했다. 두 사람 사이에 문학적인 대화가 오가면서 한반도의 사정을 이해하게 되자 메논의 태도가 달라지기 시작했다. 그에 따라 부단장인 시리아 대표 무길의 태도도 바뀌기 시작했다.

하지는 유엔한국임시위원단이 입국한 후에도 이승만보다 김규식을 내세우려 했다. 그러나 한국 문제는 이미 미국에서 유엔으로 넘겨졌고, 미군정을 지휘하는 미국 정부의 주관부서도 국무성으로 바뀌어 있었다.

유엔한국임시위원단은 미군 사령관과 소련군 사령관에게 자유총선거 실시에 협조해줄 것을 요청하는 편지를 보냈다. 하지는 즉각 지지 회신을 보냈다. 그러나 소련군 사령관 스티코프는 편지의 접수 여부조차 확인해주지 않다가 결국 유엔한국임시위원단의 북한 방문을 거부함으로써 반대 의사를 표시했다. 북한에서 선거를 하게 되면 이미 만들어진 공산 정부가 해체되어야 했기 때문이다. 유엔한국임시위원단은 고민에 빠졌다. 북한이 자유총선거를 거부하는 상황에서 남한만이라도 선거를 할 것인지 결정해야 했기 때문이다. 이 문제를 유엔 본부와 상의하기 위해 유엔한국임시위원단 단장인 메논은 뉴욕으로 갔다.

　미국은 당시 소련이 유엔 감시하의 남북총선 실시를 받아들이지
않을 것으로 전망하고, 그럴 경우 남한지역에서만 총선을 실시하기로
내부방침을 정해놓았다. 그러면서도 이승만 주도의 남한총선을 관철
하기 위한 투쟁에 제동을 걸었다. 미국이 이러한 이중적 행동을 한 것
은 두 가지 이유 때문이었다. 첫째는 남한총선 관철투쟁의 과열로 남
북한총선 실시에 대한 소련의 수용 가능성이 완전히 사라질 것을 우
려했기 때문이다. 둘째는 남한총선 관철운동이 성공해 미국이 싫어하
는 이승만이 남한의 정권을 장악하는 사태를 막기 위해서였다.

　이승만의 의도대로 유엔한국임시위원단은 2월 16일 한국 문제를
유엔소총회에 넘겼고, 유엔은 격론 끝에 찬성 31, 반대 2, 기권 11로
가결했다. "남한만의 총선거를 실시하고 감시할 것"을 결의한 것이다.
유엔한국임시위원단은 유엔 감시하에 5월 10일 총선거 실시를 가결
했고, 하지는 이 사실을 공표했다. 이로써 이승만은 대권 싸움에서 최
후 승자가 되었다.

　김구 · 김규식이 유엔 감시하의 총선거에 찬성한 것은 단정 수립
으로 연결될 것이라는 사실보다는 신탁통치 없이 독립정부를 수립할
수 있으리라는 점이 더 크게 작용했다. 김구와 김규식은 한반도 문제
가 미국에 의해 유엔으로 이관된 후에도 남북통일정부 수립이 가능하
며, 그것이 곧 신탁통치를 거치지 않고 통일정부를 세우는 길이라고
생각했다.

　유엔에서 총선거안이 결정되었지만, 소련의 유엔한국임시위원단
입북 거절로 남북한을 통한 총선거는 어렵게 되었다. 이에 김구는 "북
한에서 소련이 입북을 거절했다는 구실로써 유엔이 그 임무를 태만
히 하지 아니할 것을 요구한다"고 했다. 소련의 입북 거절로 유엔이 한

반도의 통일자주독립정부 수립을 포기할 경우, 한반도의 분할책임을 미·소로부터 유엔이 넘겨받게 된다면 유엔의 위신이 떨어져 세계질서가 다시 파괴된다는 것이다(동아일보사, 1990).

또한 김구는 미·소 양군의 철수를 주장하면서 "미·소 양군은 즉시 철수하되 치안책임은 유엔에서 일시 부담"하기를 요구했다. 김구는 유엔의 '가능한 지역에서 선거' 결정으로 통일정부 수립이 무산되자 그 대안으로 남북협상을 제안했다. 만약 김구가 한반도 문제의 유엔이관 자체가 곧 단정 수립의 길임을 인식할 수 있었으면, 더 나아가 이승만의 반탁운동이 결국 단정 수립으로 가는 길임을 예측할 수 있었다면, 최후 처방인 남북협상과는 다른 방법으로 통일정부 수립운동이 마련될 수도 있었을 것이다.

소련이 유엔한국임시위원단의 입북을 거부하여 2월에 유엔에서 남한만의 선거를 결의하자 남한의 정계는 크게 남한단정 수립을 찬성하는 세력과 그것을 반대하는 세력으로 나눠졌다. 신탁통치 문제로 김구세력과 격렬하게 대치했고 좌우합작 문제에 냉담했던 좌익세력은 남한단정 반대노선에서는 김구·김규식 세력과 일치하게 되었다.

김구·김규식의 남한단정 반대론의 근거는 민족분열을 방지하자는 데 있었다. 그러나 김구의 경우 단독정부 수립은 민족의 분열일 뿐만 아니라 유엔의 이름으로 이루어지는 미국에 의한 신탁통치였고 앞으로 수립될 남한 정부가 미국의 예속 아래 들어가는 것이었다(동아일보사, 1990).

이승만이 줄기차게 주장해온 남한만의 단독정부 수립 주장은 결국 결실을 맺게 되었다. 미국은 한국 문제를 처리하는 데 소련과의 협조는 더 이상 고려할 필요가 없게 되었다. 따라서 이승만은 보수우파인 한국민주당의 지원을 받으면서 선거준비를 서두를 수 있게 되었다.

8

이승만의 정권 장악과 김구와의 갈등

김구의 마지막 승부수: 남북협상

김구는 이승만과 한민당이 본격적으로 단정수립 노선을 추구하는 데 맞서 유엔 결의를 비판하면서 자주적인 통일정부 수립 방안을 내놓았다. 김구는 1947년 11월 25일, '남조선만의 선거는 불가'라는 제목의 성명발표를 통해 "남조선 단독선거에 대해 단정 하의 대의원 선거는 결의권이 없는 이상 아무런 효과가 없을뿐더러 그 결과는 민족분열을 초래할 뿐"이라며 "소련의 거부로 남조선만의 유엔 결정에 의한 선거를 실시하는 것은 국토를 양분하는 비극이 될 것"이라고 주장하면서 단정에 반대했다

이를 계기로 이승만과 김구의 관계도 본격적으로 벌어지기 시작했다. 신탁통치 반대에서는 동지적 입장이었지만, 정부 수립에서는 생각이 달랐기 때문이다. 이승만이 자유선거를 통한 정부 수립을 추진하고 있었던 데 대해, 김구는 임시정부 중심으로 정부를 세우려는 마음

을 가지고 있었다.

1948년 2월 10일, 김구는 '3천만 동포에 읍소함'이라는 제목의 감동적인 성명을 발표했다. 통일된 조국을 건설하려다가 38선을 베고 쓰러질지언정 제 몸 하나 편하자고 단독정부를 세우는 데는 협력하지 않겠다고 했다. 그리고 미군 철수에 반대하는 우파들을 가리켜 박테리아가 태양을 싫어하는 것처럼 통일정부 수립을 두려워하는 것이라고 비난했다.

김구는 미·소 양군 철수 후 유엔 감시하에 남북 지도자들 간의 합의에 의해 전국적으로 총선을 치르자고 자신의 입장을 밝혔다. 단독선거(단선) 반대의 태도를 결정한 김구는 지금까지의 파트너였던 우익 진영과 결별한 뒤 김규식 등 중도파와 함께 남북한 총선의 실현을 위해 최선을 다했다. 김구는 김규식 등과 함께 남북회담을 통해 유엔 감시하에 전국 총선을 실현하고자 했으며, 유엔을 미·소 양군 철수 이후 진공 상태를 감독할 수 있는 중요한 관리자로 인정했다. 그러나 유엔에 대한 김구의 기대는 1948년 2월 26일 유엔에서 최종적으로 단선을 결정함으로써 무산되었다.

이승만은 김구가 협력하지 않으면 유엔이 남한에서 총선거를 실시하도록 결의해도 많은 어려움이 따를 것이 예상되었으므로 김구를 끌어안으려 했다. 김구를 설득하는 데는 유엔한국임시위원단의 중국 대표로 서울에 와 있던 유어만(劉馭萬)도 가담했다. 중국 국민당의 장개석은 모택동의 중국공산당과 내전을 벌이고 있었으므로 자신의 도움을 받았던 김구가 좌익의 주장에 동조하는 것을 원하지 않았다(이주영, 2011).

1948년 2월 10일, 유어만은 이승만, 김구, 김규식 3거두를 만나 자유총선거를 통한 정부 수립에 합의하도록 하루 종일 설득했다. 하지도 김구와 김규식에게 남한만의 총선거를 받아들이도록 설득하기 시작했다. 하지는 이승만, 김구, 김규식 3거두를 자신의 관저로 초청해 선거 계획에 합의해 통일된 의사를 유엔에 알리도록 설득했다. 이승만은 대찬성이었으나 김구와 김규식의 태도는 모호했다. 그러다가 2월 16일 김구와 김규식은 남북통일정부 수립 방법을 찾기 위해 북한의 김일성과 김두봉에게 남북회담을 열자고 제의함으로써 남한의 자유총선거를 실제로 거부했다. 김구와 김규식은 남북협상을 통해 통일정부를 세워보겠다는 결심을 한 것이다. 그러자 이승만은 잠시 중단한 남한총선거운동을 다시 시작했다. 이승만은 성명을 통해 "이 말 저 말 듣고 아무것도 못하고 앉았다가는 공산화하고 말 것이므로 우선은 죽었던 나라를 한편에서라도 살려놓아야 전체를 살릴 희망이 있을 것"이라고 주장했다. 그에 따라 정계는 건국 문제를 둘러싸고 다시 한번 분명히 갈라졌다. 이승만과 한민당이 한 편이 되어 남북협상파와 대결 구도가 이루어진 것이다. 이렇게 되자 오래간만에 이승만, 하지, 미 국무부 사이에 협조관계가 형성되기 시작했다.

1948년 3월, 선거인 등록이 시작되자 좌익은 남한총선거를 저지하기 위해 파업, 시위, 폭동, 파괴활동 등의 폭력행위를 벌였다. 선거인 등록을 방해하기 위해 선거사무소 습격과 방화, 선거위원과 입후보자 및 그 가족 살해, 경찰관 살해 등을 벌인 것이다. 북한의 김일성도 남한총선거 반대성명을 내고 군중집회를 개최함으로써 남한지역에서의 자유총선거 반대투쟁을 부채질했다.

김구와 김규식은 3월 12일 공동성명을 통해 남한만의 선거를 공식적으로 분명히 거부했다. 분단을 영구화시킬 것이라는 이유에서였다. 김구와 김규식은 중도파와 함께 총선거를 반대하는 '7거두 성명'을 발표했다. 그러한 반대운동에는 미군정의 고문 자격으로 와 있던 서재필도 참여했다.

　김구와 김규식은 2월 16일 북한의 김일성과 김두봉에게 남북협상을 제의하는 비밀서신을 보냈으나 북한으로부터는 오랫동안 답이 없었다. 그러다가 갑자기 3월 16일에야 평양에서 소규모 남북지도자 연석회의를 열자는 회답을 보내왔다. 김일성은 4월 14일 평양방송을 통해 평양에서 '전조선 정당 사회단체 대표자 연석회의'를 개최하여 통일정부 수립을 논의하자고 제의해왔다. 그러고는 5·10 선거에 반대하는 남한의 17개 단체를 초청했다. 물론 이승만을 비롯한 우파는 초청하지 않았다.

　북한은 김구, 김규식을 비롯해 남한 단독 선거를 반대하는 인사들만 초청했다. 이승만을 포함한 우익진영은 김구의 평양회담 참석을 만류했다. 평양행이 김일성을 도와주는 것밖에 안 될 것이라는 회의론 때문이었고, 우익진영의 약화를 우려해서였다. 이승만은 김구와 김규식이 김일성에게 이용당하는 것이라며 적극적으로 말렸다. 사실 김구와 김규식, 김일성 사이에는 회의에 관해 아무런 사전 협의가 없었으므로 평양에 가더라도 성과는 불투명했다. 이승만은 윤석오 비서에게 김구의 북한행을 두고 "평양은 무엇 하러 가나? 모스크바로 가야지. 김일성을 백날 만나봤자 무슨 소용 있나. 스탈린을 만나서 직접 담판이라도 한다면 모를까……"라고 평가했다(인보길, 2011).

　그러나 서울의 저명한 지식인들은 '문화인 108명 연서 남북회담 지지성명'을 발표했다. 이런 와중에 김구와 김규식은 북한에 가지 않겠다고 의사를 번복하기도 어려운 형편이었다. 결국, 김구는 1948년 4월 19일 북한으로 떠났다. 남측의 평양회담 참가 규모는 57개 정당 사회단체 인원으로 200여 명에 달했다. 김구는 비서 선우진을 대동하고 4월 19일 오후 자동차 편으로 떠나면서 "이번 회담에서 성과가 없으면 38선을 베개 삼아 내 배를 가르겠다"고 장담했다. 북으로 간 김구 일행은 북한과 함께 단독 정부 수립의 부당성과 외국군대 철수 등을 주장하는 성명을 발표했다. 김구, 김일성, 김규식, 김두봉으로 구성된 네 명의 김 씨는 따로 만나 남한의 단독 선거, 단독 정부안을 끝까지 반대하기로 다짐했다.

미군정은 남북협상에 대한 노골적인 반대의사를 표명했다. 남북협상에 대한 지지가 남로당(남한의 공산당 세력)뿐만 아니라 중도파, 더 나아가 우익세력에까지 확대되는 분위기에 위기의식을 느꼈다. 당시 남한만의 단독선거를 눈앞에 두고 있던 미군정은 이들 협상파의 북한행을 반대했을 뿐만 아니라 남북협상을 추진하는 남한의 지도자들을 착각에 빠진 사람, 공산주의자, 용공주의자로 몰아세웠다. 이뿐 아니라 이승만세력, 그리고 북한에서 월남한 사람들과 단체들을 동원해 결사반대의 뜻을 표방하도록 했다. 이승만은 "협상 찬성은 소련의 목적에 따르는 것"이라며 반대의 뜻을 분명히 했고, 이승만의 영향을 받은 독촉은 "협상에 속지 말고 총선거를 추진하자"(동아일보, 1948. 4. 2.)라는 성명서를 발표했다. 남북협상에서 합의된 내용은 제대로 결실을 맺지 못했고, 5·10 총선거가 실시되자 남북협상에 대한 관심은 사라지게 되었다.

남북지도자연석회담이 아무런 실효도 거두지 못한 이유는 그 당시 한국 문제는 이미 국제문제로 이행되어 미·소의 직접적인 합의 없이는 한 치도 나아갈 수 없는 상황이었기 때문이다. 약소민족이자 미·소의 관리 하에 있던 남북한은 자주적으로 취할 수 있는 행동반경이 너무나 협소했다. 이것이 실효를 거두지 못한 이유였다(장을병, 2007).

평양에서 돌아온 김구와 김규식은 평양회의가 실패한 것임을 잘

남북협상을 위해 북으로 가기 전 38선에 선 김구와 그 일행 (출처: 국가기록원)

알고 있었으므로 상당 기간 침묵을 지켰다. 그래서 6월 초 북한 측이 평양에서 제2차 '남북 제 정당 사회단체 연석회의'를 열자고 제의했을 때, 김구와 김규식은 이 제의를 거절했다. 5·10 선거가 끝난 지 일주일이 조금 지난 5월 14일, 북한은 김구·김규식과 맺은 약속과 달리 남한에 대한 전기 공급을 끊었고 연백평야에 물도 공급하지 않았다.

남북협상이 실패하고 남한만의 단독선거를 통해 이승만 정권이 들어서자, 김구는 '통일독립촉성회'를 결성해서 통일운동을 전개했다. 그러나 이미 정치적 기반이나 영향력을 완전히 상실한 상태였다.

5·10 선거

1948년 5월 10일에 실시된 총선거는 제주도를 제외하고 순조롭게 진행되어 등록된 투표자의 95%가 투표에 참가하는 높은 투표율을 기록했다. 제주도를 제외한 국회의원 198명이 투표에 참가해 188표를 얻어 이승만이 의장에 당선되었고 뒤이어 신익희 의원, 김동원 의원이 각각 부의장에 뽑혔다. 선거가 불가능한 북한지역의 의석 100개를 남겨둔 채 열린 국회는 북한 동포들에게 보내는 결의문도 채택했고, 유엔과 미국에 보내는 감사 메시지도 채택했다.

헌법은 7월 17일 국회에서 공포되었다. 헌법에서는 대통령을 국회에서 선출하는 간선제 방식을 채택했다. 국회는 7월 20일 대통령과 부통령을 선출했다. 미군정은 이승만이 아닌 다른 인물이 대통령에 선출되도록 노력했으나 국민과 국회의원들이 강력하게 이승만을 지지하여 실패하고 말았다.

이승만은 196명의 출석의원 가운데 180표를 얻어 초대 대통령에 당선되었다. 1948년 7월 24일, 이슬비 내리는 중앙청 광장에서 73세의 이승만이 대통령에 취임했다. 취임사에서 그는 "여러 번 죽었던 몸이 하나님의 은혜와 동포의 애정 어린 보호로 지금까지 살아있다가 이와 같이 영광스러운 추대를 받아 감격스럽기도 하고 책임감으로 두려운 생각도 든다"는 말로 취임사를 시작했다.

김구는 5 · 10 선거가 끝난 직후 자유롭지 못한 분위기 속에서 선거가 치러졌다고 비판했다. 제헌국회가 열린 자리에서 기자가 "국회의장인 이승만이 국회가 대한민국임시정부의 법통을 계승했다고 말한 것에 대해 어떻게 생각하느냐?"고 질문하자, 김구는 "아무런 관계가 없다"고 대답했다. 즉, 1919년의 대한민국임시정부와 1948년의 대한민국정부가 아무런 관계가 없다는 말이었다.

정부 수립이 선포되었지만, 유엔은 이를 즉각 승인하지 않았다. 따라서 대통령으로서 이승만의 최우선 과제는 1948년 9월 21일부터 파리에서 열릴 제3차 유엔총회에서 대한민국을 정식으로 승인받는 일이었다. 그러나 소련 중심의 공산국진영은 물론, 영국 중심의 영연방진영도 반대 분위기였으므로 전망은 불투명했다. 마침내 대한민국을

한반도의 유일한 합법 정부로 승인할 것인지 여부를 결정하기 위한
표결이 이루어졌다. 표결 결과는 찬성 47, 반대 6으로 대한민국의 승
리였다. 마침내 유엔은 대한민국의 적법성을 선언하고, 대한민국의 권
위가 전 한반도에 미친다는 점을 인정했다.

9

이승만의 승인과 김구의 패인

1947년 미군정의 정보책임자는 "김구는 항상 전면에 나서서 공공연한 투쟁을 선호하는 반면 이승만은 대중의 환호가 없을 때는 막후에서 극우주의자들을 조종하고, 환호하는 군중이 많을 때는 무대 전면에 나서서 행동을 지휘하는 특성을 보였다"고 논평했다. 두 사람이 환국한 후, 상당 기간 동안 김구에 대한 국민의 지지가 이승만을 앞지르고 있었다. 이승만은 혈혈단신으로 환국했지만, 김구는 대한민국임시정부의 명성과 조직을 거느리고 환국했기 때문이다. 이승만은 김구와의 경쟁에서 열세였지만, 나름대로 장점을 갖고 있었다. 이승만이라는 이름은 한국 국민에게 널리 알려져 있었고, 학식과 국제정세를 꿰뚫어보는 능력이 탁월했다. 그러나 조직적 기반이 없었으므로 이러한 장점을 활용할 수 없었다. 스스로의 약점을 재빨리 깨달은 이승만은 자신을 우익진영의 최정상으로 끌어올리기 위한 계획에 착수했다. 이것이 구체적으로 나타난 것은 이승만의 지방순회였다. 이 무렵 김구는 이승만을 신뢰하기는 어렵더라도 함께 일할 사람으로 여기고 있었다(장을

병, 2007).

1946년 6월 이후 이승만은 지방순회를 계기로 전국적 차원에서 우익진영의 최고지도자라는 점을 구체적으로 확인시켰다. 이승만은 우익진영에서 김구를 서서히 제치면서 정상으로 올라가고 있었으며, 지방단계의 조직에서도 기선을 잡아가고 있었다. 당시 임시정부라는 조직적 기반이 있었다고 하지만, 그것은 중앙에서 조직적 기반이 있었을 따름이지 지방에서의 조직적 기반은 찾아볼 수 없었다.

1946년 가을부터 지방조직에서 이승만의 신망과 위세는 대단했다. 임원들은 이승만의 명령에 따를 수밖에 없었고, 이승만의 지도력이 확고하게 자리 잡혀서 임원들을 자기 마음대로 임명하고 조정할 수도 있었다. 이 무렵 이승만은 자신과 김구의 관계가 그리 원만하지 못하다는 불안한 소문을 가라앉히기 위해 "우리 둘은 한 몸이나 마찬가지인 관계"에 있다고 발표했다. 김구도 이승만과 똑같이 주장하며 이승만을 지도자로 극찬했다. 이 순간이 이승만에게는 우익세력을 완전히 지배하는 승리를 거두게 된 시점이었다. 한편, 김구에게는 우익세력의 제1인자 자리를 이승만에게 물려주고, 스스로 제2인자로 전락하는 시점이었다.

이승만의 지방순회는 경찰의 적극적인 비호하에 이루어졌다. 이승만은 임시정부법통론을 고집하는 김구의 노선은 무의미하고 김규식의 좌우합작은 실패한 것이라고 규정지으면서 이제는 자신을 중심으로 뭉쳐 미국과 협력해 남한 단독정부 수립에 매진해야 한다고 주장했다.

제2차 미소공위(1947. 5.)가 개최될 당시 김구는 이승만과 함께 공동보조를 취했다. 안타깝게도 수없이 이용당했으면서 김구가 또다시 이승만에게 합세해주었다. 중간파들은 김구나 이승만과 달리 미소공

이승만과 김구 (출처: e영상역사관)

동위원회 참가를 수락했고, 심지어 이승만을 추종하던 한민당마저 미소공동위원회에 참가를 결정했다. 미군정에 깊이 관여하고 있던 한민당으로서는 미소공동위원회가 순조롭게 결실을 맺을 경우 정권에 참여할 기회를 노린 것이다. 이승만은 어느 누구보다 당시 미·소 냉전논리가 한반도에 점차 적용되고 있는 현실을 자신의 권력획득에 적절히 이용했다. 국제 냉전논리에서 전개되는 미국의 한반도정책 변화를 자신의 정치적 노선과 일치시키는 방향으로 나아가면서 자신의 영역을 넓혔다. 이것이 당시 정치현실에서 이승만이 승리할 수 있었던 이유였다.

　신탁통치안에 대한 이승만의 입장은 당시 정국의 주요 흐름이던 반탁의 입장을 유지했고, 냉전논리에 입각한 반공을 국내 정치현실에 전파시켰다. 이를 통해 자신의 지지세력 기반을 점점 넓혀나갔다. 냉전논리에 따르면 남북 통일정부 수립은 현실성 없는 대안으로 취급되었다.

　대체로 한민당은 이승만의 정치적 계획에 동조했으나 사정에 따라 이승만 진영, 임정 계열, 미군정을 오가며 정치적 실리를 추구했고, 미군정에 대해 가장 유화적인 자세를 취했다. 김구와 임정은 임정법통론을 내세운 정부 수립을 시도함으로써 이승만과 한민당의 단정안과는 다른 정부 수립 계획을 세웠다. 임정이 주장하는 임정법통론은 미군정의 정부 수립계획안과는 다른 것이었다. 미군정은 임정의 정부 수립계획을 부정하면서 '임정의 해체와 새로운 정당으로의 재편' 계획도 적극적으로 추진했다.

임시정부와 미군정이 대립하자 임시정부의 노선을 찬성하고 추종해오던 국내 정치세력들은 점점 이탈했고, 심지어 임시정부의 핵심 세력 일부도 이탈했다. 이승만은 임시정부 요인들이 환국할 때만 하더라도 임시정부와의 협력체제를 유지하기 위해 안간힘을 썼고, 심지어 반탁운동도 임시정부와 같이 추진해왔다. 그러나 막상 김구를 중심으로 한 임시정부가 미군정과 대립하게 되자 이승만은 즉각 김구의 임시정부봉대론을 비판하고 나섰다.

1947년에 들어서자 김구 중심의 임시정부 계열은 미군정이 구상하는 정국 주도에서 완전히 밀려나고 말았다. 따라서 1947년 3·1절을 전후해서 김구와 임시정부 요인들은 다시 한번 자신들의 세력을 결집해서 임시정부봉대운동을 벌였다. 스스로 우익진영의 제1인자 위치로 되돌려보려고 시도한 것이다. 그러나 이러한 마지막 시도도 미군정의 적극적인 제지와 경찰·한국민주당·이승만의 비협조로 실패하고 말았다.

트루먼 독트린은 그 당시 세계 도처에서 공산주의 세력을 팽창시키려고 노력하던 소련에 대한 미국의 선전포고나 마찬가지였다. 미국이 이제 전 세계 문제를 해결하기 위해 더 이상 소련의 협조를 구하지 않고 소련과의 협상을 포기하겠다는 것을 뜻했으므로 이승만 같은 대

소련 강경파에게는 매우 유리한 상황이었다.

　김구는 이승만과 달리 현실정치에서 분단보다는 통합의 명분을 중시했다. 그에게는 냉전적 국제정치 흐름 속에서도 민족의 단합과 존재가 다른 무엇보다 가치 있었다. 바로 이것이 김구의 행동 근거였고, 단정 수립에 반대하는 입장을 취한 이유였다. 이것은 다른 의미로, 김구가 해방정국에서 매우 제한적인 정치환경 속에 놓여 있었음을 말해준다. 우익인 한민당이나 좌익인 공산당은 초기에 김구나 임정이 지닌 상징성을 인정했으나 김구로서는 민족보다 다른 것을 우선시하는 이들과 영원한 정치적 동지가 될 수 없었다.

그 이후

김구는 장덕수 암살사건 관련자로 당국의 조사를 받으면서 당한 모욕
감으로 이승만과 완전히 결별했다. 김구는 한 살 위인 이승만을 깍듯
이 '형님'이라고 부르고 이승만이 나가던 교회에까지 따라 나갈 정도
로 이승만을 극진하게 대접했다. 그러나 남북협상이 실패하고 단독정
부 수립이 확고해진 시점에서 김구와 이승만 사이에 감정의 골은 깊
어졌다.

　　김구는 남북협상에서 김일성에게 이용당한 것을 알고 침울하게
보냈다. 그래서 김일성이 2차 회의를 제의해왔을 때 가차 없이 거절했
다. 1948년 7월 김규식과 함께 '통일독립자촉진회'를 결성하여 주석으
로 취임했다. 김구와 김규식은 반공주의자여서 통일독립촉진회에 친
북인사들이 들어오는 것을 크게 경계하고, 북한의 정부수립을 배신행
위로 단정하면서 북한 및 좌익세력과는 인연을 끊으려고 노력했다(이
주영, 2011).

　　김구는 남한만의 단독정부 수립이 조국을 영원히 분단시킬 것이

며, 결국 군사대결로 치달을 것이라고 확신했다. 이러한 민족 대결로 인한 희생이 너무나 엄청날 것이므로 김규식과 함께 민족통일을 이룩하려고 노력했다.

김구는 민족과 조국의 미래를 위해 민족의 반역자인 친일파들은 반드시 처단해야 한다며 반민족특별위원회(반민특위)를 통해 친일파에 대한 죄를 물어야 한다고 주장했다. 이러한 주장을 하는 김구는 친일파들에게 두렵고도 거슬리는 상대였다. 민족반역자를 처단해야 한다는 김구의 주장은 친일파들에게 김구를 제거할 명분으로 작용했다.

김구는 1949년 1월 미·소 양군 철수 후 통일정부 수립이 가능하다는 담화를 발표하면서 "서울에서 조국 통일을 위한 남북협상을 희망한다"고 선언했다. 한편 김구는 암살 음모가 꾸며지고 있다는 제보를 받았으나 일제강점기에 일본인도 자신을 살해하지 못했는데 우리 동포가 어떻게 자신에게 위해를 가하겠냐며 대수롭지 않게 넘겨버렸다.

1949년 6월 26일, 김구는 서울의 자택인 경교장에서 육군포병 소위 안두희에게 총격을 당하여 병원으로 옮겨졌으나 74세의 나이로 사망했다. 안두희가 한국전쟁 이후 사면을 받고 군납업체를 운영했으므로 권력층의 보호를 받았을 것이라고 추정할 뿐 배후가 누구인지는 아직 밝혀지지 않았다.

이승만은 1948년 8월 15일 제1공화국 대통령으로 취임했다. 대통령 임기 중 의무교육으로 문맹률을 획기적으로 낮추었고, 농지개혁을 통해 소작농을 자작농으로 전환시켜 국가의 기틀을 다졌다. 한국전쟁 중에 방송으로는 서울을 사수하겠다고 해놓고 혼자만 부산으로 피난 갔다. 방송 내용을 믿은 수많은 시민이 북한군에게 고초를 겪게 되어 이승만을 비난하게 되면서 그에 대한 지지도가 점점 떨어지게 되

었다. 한국전쟁 후 한미상호방위조약을 체결하여 한미동맹의 발판을
마련하는 외교적 성과도 거두었다. 그러나 1952년 직선제 개헌을 위
해 강압적으로 헌법을 개정하는 부산정치파동을 일으켰고, 1954년 대
통령 연임제한 폐지를 위한 사사오입* 개헌 등 민주적 절차를 무시하
여 독재자라는 비난을 받았다. 특히 '인의 장막'이라 하여 세상 물정을
모르고 주위의 비서들에게만 둘러싸이면서 민심과 다른 국정을 펼치
게 되었다. 1960년 3월 15일 대통령 선거가 있었고, 개표 과정에서 이
기붕의 부통령 당선을 위한 개표조작이 벌어져 이에 대한 항의가 전

---

*   1952년 헌법 개정으로 대통령에 당선된 이승만은 당시 2회로 제한된 대통령의 임기를 3회
    로 고치는 3선 개헌에 착수한다. 당시 여당인 자유당을 중심으로 3선 개헌을 상정하고 국회
    에서 표결에 들어갔다. 재적의원 3분의 2의 찬성을 얻으면 개헌이 통과되는데, 당시 재적의
    원이 203명이었다. 따라서 203명의 3분의 2는 136명으로 알려졌다. 투표결과 개헌안 찬성
    이 135표로 사실상 부결되었다. 왜냐하면 재적의원 203명의 3분의 2는 135.33333으로 136
    명이었기에 1표가 부족했다. 그러나 자유당은 사사오입, 즉 수학에서 5 이상은 반올림하
    고 4 이하는 버린다는 식으로 203의 3분의 2는 135라고 주장했다. 처음에는 부결을 선포했
    으나 다음날 재적의원의 3분의 2는 실제로 135라 주장하며 야당의 반대에도 3선 개헌론을
    통과시켜 결국 이승만이 세 번째로 대통령에 당선되도록 했다. 이로써 이승만에게는 더 이
    상 민주주의의 실현을 기대할 수 없게 되었다. 이후로 야당은 대통합을 실현하여 민주당을
    탄생시키고 1956년 선거에서 대통령 후보로 신익희, 부통령 후보로 장면을 내세워 집권여당
    인 자유당에 대항하게 된다.

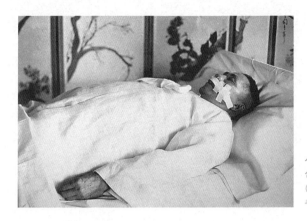

서거 직후 백범 김구
선생의 시신
(출처: 경교장복원범민족
추진위원회)

국적으로 확대되었다. 1960년 4월 19일(4 · 19 민주화운동) 서울 지역 대
학생들이 총궐기하고 수많은 중 · 고생과 시민이 동참하여 부정선거
를 규탄하는 시위대에 경찰이 발포하면서 유혈 진압을 하여 많은 희
생자를 발생시켰다. 결국 국민의 항의와 압력에 굴복하여 부정선거에
대한 책임을 지고 대통령직에서 물러났다. 이후 이승만은 미국 하와이
로 망명하여 거주하다가 1965년 하와이에서 사망했다.

제2장 박정희와 김대중

박정희는 누구인가?

박정희는 1917년 11월 4일 경상북도 선산군 구미면 상모리라는 조그만 농촌 부락에서 태어났다. 매우 가난한 농가의 6남매의 막내로 태어났으므로 넉넉한 집안의 막내아들처럼 귀염받고 마음껏 어리광 부리며 자랄 수 있는 처지는 아니었다.

1926년, 박정희는 약 8km나 떨어진 초등학교에 입학했다. 그 후 6년간 비가 오나 눈이 오나 걸어서 왕복해야 했다. 학교에서는 언제나 과묵했고 다른 아이들과 섞여서 장난하고 뛰어 노는 일도 없었다. 몸집은 깡마르고 조그마했어도 늘 학급에서 수위를 다투는 우등생이었다.

1932년, 초등학교를 졸업하고 대구사범학교에 들어갔다. 장래에 초등학교 교사가 되고 싶어서라기보다는 집안 형편상 학비를 댈 수 없었으므로 전액 장학금을 주는 상급학교를 선택한 것이다. 당시의 사범학교에서는 수업료 면제 등으로 학비 없이 공부할 수 있었으며 졸업 후에는 직장이 자동으로 보장되었다. 사범학교 학생으로서 학비 문제가 해결된 다음부터는 초등학교 시절처럼 공부에만 전념하지 않고 친구들과 어울려 놀며 비교적 명랑한 학창생활을 보낼 수 있었다.

박정희는 기회 있을 때마다 "가난은 나의 스승이었다"라고 말했다. 그가 태어나면서부터 겪은 가난은 훗날 박정희가 통치의 우선 목표를 경제에 두도록 한 원인이 되었다. 박정희가 대통령이 된 이후 추진한 최고의 국정목표는 가난을 추방해 남들처럼 잘 살아보자는 것이었다. 그에게 빈곤으로부터의 탈피만큼 절실한 목표는 없었다. 그만큼 박정희는 경제발전을 가장 높은 가치로 여겼으며, 경제를 위해서는 다른 정치적 · 사회적 가치는 부수적인 문제로 제외되거나 희생되어도 괜찮다고 보았다. 그래서 국가의 모든 에너지가 경제성장을 위해 총동원된 반면, 문화 · 예술 · 인권 · 종교 · 민주주의적 절차 같은 것은 상대적으로 크게 무시되었다.

1937년, 대구사범학교를 졸업하고 문경의 초등학교 교사가 되었다. 그러다가 초등학교 교사를 그만두고 만주군관학교에 입학하여, 일본인, 한국인, 만주인 사관생도들이 모여 경쟁하는 가운데 우등생으로 졸업했다. 졸업 후 일본의 육군사관학교로 편입해 우수한 성적으로 마쳤으며, 이후 만주의 관동군 장교로 복무하는 중 해방을 맞이하게 되었다.

박정희는 만주에서 근무할 때 일본의 혁신관료 그룹이 시행한 경제개발을 목격했다. 일본의 혁신관료 그룹이 전시경제 동원을 위해 만든 것이 기획원이었는데, 5.16 쿠데타 이후 박정희도 일본과 같이 경제개발을 담당하는 부서를 신설해 '경제기획원'이라 이름 붙였다. 경제기획원은 박정희 정권 시대에 경제 참모 본부의 역할을 충실히 했다. 여기서 성장한 테크노크라트(기술 관료)가 그 후의 한국 경제 정책을 이끌어갔다.

박정희는 해방 후 귀국해 잠시 고향에 머물다가 경비사관학교 2기생으로 입학했고, 1946년 육군사관학교를 졸업하고 장교에 임관했다. 1946년 10월, 대구에서 공산당이 지휘하는 대구 10 · 1사건*이 일어났다. 이때 박정희의 작은형 박상희는 공산당 간부라 해서 경찰에 의해 살해되었다. 박정희가 이에 한을 품고 공산주의자로 돌아섰다는 이야기도 있다.

정부 수립 직후인 1948년 10월에는 여수 · 순천 사건**이 일어났다. 한국군 내에

---

* 대구 10 · 1사건은 식량난이 심각한 상태에서 미군정이 친일관리를 고용하고 토지개혁을 지연하며 식량 공출 정책을 강압적으로 시행하자 불만을 품은 민간인과 일부 좌익세력이 경찰과 행정 당국에 맞서 발생한 사건이다. 1946년 10월 1일 미군정하의 대구에서 발발, 이후 남한 전역으로 확산했다.

** 1948년 10월 여수에 주둔하고 있던 국군 제14연대를 제주 4 · 3사건 진압을 위해 파견하기로 했다. 그러나 제14연대의 일부 군인은 출동을 거부하고 반란을 일으켰다. 이들은 친일파 처벌과 남북통일 등을 주장하며 들고일어나 여수와 순천을 장악한 뒤, 주변 지역으로 세력

는 좌익 숙청의 폭풍이 몰아쳤고, 박정희도 공산당 혐의를 받고 체포되었다. 박정희는 체포되어 조사 받는 동안 전향*을 결심하고 남한 군부 내의 공산당 조직을 전부 자백했다. 1949년 4월, 군법회의는 박정희에게 무기징역을 선고하면서 불명예 퇴역과 군적 박탈의 판결을 내렸다. 그를 구하기 위해 만주군 출신의 선후배들이 애쓰는 가운데 박정희는 결국 석방되어 민간인 신분이 되었다. 이후 무직으로 지내고 있다가 한국전쟁이 일어나자 군장교가 필요해진 남한 정부에서는 박정희를 다시 장교로 복직시켰다.

여수·순천 사건에 연루되어 공산당 활동을 했다는 좌익 혐의에 대한 기록은 두고 두고 박정희에게 시련을 안겨주었다. 일단 군법회의에서 무기형을 선고받은 것은 박정희의 군대생활에 줄곧 제약조건으로 작용했다. 과거 기록이 문제가 되어 자기보다 나이 어린 후배들이 먼저 진급하는데도 자기만 뒤처지는 쓰라림을 맛보아야 했다. 그리고 보직에서도 과거 기록 때문에 일선 지휘관 같은 요직은 주어지지 않았고 중요하지 않은 한직만 맡는 신세가 되었다. 그럼에도 그는 당시 국군 내에서 보기 드물 만큼 청렴결백하며 근엄하고 책임감이 강한 유능한 장교로 널리 알려져 있었다.

이승만 정권이 무너진 다음 한국군 내에는 3·15 부정선거에 개입한 장성 또는 이승만 정권과 결탁해 부정부패를 일삼던 장교의 추방을 주장하는 정군운동이 일어났다. 정군운동을 일으킨 장교들은 박정희를 지도자로 추대했다. 그러나 정군운동은 기존 고위층의 반격으로 좌절되고 그 주동자들이 군사재판에 회부되어 처벌받았다. 박정희는 기존의 권력 구조가 그대로 지속되는 한 정군운동이 불가능하다고 인식했다. 따라서 본격적인 군사 쿠데타를 계획하고 준비했다. 과거 좌익경력에 의한 군에서의 불이익과 좌절감도 쿠데타를 결심하는 데 큰 이유가 되었다.

1961년 5월 16일 쿠데타가 성공한 후, 박정희는 군정을 실시해 군사혁명위원회를 조직했다. 국가재건최고회의 의장을 역임하면서 육군대장으로 진급했고, 1963년 3월 24일 윤보선의 뒤를 이어 대통령 권한 대행을 맡았다.

을 확대했다. 정부는 여수와 순천 일대에 계엄령을 선포하고, 미 군사고문단의 협조 아래 반란군을 진압했다. 이 과정에서 반란군은 물론이고 많은 민간인이 죽거나 다쳤다. 반란군 중 일부는 지리산에 들어가 빨치산이 되어 저항하기도 했다.

* 현실 사회에 배치되는 자신의 사상을 그 사회에 맞게 바꿈

5 · 16 군사정변
이후 박종규(좌),
차지철(우)과 함께 선
박정희 장군
(출처: 네이버 지식백과)

1963년 2월 18일, 박정희는 "나같이 불행한 군인이 또 있어서는 안 된다"며 울먹거렸다. 민정불참을 선언하는 자리였다. 그러나 그는 얼마 안 가 민정불참을 번복했다. 국가재건이라는 혁명과업을 완수하기 위해서는 계속 자리를 지켜야 한다는 것이 박정희의 변명이었다. 명분이 무엇이건 간에 눈물의 서약까지 뒤집으며 군복을 벗고 대선에 뛰어들었다는 것은 약속을 위반한 것이었다. 더욱이 민정불참을 선언하면서 은밀하게 민정참여를 할 수 있는 공화당을 창당하고 있었다.

1963년 8월 육군대장으로 예편한 박정희는 정해진 시나리오대로 민주공화당의 총재 겸 제5대 대통령 후보로 확정됐다. 그해 10월 실시된 제5대 대통령 선거는 박정희 · 윤보선 후보(민정당)의 양자 대결 구도였다. 여수 · 순천 사건으로 '사상 논쟁'에 휘말려 위기에 봉착하기도 했지만, 대통령 후보 단일화 문제를 둘러싼 야권 분열로 반사적 이익을 얻어 대통령에 당선됐다. 이로써 제3공화국이 출범했다.

집권 후 경제발전에 대한 박정희의 의지는 상당히 강했다. 경제개발 5개년 계획을 달성하기 위해 일본과 미국에 적극적인 지원을 요청하기도 했다. 1960년대 후반에 이르러 경제발전은 국가 최우선 정책으로 자리 잡았다.

박정희는 "경제만 발전한다면 통일문제, 부패문제, 교포문제, 근로자(노동)문제가 모두 해결된다. 민주주의도 경제개발을 선행할 수 없다"는 신념을 가졌다. 그러나 박정희의 경제발전 성과는 이후 그의 장기집권을 위한 구실로 바뀌었다. 경제욕구를 충족시킴으로써 정권의 정당성을 확보하려던 박정희는 국민에게 끝없는 경제발전을 약속했으며, 이를 제공하는 것을 정치의 전부라고 생각했다. 경제발전에 중독되다시피 한 국민도 한 가지 욕구가 충족되면 또 다른 경제욕구를 요구하게 되었다. 성장정책은 멈출 줄 모르는 에스컬레이터와 같았다. 마치 넘어지지 않기 위해 자전거의 페달을 계속해서 밟아야 하는 상황이었다.

보통 선진 국가에서는 연간 4~5% 정도의 성장만으로도 사회 기대를 충족시킬 수 있었다. 이에 비해 박정희 시대에는 10% 이상의 고도성장을 이루어야 만족할 수 있는 과잉기대가 일반화되었다. 이 기대에 부응하지 못하면 정권이 위협받기도 했다. 경제성장 이외에는 정권의 정통성을 지탱할 만한 다른 가치가 없었기 때문이다(김병문, 2012).

김대중은 누구인가?

김대중은 1925년 전라남도 목포에서 34km 떨어진 외딴 작은 섬 하의도에서 태어났다. 아버지 김운식과 어머니 장수금 사이의 4남 중 차남으로 태어났다. 김운식에게 시집온 장수금은 섬이면서도 고기가 잘 잡히지 않아 농사를 지어 살림을 꾸려나갔다. 남편 김운식은 바깥으로 돌 뿐 집안일에는 신경을 쓰지 않았으므로 그녀는 살림에 보탬이 되는 일이라면 무엇이든 부지런히 찾아서 했다.

　김대중은 어릴 적에는 서당에서 한문을 배웠다. 그가 아홉 살 되던 해 많은 사람의 숙원이던 4년제 하의초등학교가 문을 열었다. 학교가 없어 배우고 싶어도 배우지 못했던 아이들이 학교로 몰려들었다. 나이 많은 아이들은 2학년에 편입되었고, 어린아이들은 1학년부터 다녔다. 김대중은 2학년 학생이 되었다. 그는 어릴 때부터 개구쟁이 기질보다 조용히 사색에 잠기는 모범생 스타일이었는데, 그래서인지 그의 학창시절 사진을 보면 교복을 단정하게 입고 앞을 똑바로 응시하고 있는 모습이 유난히 많다.

　김대중의 어머니는 자식들의 교육에 무척 열성적이었다. 하의초등학교 4학년을 마치자 어머니는 김대중을 목포로 유학 보냈다. 13세 때 혼자 목포로 간 김대중은 객지생활을 시작했다. 목포 북교초등학교 5학년 때 어머니의 결단으로 온 가족이 목포로 이사를 왔다. 김대중은 초등학교를 졸업하고 목포상업고등학교(목포상고)에 1등으로 진학했다. 목포상고의 동기생은 모두 164명이었고, 한국인과 일본인이 반반 정도였다.

김대중은 장차 사업가가 되겠다는 꿈을 가지고 상고에 입학했지만, 후에 '정치에 마음이 끌려' 사업가의 꿈을 접었다.

김대중은 목포상고를 졸업하고 난 후 만주 건국대에 지원했다. 합격했지만 시대적인 혼란과 가정 일이 겹쳐 진학하지 못했다. 그의 정규 학교교육은 상업고등학교로 끝났다. 학력이 고등학교 졸업에 그친 것은 두고두고 김대중에게 아쉬움으로 남았다.

김대중은 목포상고를 졸업하고 일제의 강제 징집을 피하기 위해 해운회사에 취직했다. 그의 첫 사회생활은 일본인이 경영하던 '전남기전주식회사'에서 시작됐다. 8·15해방이 되어 일본인 선주가 본국으로 돌아가게 되면서 2척의 배가 김대중에게 넘어왔다. 외상과 융자로 5척의 배를 더 구입해 '흥국해운주식회사'를 세워 부산으로 본사를 옮겼고, 해운사업에 주력해 상당한 성공을 거둔 청년실업가로 성장했다.

해방 후 김대중은 여운형이 조직한 조선건국준비위원회에 참여했고, 조선신민당에도 입당했다. 그러다가 조선신민당이 북한공산당의 기간조직이라는 사실을 알게 되자 곧바로 탈당했다. 그러나 이 일은 김대중이 색깔론 시비에 휘말리는 빌미가 되었고, 이로 인해 줄곧 색깔론 콤플렉스에 시달리게 되었다.

김대중이 사업 일로 서울에 출장을 가 있던 중 한국전쟁이 일어났다. 서울을 탈출해 목포로 갔으나 인민위원회에 연행되어 형무소로 보내졌다. 형무소로 가는 도중 트럭이 고장 났고, 덕분에 김대중은 처형을 면하고 탈출에 성공했다.

1951년 가을, 부산으로 이사해 해운업을 다시 시작했다. 사업은 화물선 10여 척을 거느릴 정도로 번창했다. 목포에서 일간신문을 발행하던 '목포일보사'를 소유하기도 했다. 그러나 김대중은 정치를 위해 사업을 버렸다.

김대중은 이승만 정권에 대항해 본격적으로 정치에 입문했다. 하지만 그의 정치역정은 시작부터 불운했다. 1954년 5월, 제3대 국회의원 선거 때 목포에서 무소속으로 처음 입후보했지만 결과는 낙선이었다. 1958년 제4대 총선에서도 강원도 인제에 입후보했으나 또다시 실패했다. 그러다가 세 번째 제5대 국회의 인제보궐선거에서 당선의 영광을 안게 되었다. 그러나 국회의원 당선증을 받은 지 이틀 후 1961년 5·16 쿠데타가 일어나 국회가 해산되면서 당선이 무효화되었다. 김대중은 국회의사당에 들어가 보지도 못한 채 교도소로 직행하게 되었다.

국회의원 선거에서 불운을 겪은 김대중은 1963년 제6대 국회의원 선거 때 목포에서 당선되면서 마침내 정치인으로 주목받았다. 김대중의 국회 활동은 눈부셨고, 그의 날카로운 비판에 정부각료는 당황했다. 김대중은 야당 제일의 웅변가로 말솜씨뿐만 아니라 수단이 좋기로도 이름을 떨쳤다. 1965년 민중당 대변인을 거쳐 이듬해에는 정책위의장을 역임한 데 이어 1967년 통합야당인 신민당 대변인이 되면서 정계의 주목을 받게 되었다.

김대중의 강하고 옥타브 높은 음성과 정연한 논리, 가끔 던지는 유머, 선동적인 말솜씨는 듣는 사람을 감동시켰다. 그래서 선거 때나 국회 대정부 질문에는 여야 의원 할 것 없이 그의 말에 경청했다. 예를 들어 공화당이 혼신의 힘을 다해 김대중을 낙선시키려 했던 1967년의 목포 선거 당시, 김대중은 가두 유세에서 "내가 만약 부정선거와 싸우다가 쓰러지면 내 시체 위에 한 송이 꽃을 던지기에 앞서 부정선거를 획책한 원흉들을 때려 부순 뒤 내 시체에 꽃다발을 놓아달라"고 외쳤다. 정부와 박정희 대통령은 김대중을 낙선시키기 위해 목포 현지에서 국무회의까지 열 정도로 적극적인 대책을 강구했다. 그러나 김대중은 전국 신문과 통신, 방송 취재기자들을 현지로 불러 모아 정부의 방해공작에 대응했다.

박정희 정권이 장기집권을 꿈꾸면서 김대중은 김영삼과 함께 가장 강력한 반대세력의 중심에 섰다. 1969년, 박정희 정권의 3선 개헌을 저지하기 위한 장충단공원 집회에서 김대중은 연설을 통해 패배주의에 젖어 있던 야권의 결속과 민주주의의 회복을 주장했다. 1971년 김대중은 후보가 되기 어려울 것이라는 전망에도 당내 경선에서 김영삼을 누르고 대통령 후보로 선출되었다. 김영삼이 제시한 '40대 기수론'에 호응해 신민당 대통령 후보로 선출된 것이다.

김대중은 정계 입문 초기에 박정희와 의기투합할 기회가 있었다. 1958년 강원도 인제 선거에서 선관위의 방해로 후보 등록이 어려워지자 군에라도 호소할 생각으로 해당 사단장 관사를 찾아갔다. 당시 사단장은 박정희였는데, 마침 사단장실에 없어서 서로 만나지 못했다. 이승만 정권에 불만을 품고 있던 두 사람이 그때 만났더라면 두 사람의 관계는 달라졌을지도 모른다. 그때 거기서 만났더라면 함께 부정선거에 대해 의논할 수도 있었을 것이다. 그러면 최대 정적이 되어야 했던 숙명도 조금은 양상이 바뀌었을지 모른다. 평생을 정적으로 지낸 두 사람은 생전 한 차례밖에 대면하지 못했다.

1963년 총선에서 당선된 김대중은 청와대 신년 인사차 방문한 자리에서 처음으로 박정희를 만나 수인사를 했다. 당시 선 채로 인사했는데, 박정희가 상냥하고 성실하게 김대중의 질문에 답해줬다. 김대중은 처음이자 마지막인 만남에서 나름대로 좋은 인상을 받았다. 그 때문인지 김대중은 자신을 탄압하고 죽음으로까지 내몰았던 박정희와의 화해를 원했다. 김대중은 "당시 나는 박정희의 군인다운 순수성을 높이 샀다. 실제로 그에게도 권모술수를 용납하지 않았던 시절이 있었다. 그러나 그는 권력에 눈이 어두워지면서 정상궤도에서 이탈해 갔다. 이로 인해 그와 자주 만나지 못했다. 나는 살아있을 때 그와 화해할 기회를 갖지 못한 점을 매우 애석하게 생각한다"고 회고했다(김병문, 2012).

악연의 라이벌

1967년 5월, 제6대 대통령 선거에서 윤보선을 누르고 재선에 성공한 박정희는 3선을 위한 개헌을 실시하고 더 나아가 장기집권을 위한 구상에 착수했다. 1967년 4월 18일, 전주에서 2차 유세를 가진 박정희 공화당 대통령 후보는 경제 성장과 관련해서 "우리가 목포에서 서울까지 가는 여행자라고 친다면 이미 끝난 제1차 5개년 계획은 이리에 도착한 정도이며, 제2차 5개년 계획이 끝날 때는 천안에 닿을 것이고, 제3차 5개년 계획이 끝날 때야 비로소 한강을 넘어 서울에 도착하게 되는 것"이라고 비유를 사용하며 실제로는 3선 개헌에 대한 의지를 내비쳤다.

박정희는 자신의 경제건설 청사진을 밝히면서 "이러한 일을 거짓말과 소란만 떠는 야당에 맡겨 잘해나갈 것이라고 생각하는 분이 있으면 아무 생각 말고 야당에 표를 찍으시오. 그러나 박 대통령과 공화당만이 일을 잘할 수 있다고 생각한다면 나에게 표를 찍어주시오"라고 했다. 경제건설 청사진 제시는 개헌을 위한 발판이라 할 수 있었다.

박정희의 유세 (출처: 대통령기록관)

박정희가 이 무렵부터 김대중에게 거의 신경질적인 거부감을 보였다는 것은 기묘하다. 김대중은 당시 초선의원 출신의 야당 대변인에 불과했기에 그의 정적이 될 만한 위치에 있지 않았는데도 박정희는 집요하게 김대중의 발목을 잡았다. 대선 후 1967년 제7대 국회의원 선거에서 박정희의 이 같은 의도는 고스란히 드러났다.

국회에서 김대중 의원은 말을 잘했는데 그냥 잘한 것이 아니라 예산안에 구체적인 숫자를 동원해가며 항목까지 세세하게 나열했을 정도였다. 청와대 집무실에 연결된 스피커로 의원들의 발언을 라디오처럼 들으며 집무하던 박정희 대통령에게는 이런 김대중의 논리가 귀에 몹시 거슬렸다. 박정희 대통령은 국회에서 의원이 발언할 때면 청와대에서 인터폰을 통해 의원의 발언을 듣고는 의원의 질문에 답변하지 못한 장관을 불러들여 호통을 쳤다(조갑제, 2009).

김대중의 선거전략

1967년 국회의원 선거가 시작되기 직전에 박 대통령은 "김대중을 무슨 일이 있더라도 국회의원 선거에서 낙선시키도록 하라"고 관계 기관에 강력하게 지시했다. 그뿐만 아니라 중앙정보부 간부와 내무부 장관에게 "여당 후보자 열 명이나 스무 명 정도가 떨어지는 건 상관없으니 어쨌든 김대중이 당선되지 않도록 전력을 기울이도록 하라"고 명령했다. 이런 이야기는 정계에서 공공연한 비밀로 떠돌았다. 이 때문에 그의 소속당인 신민당 간부들조차 김대중에게 지역구에 내려가 소용돌이에 휘말리다가 정치생명을 끊기지 말고 비례대표 전국구에 나서라고 권했을 정도였다.

실제로 박정희는 공무원이 특정 후보를 지지할 수 없다는 법률까지 무시해가며 두 차례나 목포에 내려와 공화당의 김병삼 후보 지원 연설을 했다. 자신이 공천한 후보에게 표를 몰아주면 목포를 개발해주겠다는 공약까지 직접 발표한 것이다. 대통령이 직접 나서서 지역개발을 약속하는 형국이라 김대중 캠프의 위기감은 극에 달할 수밖에 없었다.

그러나 김대중은 유세과정에서 진가를 발휘했다. 유세 때마다 청중을 향해 "한 나라의 대통령이 목포라는 소도시에까지 내려와 나를 떨어뜨리려 하는 이유가 무엇이겠느냐?"는 질문을 던졌다. 그는 3선 개헌을 통한 장기집권 음모론을 거론했다. 더불어 자신을 차기 대통령 감으로 여긴 박정희가 자신을 사전에 제거하기 위해 목포 선거 지원에 적극적으로 나서고 있다는 공감대를 확산시켰다. 특히 그의 지원 유세에 나선 신민당의 박순천 여사가 넉살좋게 "목포가 낳은 김대중은 다음번 야당의 대통령 후보가 될 사람이다"라고 부추기면서 박정

희의 싹 자르기 차원의 지원설을 유권자 사이에 급속하게 퍼뜨렸다(박호재, 2009).

　김대중은 자신에게 불리할 수밖에 없는 박정희의 지역개발 공약을 3선 개헌의 장기집권으로 치부하고, 박정희와 김대중 간의 대통령 예비선거전 형국으로 판세를 몰아갔다. 이 때문에 김대중은 자신이 원하는 지형에서 전투를 치른 장수의 입장이 됐고, 거꾸로 공화당 진영은 박정희 카드에 오히려 발목이 붙들린 꼴이 되고 말았다.

　김대중이 당선되면 목포가 낙후되고 개발되지 않는다는 흑색선전의 여론과 정부 여당의 강력한 지역개발 공약에 김대중은 온갖 전력을 동원해 대응했다. 김대중이 연단에 등단해 "여당이 김대중을 살해하려는 계획을 세웠다"고 발언함으로써 수만 명의 청중은 격분했다. 이 선거에서 이른바 김대중식 선거방법이 효력을 나타낸 것이다.

　대표적인 선거방식 중 웃지 못할 일은 여당인 공화당에서 유권자를 매수하기 위한 선거자금이 너무나도 많아 이를 각 가정에 골고루 뿌리는 데 크게 골머리를 썩였다는 것이다. 정확하게 유권자의 이름을 일일이 점검해야 했고, 도중에 다른 유권자 손에 흘러 들어가지 않도록 감시까지 해야 했다. 어느 유권자 집에 돈을 주어야 할 것인가를 사전에 조사하고 액수를 구별해야 하는 것도 번거로운 일이었다.

공화당 선거원들은 집집마다 돌아다니며 처마 밑에 공화당을 지지하는 집에는 ○표, 중립에는 △표, 야당을 지지하는 집에는 ×표를 했다. 그리고 돈을 배급하는 조직원들은 처마 밑의 그 표시들을 보면서 돈을 돌리며 다녔다. ○표와 △표는 금액이 서로 달랐고, ×표 집에는 돈을 주지 않았다.

김대중 측은 이런 방법을 역이용해서 야간에 집집마다 돌아다니면서 ○를 ×표로, ×표를 △표로, △표를 ○표로 바꿔치기하여 상대방을 교란시켰다. 이처럼 생각만 해도 웃음이 절로 나올 것 같은 연극이 여기저기서 벌어졌다(이사달, 1987).

김대중에게는 박정희 대통령까지 지원에 나선 선거전은 보통 힘든 게 아니었다. 당시 신민당의 유진오 당수가 목포 선거를 가리켜 "선거가 아닌 전쟁이었다"고 말했을 정도로 치열한 선거였다. 대통령이 직접 팔을 걷어붙이고 나선 터라 공무원들의 선거 개입도 극심했고, 장관들까지 공약 지원에 나선 판이었으니 한마디로 정부와 선거전을 치른 것이나 다름이 없었다.

결국 김대중은 고군분투 끝에 제7대 국회의원 선거에서 상대 후보를 2천여 표 차이로 누르고 당선되었다. 매우 힘든 선거였지만, 김대중의 정치적 성장에 도움이 되었다. 김대중은 박정희 대통령과 대치하면서 전국적으로 '큰 인물'이라는 이미지를 얻었다. 결국 박정희의 입장에서 목포 선거는 정적을 제거하려다가 오히려 정적을 키운 꼴이 되었다고 할 수 있겠다. 이에 따라 김대중과의 악연의 골은 더욱 깊어졌다. 김대중에게는 숱한 고난을 안긴 박해의 씨앗이 목포 선거전에서 만들어진 셈이다(박호재, 2009).

3선 개헌

1969년에도 정국은 혼란스러웠다. 김대중이 예감한 대로 박정희가 3선 개헌을 주도하면서 야당과 학생들의 개헌반대 시위가 수개월 동안 치열하게 전개되었다. 극렬한 개헌반대 투쟁에도 1969년 9월, 3선 개헌안이 국회에서 변칙으로 통과되었고, 10월 국민투표에서 65%의 찬성표를 얻음으로써 영구집권을 꿈꾼 박정희 독재의 서막이 열렸다.

공화당은 1971년의 대통령 선거를 앞두고 1969년에 개헌을 추진하기로 내부방침을 결정했다. 공화당의 개헌전략은 김성곤 재정위원장이 앞장서서 김종필 라인의 개헌반대 의원들, 야당 의원들, 언론계, 학계, 법조계, 재야인사들과 광범위하게 접촉한 뒤 매수할 사람, 협박할 사람, 부탁할 사람을 구분했다. 김형욱이 주도한 중앙정보부는 반대 인사에 대한 협박과 미행·구타·테러 등 노골적 불법행위를 저지르는 등 역할을 분담했다. 각 분야에서 공화당의 개헌을 비판할 수 있는 위치에 있던 인사들은 대부분 중앙정보부에 약점이 잡혀 입을 열지 못했다. 정치권에서 개헌 반대 발언의 목소리가 낮으니 자연히 언론계에서도 비판의 목소리가 약할 수밖에 없었다(주돈식, 2004).

개헌을 위한 집권 여당인 공화당의 결의는 대단했다. 행정부 쪽에서는 박정희 대통령의 특별 담화(1969. 7. 25.)를 통해 개헌안을 정부에 대한 신임과 연결시켜 국민투표로 결정하겠다는 단호한 결의를 밝혔다. 국무회의가 개헌안을 확정 의결하자 공화당은 곧바로 임시 국회를 소집, 개헌안과 국민투표 법안을 함께 상정 처리키로 방침을 세웠다. 이때 박정희 대통령은 개헌안이 국민투표에서 가결 통과되면 국민의 신임을 받은 것으로 알고 소신껏 국정을 밀고 나갈 것이며, 만일 부결된다면 즉각 정권을 내놓고 물러나겠다는 결의를 표명했다. 그러면서 여당에게 즉각 개헌 발의 절차를 밟을 것을 명령했다. 야당에게는 반대 운동을 폭력이나 불법적 방법에 의존하지 말고 어디까지나 합법적인 방법으로 정정당당하게 임하라고 요구했다. 이어서 "국민의 의사를 무시한 개헌이나 개헌 반대는 다 같이 민주 헌정에 누를 끼치는 일이다. 개헌 자체가 위헌이 아니라 법 절차에 따르지 않고 불법적으로 개헌을 한다든지 또는 개헌을 억지로 반대하는 나머지 개헌은 위헌이라고 말하는 자체가 바로 위헌이다"라고 말하면서 합법적 개헌의 정당성을 주장하고 나섰다(김충식, 2012).

정부 여당은 즉각 개헌안 처리를 서둘렀다. 그 와중에 1969년 6월 국회에서 김영삼 신민당 원내총무가 "3선 개헌은 헌법정신을 왜곡하는 제2의 쿠데타"라고 비난하고, "독재자의 말로는 정해져 있다"고 공격했다. 또한 3선 개헌의 반대 분위기를 공포 분위기로 몰고 가는 중앙정보부를 국민의 원부(怨府, 원한을 사는 부처)라고 주장했다. 이 발언에 대해 공화당과 정보부의 충격은 컸으며, 박정희 대통령도 몹시 화를 냈다.

　정부와 여당이 충격을 받은 이유는 김영삼의 발언이 거셌기 때문이 아니라 그 발언이 조용한 개헌정국에 하나의 선례를 남겼기 때문이다. 즉, '개헌에 반대하는 정치인이 저 정도의 반대 발언을 하는구나' 하는 용기를 국민에게 준다는 이유에서였다. 따라서 이러한 선례를 계속 허용할 수는 없었다. 재발을 방지하기 위해서는 발언자인 김영삼 총무에 대해 국민이 놀라고 무서워할 보복 조치를 취해야 했다. 이에 중앙정보부는 김영삼이 귀가할 때를 기다리고 있다가 김영삼의 자동차에 강력한 공업용 초산을 던졌다. 이 사건이 바로 초산테러 사

김영삼 초산테러 후의 자동차
모습 (출처: 동아일보, 2016. 6. 19.)

건이다. 이후 김영삼은 박정희 대통령을 한동안 '박정희 씨'로 불렀다(주돈식, 2004).

개헌안을 둘러싼 여야 간의 긴장된 분위기는 쉽사리 풀리지 않았다. 개헌안이 국회 본회의 의사일정에 상정되자 야당 측은 격렬하게 반대했다. 여당은 국회에서 안정된 의결 정족수를 확보하기 위해 야당 의원을 계속 빼가려는 책동을 벌였다. 이에 신민당은 확대회의를 열고, 개헌안을 제지하는 방법으로 신민당의 해산을 결의하는 배수진을 쳤다. 여당은 2명의 야당 의원을 회유해 그들에게 3선 개헌안을 지지한다는 성명을 발표하게 했다. 더구나 야당에게 그들 자신을 야당에서 제명해줄 것을 요구하는 기자회견을 하도록 했다. 야당은 앞으로의 국민투표를 예상하며 개헌안 반대 유세의 초점을 "정권 타도와 민주 수호"에 두기로 했다. 윤보선 의원은 "만일 국회에서 개헌안이 저지되지 못하면 국회를 해산해야 한다"고 주장했다. 동시에 박정희 대통령도 개헌안의 국회 통과를 확신한다고 말함으로써 여야 간의 단호한 입장과 결의가 명백하게 나타났다(김충식, 2012).

김종필의 지지

당시 공화당 내의 세력은 박 대통령에게 충성하는 3선 개헌 지지 세력과 차기 대권을 후계자인 김종필에게 넘겨주어야 한다고 주장하는 김종필 추종 세력으로 양분된 상태였다. 3선 개헌을 지지하는 세력 안에도 이후락과 김형욱 등으로 대표되는 대통령 측근 세력과 그 밖의 중진 의원들로 갈라져 있었다. 김종필 추종 세력은 자신들의 입지상 자

김종필을 설득한 후
김종필과 환담하는
박정희 (출처: 국가기록원)

연히 3선 개헌을 반대했다.

　김종필 추종 세력들은 3선 개헌 때 박정희에게 반기를 들었다는
이유로 점차 권력의 중심부로부터 멀어졌다. 그리고 향후 박정희는 권
력 유지를 위해 공화당 대신 중앙정보부, 보안사령부 등에 더욱 의존
하기 시작했다. 김종필이 3선 개헌에 반대하고 그를 따르는 국회의원
들이 동조하자 박정희는 김종필을 회유·협박했다. 당무를 다 접고 제
주도에 가서 그림을 그리는 김종필을 불러들여 "이번 한 번만 더 하고
안 한다. 다음은 임자 차례야!"라며 회유한 것이다. 결국 김종필계는
3선 개헌에 찬성했다(조갑제, 2009).

　박정희의 회유에 승복한 김종필은 외신과의 기자회견을 가졌다.
박정희의 3선 개헌을 반대해온 김종필이었기에 기자들은 그가 박정희
출마에 대해 뭐라고 할지 관심을 보였다. 김종필은 기자회견에서 박정
희의 3선 출마를 지지한다고 선언했다. 박 대통령을 지지한다는 그의
발언은 대서특필됐다. 회유된 김종필이 기자회견에서 박정희를 지지
한다고 한 것은 후에 커다란 효력을 발휘했다.

1969년 10월 14일 새벽 2시경, 공화당 소속 의원들(107명)과 정우회 11명 및 무소속 의원(14명) 등 도합 122명은 야당 의원들에 의해 점령·봉쇄되어 있는 국회 본회의장을 놔두고, 길 건너편 국회 제3별관 3층에 있는 특별위원회실에 집결했다. 이곳에서 25분 만에 개헌안을 전격적으로 통과시켜버렸다. 미리 배치된 6개 기표소에서 일제히 개헌안에 대한 투표에 들어갔고, 10분 만에 투표가 끝났다. 이효상 의장은 2시 50분에 가결을 선포했다. 그리고 뒤이어 국민투표 법안도 제안설명만 듣고 토론 없이 2분 만에 통과시켰다.

이날 밤 국회 주변에는 삼엄한 경비망이 펼쳐져 있었다. 별관에서 개헌안을 통과시킨 여당 의원들은 전격 처리가 가져다준 강박감에 질린 표정을 보였다. 본회의장에서 강경한 대응으로 한판 격돌을 벼르고 있던 야당 의원들도 허를 찔린 나머지 허탈감과 격분이 뒤섞인 격앙된 감정을 나타냈다. 본회의장에서 개헌안의 변칙통과 소식을 전해들은 야당 의원들은 길 건너 제3별관으로 달려갔으나 이미 때는 늦었다. 원내총무 김영삼은 성명을 통해 "개헌안의 변칙처리는 국회법상 당연히 무효로서 공화당은 제2의 쿠데타를 했다. 이제 이 나라는 민주주의가 완전히 없어졌고 히틀러 같은 독재자만이 남게 된다"고 울분을 토로했다(김충식, 2012).

1969년 10월 17일, 국민투표가 실시되었다. 박정희 대통령에게 3선의 길을 열어주면서 정부를 계속 신임할 것인지 아니면 박정희 정권을 불신임할 것인지를 결정하는 국민 심판의 순간이었다. 개헌안은 찬성 7,553,655표, 반대 3,636,369표의 압도적인 표차로 가결되었다. 그리고 박 대통령에게 3선을 허용하는 개정된 헌법이 10월 21일 정식

국회의 3선 개헌 파동 (출처: 경향신문. 2011. 11. 29.)

으로 공포되었다.

　박정희의 3선 개헌은 암울한 역사의 단초이긴 했지만, 그 또한 시대 상황이 만든 결과였다. 비록 관권이 극심하게 개입된 국민투표라고는 하지만 65%의 개헌 지지표는 경제개발을 이유로 권력 연장을 요구한 박정희의 의지에 대해 국민이 공감했다는 증거였다. 당시의 시대 분위기는 박정희의 개발독재론에 긍정적인 가치를 두고 있었다고 볼 수 있다.

김대중과 신민당 경선

김대중의 미미한 당내 영향력

정계에서 김대중은 1971년 대통령 선거전까지만 해도 '똑똑하고 말 잘하는 야당 국회의원'으로 통했다. 그는 야당의 꽃인 원내총무를 강력히 희망했고 당수의 지명까지 받았으나, 세 번의 원내총무를 한 김영삼 의원의 반발로 뜻을 이루지 못했다. 원내총무는 보통 당수가 지명하면 투표로 동의해주는 것이 국회의 관례였다(이사달, 1987).

　　김영삼 의원의 반대 속에서도 신민당 원내총무 선거에서 김대중 의원을 지명한 유진오 당수는 유진산 부총재와 고흥문 사무총장을 동원해 김영삼 의원을 설득하도록 했다. 또한 자신도 직접 의원 개개인에게 전화를 걸어 설득에 나섰다. 그러나 다음날 투표 결과, 재적의원 41명 중 찬성 16명, 반대 23명, 기권 2명으로 김대중 의원에 대한 인준안은 부결되었다. 김대중 의원은 이 정도 수준의 원내 지지를 얻고 있었다. 야당 원내 의원들의 지지가 대략 이 정도 수준이었으니 원내총무를 하기에는 당내 입지가 좁았다. 따라서 김대중은 원내의 간부로 성장하는 것을 포기하고 원외 대의원 투표를 통해 얻을 수 있는 당의 간부직, 즉 당 부총재, 총재, 대통령 후보 등을 목표로 하게 되었다(주돈식, 2004).

이때부터 김대중은 피눈물 나는 노력으로 당 대의원들을 일대일로 파고드는 작업을 시작했다. 1969년 11월 김영삼 의원이 '40대 기수론'을 들고 나오자 야당은 때 이른 대통령 후보 경쟁에 빠져들었다. 이 경쟁은 자연스럽게 김영삼 의원, 김대중 의원, 이철승 의원의 3파전으로 압축되었다.

김영삼의 '40대 기수론'

당시 야당인 신민당은 재야 세력과 합세해 3선 개헌 저지투쟁을 벌였으나 실패로 끝나고 말았다. 국민투표로 개헌안이 확정되자 신민당은 전열을 가다듬고 1971년으로 예정된 대통령 선거와 국회의원 선거에 참여할 방침을 굳혔다. 원내총무였던 40대 초반의 김영삼은 1969년 11월 예상을 깨고 대통령 선거 출마를 선언하고 나섰다. 그는 1971년의 대통령 선거에서 신민당 대통령 후보 지명전에 나서겠다고 선언하면서 '40대 기수론'을 주장했다. "우리 야당은 빈사상태를 헤매는 민주주의를 회생시키는 데 새로운 결의와 각오를 다져 앞장서야 할 사명 앞에 서 있다. 이 중대하고 심각한 사명의 대열에서 깊은 의무감과 굳은 결단 그리고 벅찬 희생을 각오하면서 1971년 선거에 신민당의 대통령 후보로 나설 결의를 당원과 국민 앞에 밝힌다"고 선언했다.

김영삼은 "우리는 만년 야당만 하란 말이냐", "우리도 정권교체 해보자", "신선한 바람을 일으키자"라고 호소하기 시작했다. 신민당으로서는 자신들의 존재가치를 확인해주는 호소였다. 그러나 김영삼의 출마선언은 당 중진들과 사전협의 없이 결행되었으므로 당내 각파의 반발을 샀다. 위계질서가 엄격히 유지되던 전통야당에서 세대교체를 요구한 선언이었으므로 당시로서는 폭탄선언이었다(서중석, 2008).

물론 김영삼에게도 이유가 있었다. 다가올 1971년 대선에서 야당의 대통령 후보로 당연시되던 유진오 당수가 3선 개헌안이 통과된 지 얼마 후 뇌일혈로 쓰러져 당의 2인자 유진산이 자연스럽게 당권을 잡았다. 그러나 유진산은 대선 후보로 내세울 만한 국민적 이미지가 전혀 없었다. 대선 후보 재목이 아니라는 평가가 지배적이었다(김대중, 1997).

40대의 대통령 후보에 대해 유진산을 비롯한 당내 노장층은 강력하게 반발했다. 특히 당수인 유진산은 40대 후보론에 대해 '구상유취(口尙乳臭: 젖먹이 어린애한테서 우유냄새가 난다)', '정치적 미성년자'라는 표현을 쓰면서 강력히 비난했다. 김영삼은 여론이 들끓자 당내의 40대 후보자가 같이 나와서 경쟁해보자고 주장했다. 이것만이 자신의 무모한 행동을 당내에서 기정사실화하고 국민의 여론을 더욱 자기편으로 끌어들이는 유일한 길이라 생각했다.

이에 이철승과 김대중이 대통령 후보 지명전에 뛰어들었다. 이철승의 경쟁은 어느 면에서 보면 당연한 행동이었다. 해방 직후 그는 학생운동 지도자였으며 자유당 시대에는 이승만에 대항하는 소장파의 선봉이었다. 사사오입 개헌 제안 시에 김영삼은 자유당 소속 의원이었지만, 이철승은 민주당 의원으로서 부결된 개헌안을 가결로 번복 선포하는 자유당의 최순주 국회부의장의 멱살을 잡는 역사적인 정치사진 한 장을 남긴 장본인이었다. 더구나 그는 5·16 이후 박정희 정권의

40대.기수론의
김영삼(좌), 김대중
(중앙), 이철승(우)
(출처: 한국일보, 2015.
11. 22)

정치활동 금지로 10년간 박해를 받아왔다(이사달, 1987).

　김영삼은 4선 의원이었으나 재선에 불과한 김대중의 후보경쟁 참여 선언은 의외였다. 야당을 출입하던 기자들도 처음에는 김대중의 행동을 일종의 객기로 받아들였다. 세 사람이 40대 후보로 나서자 이 싸움은 김영삼 대 이철승의 게임으로 보였다. 김영삼의 예측대로 당내 원로들은 대통령 후보 지명에 뛰어든 세 사람의 각축전을 기정사실화 해가고 있었다.

　처음에 김대중은 후보경쟁에 참여하는 것을 망설였다. 이에 조윤형이 김대중을 찾아가 "우리 야당이 활로를 트기 위해서는 침체의 요인인 보수의 벽을 허물어야 한다. 그러기 위해 김대중도 김영삼과 함께 후보경쟁 선언을 해서 40대 후보를 쟁취하는 공동전선을 펴는 것이 필요하다"고 제안했다. 이에 대해 김대중은 아직은 당내 형편이 40대 기수론을 소화할 수 있을 만큼 성숙되지 않았고, 본인의 목표는 1975년 대통령 선거라면서 지명전 경쟁 선언을 거부했다. 조윤형은 "1971년 선거에 나설 계획이 없더라도 40대의 도전은 개인의 이해타산을 떠나 젊은 우리가 함께 쟁취해야 할 목표"라고 역설하고 어떤 형태로든 협조해줄 것을 권유했으나 시간을 두고 생각해보자는 대답만 얻었다.

유진산의 후보지명권

40대 기수론을 탐탁지 않게 생각하던 유진산은 민주당 구파[*] 출신의 정치 거물로 신익희와 조병옥의 대를 이어가는 보스였다. 유진산은 자신이 출마하지 않는 대신 김영삼, 이철승, 김대중 세 후보에게 후보지명권을 달라고 요구했다. 당수가 지명하는 후보를 야당의 단일후보로 하자는 제안이었다. 김영삼과 이철승은 후보 지명권을 유진산에게 위임했으나 김대중은 당수에게 지명권을 주지 않고 자유경쟁을 선언했다.

아무리 김대중이 당수에게 지명권을 위임하지 않았다고 하더라도 유진산의 지명은 대단한 위력을 발휘할 것으로 예상되었다. 첫째 이유는 유진산에게 이미 두 사람은 누가 지명되더라도 지명된 사람을 밀어주기로 약속되어 있었고, 둘째 이유는 당내 최대 그룹인 유진산계의 표를 얻을 수 있기 때문이었다. 세 사람이 각축하다가 두 사람의 힘을 합하고, 거기다가 최대 그룹의 지원표 사격까지 받는다면 대통령 후보는 틀림없이 된다는 것이 일반적인 예상이었다. 김대중은 대통령 후보 지명전에 나서겠다고 선언했다. 김대중은 전당대회 대의원 256명의 서명을 받아 대통령 후보 지명 발의서를 당에 제출하여 당수와 대통령 후보를 동시에 선출할 것을 주장했다.

김영삼의 40대 후보 주장에 이어 김대중과 이철승이 나선 후보지명 경합은 각자가 전국지구당을 순방해 대의원을 포섭하는 등 치열하게 진행되었다. 이들의 과열경쟁은 다소 비판을 받기도 했으나 새로운 세

---

[*] 1955년, 민주당이 대연합하여 탄생할 때 기존의 한민당 세력을 중심으로 한 인사들을 '구파'라 했고, 연합을 통해 새로 영입된 흥사단이나 관료 출신 세력을 '신파'라 했다. 구파는 신익희, 조병옥, 김도연이 중심세력이었고, 신파는 장면이 중심세력이었다. 구파 인사들은 지주나 정치인 출신이 많았고, 신파는 주로 관료 출신이 많았다.

유진산(중앙)과 환담하는 이철승(우) (출처: 국가기록원)

대에 대한 기대와 선의의 경쟁이라는 관점에서 상당한 호응을 얻었다.

김영삼과 이철승은 둘 다 각자 구파의 인연과 유대로 틀림없이 자기가 지명된다고 생각했다. 그래서 김대중은 유진산이 결코 신파 출신인 자신을 후보로 지명하지 않을 것이라는 사실을 잘 알고 있었다.

김영삼 지명

1970년 9월 28일, 유진산은 경선 하루를 앞두고 중앙상무위원회에서 "나는 당수로서 김영삼 의원을 신민당 대통령 후보로 여러분 앞에 추천한다"고 공개 발표했다. 이는 김영삼의 승리로 보였고, 이철승은 낙담했으며, 김대중은 '그것 봐라!' 했다. 지명을 받은 김영삼은 상도동의 유진산 자택에 찾아갔다. 김영삼은 "선생님! 제가 큰절 한번 하겠습니다"하며 유진산에게 큰절을 했다. 유진산은 김영삼에게 "이 나라 이 민족의 운명이 당신에게 달려 있으니 반드시 대통령이 돼라"고 격려했다. 김영삼을 빈손으로 돌려보낸 유진산은 서둘러 돈을 마련했다. 유진산은 이왕에 김영삼을 지명한 바에야 선거자금이 필요할 것이니 지원하기로 마음을 먹었다(이사달, 1987).

유진산은 당 대의원의 40%를 거느리고 있었다. 여기에 김영삼 본인을 지지하는 대의원과 약속대로 이철승계까지 김영삼을 지지하면 대세는 결정 난 것이었다. 비주류 측에서도 속속 김영삼 지지를 약속하며 당직배분 문제를 제의해오고 있었다. 전당대회는 요식행위에 불과한 것 같았다. 언론매체도 김영삼의 승리를 확정적으로 보도했다. 유진산이 김영삼을 후보로 지명하자 중앙정보부(중정)는 바빠졌다. 유진산을 후보로 만드느라 공작해온 중정은 공작이 실패하자 다음으로 이철승을 후보로 만들려는 공작을 시도해왔기 때문이다(이동형, 2011).

중앙정보부는 박정희 대 유진산의 승부를 가장 이상적으로 생각했고, 그다음이 박정희 대 이철승의 승부였다. 가장 피해야 할 싸움이 박정희 대 김영삼인데, 최악의 시나리오로 가고 있었다. 김영삼이 이미 국민적 지지를 한 몸에 받는 깨끗하고 힘 있는 야당 지도자로 올라섰기 때문이다. 자칫 김영삼과 박정희가 정면승부를 펼치게 되면 박정희가 질지도 모른다는 불안감이 엄습했다. 그러나 김영삼의 신민당 대통령 후보 결정은 이미 확정된 듯 보였고, 지명전도 하루밖에 남지 않은 상황이었다. 공작할 시간도 없어진 중앙정보부는 미치고 팔짝 뛸 형편이었다. 박정희는 김형욱의 뒤를 이어 정보부장이 된 김계원에게 "김영삼이 대통령 후보로 나서겠다고 했는데, 내가 어찌 그런 애송이들하고 싸울 수 있겠나. 수단과 방법을 가리지 말고 그런 엉뚱한 사태는 막아야 해"라고 말했다.

　김영삼이 유진산의 지원 약속에 힘입어 느긋한 마음으로 지명전에 나선 것에 비해 김대중은 절체절명의 각오로 경선에 임했다. 김대중에게는 정치적 야망이 있었다. 지난 6·8 총선에서 이미 대리전을 치른 바 다름 없는 박정희와 한판 승부를 벌이고 싶었다. 그러나 당장은 당내 세 싸움에서 불리했다. 당시 신문들이 김영삼의 대선후보 지명이 이미 기정사실화된 것인 양 보도할 정도로 그 누구도 김대중의 승리를 예상하지 못했던 게 사실이다(김병문, 2012).

　김대중은 유진산이 장악하고 있는 중앙당의 유력한 지원은 꿈도 꾸지 못할 처지였다. 그래서 전국 지구당의 대의원들을 상대로 맨투맨 전략을 구사했다. 또한 김영삼이라는 유명 브랜드를 극복하는 차원에서 이미지 선거전에 집중했다.

김대중의 고군분투

김영삼의 후보 당선은 김영삼 자신뿐 아니라 당 내외를 막론하고 대부분 인사들도 낙관했다. 1970년 9월 28일 밤, 김영삼은 다음날 전당대회에서 후보에 당선되었을 때를 대비한 후보 수락 연설문을 준비하고 있었다.

　이러는 사이에 김대중은 지역별로 각 숙소에 분산 투숙 중이던 전당대회 원외 대의원들을 집중적으로 공략했다. 원내 의원이 아닌 원외 대의원들은 전당대회 때 투표권 행사가 유일한 권한이어서 당으로 볼 때 '춥고 배고픈' 일종의 체제 밖의 세력이라 할 수 있었다. 김대중은 애당초 후보 지명전에 뛰어들면서 전국을 누볐고, 대의원들뿐만 아니라 평당원들도 만나 '여론 형성'이라는 일종의 외풍을 일으키려는 치밀한 계획을 세우고 있었다.

민주당 신파에 속했던 김대중은 민주당 구파가 주도권을 잡은 신민당에서 비주류에 속했다. 신파 원로인 정일형과 박순천의 지지를 받았으나 열세를 면할 수는 없었다. 김대중은 이를 만회하기 위해 '저인망 어선', '베트콩 작전'이라고 불릴 만큼 하부조직을 파고드는 데 온 힘을 기울였다. 8개월 동안 전국의 지구당을 누비며 대의원들을 설득한 김대중은 조직의 밑바닥을 조금씩 다져나갔다(이윤섭, 2003).

대통령 후보지명 전당대회 전날 밤, 지방에서 올라온 대의원들은 서울 일대 여관에 투숙하며 전당대회를 준비했다. 김대중은 부인 이희호, 김상현을 대동하고 저녁부터 새벽까지 모든 여관을 돌아다니며 절하면서 읍소하고 설득해 자신을 지지해 달라고 부탁했다. 이철승계뿐만 아니라 반대파인 유진산계와 김영삼계 대의원들에게까지 찾아가 욕을 들으면서도 절하며 한 표를 부탁했다. 상대방을 지지하는 대의원들이 투숙한 곳이라도 빠지지 않고 찾아다니려고 노력했다. 이와는 반대로 김영삼은 자택에서 이튿날 전당대회에 자신이 선출된 직후 연설할 후보 수락 연설문을 정성스럽게 고치고 있었다. 역사에 남을 40대 대통령 후보, 거기다 잘하면 박정희를 꺾을 수도 있는 절호의 기회, 최초의 정권교체가 가능할 수도 있겠다는 희망을 가지고 있었다. 너무나도 비교되는 장면이었다(이동형, 2011).

1970년 9월 29일 아침, 지명전 후보 투표가 실시되는 전당대회장인 서울시민회관에 들어선 대의원들은 깜짝 놀랐다. 만면에 웃음을 띤 김대중 후보의 포스터를 붙인 피켓 대열 사이를 통과하는 기상천외한 경험을 하게 된 것이다. 국제뉴스를 통해서만 볼 수 있었던 이른바 선진국형 피케팅 홍보전이 우리나라에 처음 등장하는 순간이었다. 또한 김대중 포스터는 지지자들의 손에 들린 피켓뿐만 아니라 전당대회장 전체에 도배라도 하듯 붙어 있었다. 전당대회장 분위기만으로는 김대중의 독무대처럼 보였다(박호재, 2009).

전당대회에서 김영삼은 대의원들에게 줄 음료수까지 준비하는 등 여유 있는 자세로 임했으나, 투표결과는 의외였다. 김영삼은 대회 규정에 따른 대의원 885명의 당선 정족수의 과반인 443표를 넘지 못했다. 후보선출을 위한 1차 투표는 재석 대의원 885명 중 김영삼 421표, 김대중 382표, 무효 82표로 과반수 획득자가 없었다. 불가피하게 2차 투표를 하게 되었는데, 2차 투표 결과는 김대중이 458표, 김영삼이 410표, 기타 16표였다. 김대중의 역전승이었다.

시민회관은 박수와 함성의 도가니였다. 하나의 신화가 창조된 것이다. 당시까지 국민에게 잘 알려져 있지 않은 김대중이라는 사람이 박정희와 대결할 신민당의 단일 대통령 후보로 떠오른 것이다.

김대중의 역전승은 이철승 지지 세력들이 유진산에게 반발해 김대중에게 표를 던졌기 때문이다. 여기에 김대중과 이철승의 '묵계설'도 한몫을 했다. 1차 투표가 끝난 뒤 김대중은 이철승을 만나 다음 전당대회(11월)에서 당수로 민다는 각서를 주고받았다. 이철승 표를 흡수하기 위해 김대중이 명함 뒷면에 각서를 쓴 것이다. 그러나 이 합의는 얼마 후 열린 전당대회에서 지켜지지 않았다. 당시 취재 기자들은 전당대회가 끝난 뒤 합의를 지키지 않은 사실에 대해 김대중에게 질문했다. 그러자 김대중은 "그것을 믿는 사람이 바보지. 각서를 써줄 당시의 상황으로는 그보다 더한 것도 약속했을 것"이라고 답변했다. 여건에 따라 적응하는 김대중의 임기응변적 순발력을 보여주는 한 단면이었다. 이철승은 대회가 끝난 뒤에도 오랫동안 이 각서 명함을 보관하고 있었다.

김대중은 후보 지명전이 끝난 후 당내에서 필연적으로 벌일 당권 경쟁을 생각했다. 당수 선거도 지명전처럼 치열한 경합을 벌일 것으로 내다보았다. 그는 이철승에게 "소석!(이철승의 호) 나를 밀어주시오. 다음에 있을 당수 경합에서는 내가 소석을 당수로 밀어 드리리다!"라고 부탁했다. 이철승은 고개를 끄덕이며 화답했다. 그러나 이철승의 지지만으로는 과반수를 넘을 자신이 없었다. 김대중은 유진산과 당권을 겨루는 이재형에게 매달렸다. "이번에 저를 밀어주십시오. 다음 번 당수 경합에서 선생님을 밀어 드리겠습니다"라고 약속했다. 이재형도 고개를 끄덕이며 화답했다. 자신의 불리한 상황을 타개하기 위해 이중약속을 한 것이었다(이사달, 1987).

결국 대통령 후보는 김대중으로 지명되었다. 김영삼은 슬픔을 억누르며 단상에서 김대중의 손을 잡고 대의원들을 향해 흔들었다. 김영삼은 "나와 같은 40대 동지의 승리는 신민당의 승리요, 바로 나의 승리다!"라고 준비도 되지 않은 연설을 했다.

경쟁자의 승리를 찬양해주고 격려해주는 김영삼의 페어플레이 정신에 박수가 쏟아지고 환호성이 울렸다. 보수 야당에서 '40대 기수론'이라는 엄청난 도박을 벌인 김영삼은 과수원을 가꾼 주인이었지만 거기에 주렁주렁 열린 과일은 김대중이 수확했다. 모두에게 의외의 결과였다.

　후보 지명에 실패한 김영삼은 김대중 후보 당선을 위해 전국을 누비며 선거운동을 도왔다. 초라한 모습으로 전국을 돌며 김대중 후보를 뽑아달라고 호소하던 김영삼은 아마도 마음속으로는 눈물을 흘렸을 것이다. 더구나 김대중은 전국 유세장에서 폭풍 같은 붐을 일으키고 있었다. 화려한 유세와 슬픈 유세, 김영삼은 그런 생각을 하면서 유세를 했다고 여겨진다.

김대중의 파격적 공약

공식적인 대선 후보로 선출되고 나서 김대중의 정치적 보폭은 전과는 비할 수 없이 바빠지고 넓어졌다. 전당대회가 끝난 지 보름 후, 김대중은 숨 돌릴 틈도 없이 특별기자회견을 자청했다. 너무 일찍 잡은 일정이어서 대국민 인사 정도를 할 것이라고 짐작한 기자들은 깜짝 놀랐다. 뜻밖에 대선을 6개월여나 남겨두고 있는 시점이었는데도 대선공약이나 다름없는 정책을 제시했기 때문이다(박호재, 2009).

　김대중이 제시한 공약 중 향토예비군제 폐지, 미·중·소·일 4대국 전쟁 억제 안전보장론, 남북한의 화해와 교류, 노사위원회 설치 등의 내용은 폭발적이었다. 그때까지 야당의 대선 후보들이 여당보다 앞서서 정책을 내놓은 사례가 한 번도 없었기에 기자들도 분주해졌다.

　김대중은 10월 대전을 시작으로 지방 유세를 벌이면서 조기선거 붐을 일으켜 국민의 지지를 호소하고 나섰다. 김대중은 지방 유세에 앞서 첫 기자회견을 갖고 '희망에 찬 대중의 시대를 구현하자'는 구호를 내세웠다.

대전공설운동장에서 열린 신민당 첫 유세에는 유진산을 비롯한 김영삼, 이철승 등 당 중진들이 참석해 김대중을 지지할 것을 호소했다. 김대중은 대전 유세에서 대통령선거가 법과 질서 속에서 선의의 경쟁이 지켜지지 않으면 국민과 더불어 제2의 4·19도 불사할 것이라고 공화당에 경고했다.

김대중은 유세기간 중 부산과 광주에서 가장 큰 지지를 받았으며, 기타 도시에서도 열렬한 지지를 받았다. 특히 김대중의 유세내용은 종전의 인신공격이나 정부 비난 위주가 아닌 정책 제시에 중점을 두어 정책대결의 선거 양상으로 전개되었다(이기택, 1987).

전국 도처에서 김대중의 붐이 일 정도로 확실히 달변의 웅변가였다. 마이크만 붙들면 "누워 있는 경부고속도로도 와우아파트(정부가 공급한 무너진 부실 아파트)처럼 와르르 무너지고"라고 할 정도의 웅변가였다(이사달, 1987). 해방 후 여운형 이래 최고의 달변가라는 평가도 있었다.

김대중은 헌법에 있는 3선 조항은 대통령이 되면 폐지할 것이며, 심각한 관 주도 경제를 없애겠다고 공약했다. 당시는 빈부 차이가 매우 심하고 도시와 농촌 간의 격차도 극심한 때였고, 대기업과 중소기업 간의 격차도 심했다. 김대중은 이런 사회의 양극화도 시정하겠다고 주장했다.

또한 남북 간에 비정치적 교류를 위해 서신 교류라든가 체육인 교류를 하겠다고 했다. 진보당의 조봉암이 1956년 선거에서 제시한 집단안전보장체제와 비슷한 미·소·중·일 4대국의 한반도 안전보장(4대국 안보론) 공약도 주장했다. 군의 중립화와 정예화를 주장하면서 급기야는 향토예비군도 폐지하겠다고 공약했다. 그리고 희망에 찬 대중의 시대를 열자고 '대중경제'를 외치면서 기염을 토했다. 더 나아가 공산국가인 유고슬라비아와 영사관계도 맺을 것이며, 동유럽의 몇 나라와는 통상관계를 갖겠다고 호언했다. 이는 적극외교로 공산권 국가와도 통상외교의 길을 트겠다는 의지의 표현이었는데, 당시로서는 매우 대담한 주장이었다.

김대중은 이번에 정권 교체를 하지 못하면 이번 대통령 선거가 마지막 선거가 될 것이라는 점을 강조했다. 박정희가 대만의 총통제 연구를 하고 있고, 한국에 총통제가 실시될 거라는 이야기를 꺼낸 것이다. 그는 박정희가 총통체제를 만들려고 하는 증거를 가지고 있다고 주장했다. 자신이 대통령에 당선되면 대통령을 두 번 이상 하지 못하도록 헌법을 개정해 명문화하겠다고 선언했다. 이듬해 박정희가 영구 집권을 기본으로 하는 유신체제를 도입한 것을 보면 김대중은 박정희의 의도를 이미 파악하고 있었다는 판단이 가능했다.

김대중은 너무 일찍 선거 공약을 밝혀서 손해를 보는 면도 있었다. 상대방이 김대중의 공약을 공격할 시간적 여유를 준 것이다. 당시 여당은 관권 및 금권을 활용해 각종 조직을 동원할 수 있었다. 더구나 KBS 등 언론매체를 최대한 활용할 수도 있었다. 박정희는 언론매체를 통해 김대중의 공약을 비판하는 데 역점을 두었다(서중석, 2008).

김대중은 행정부가 선거에 몰두하기 위해 모든 기능을 마비시키고 있으며, 야당세력에 대한 분열공작과 탄압 등 부정선거의 조짐이 곳곳에서 드러나고 있다고 주장했다. 이에 정부 및 여야로 구성되는 공명선거협의기구를 설치할 것을 제의했다.

김대중의 방미

대선을 2개월여 앞둔 1971년 2월, 김대중은 부인 이희호와 함께 미 · 일 방문길에 올랐다. 야당의 대통령 후보로서 미 · 일 양국 정치지도자들과 협력관계를 구축하는 것이 목적이었지만, 사실은 외국에 거의 이름이 알려지지 않았기에 국제사회에 자신을 알릴 필요가 있었다.

김대중의 방미는 미국 내 유력 저널리스트들에게 자신을 알릴 소중한 기회였다. 그러나 실제로 방미 기간 중에 소득을 올린 것은 김대중이 아닌 부인 이희호였다. 김대중은 닉슨 대통령을 만나지는 못했지만, 이희호가 영부인 패트를 만나 담소할 기회를 얻은 것이다. 당시 한국의 정치 상황에 막대한 영향력을 지닌 미국의 고위급 정치인을 만나는 일은 어려웠다. 미국의 정치 지도자들과 기념사진 한 장 같이 찍는 것을 자신의 정치적 위상을 과시하는 수단으로 삼았을 정도였다. 실제로 선거에 써먹기 위해 적지 않은 후원금을 건네고 미국의 거물 정치인과 사진을 찍는 일들도 있었다. 이런 상황에서 야당의 대선후보 아내가 미국 대통령 부인과 기념사진을 찍었다는 사실은 김대중으로서는 선거에 효과를 볼 수 있는 기회가 되었다.

이희호는 닉슨 대통령 부인과 기념사진을 찍고 귀국한 후 사진을 한 장 더 만들기 위해 사진점에 필름을 맡겨두었다. 그러나 중앙정보부원들이 그 사진점을 찾아가 탈세혐의를 구실로 샅샅이 수색하고 돌아갔다. 그런데 그들이 돌아간 다음에 사진이 감쪽같이 없어졌다. 이뿐 아니라 미국 방문 중 동교동 자택 마당에서 종류 미상의 폭발물이 터져 국민을 놀라게 했다. 이는 여야가 함께 철저한 규명을 요구하고 나선 사건으로, 신민당은 이 사건을 야당 대통령 후보에 대한 정치테러행위로 단정하고 임시국회 소집을 요구했다(박호재, 2009).

한편 검찰은 1971년 2월 10일 김대중 후보 집 폭발물사건의 범인으로 김대중의 조카 김 모 군(당시 15세)을 범인으로 단정하고 마포경찰서에 수감했다. 이러한 당국의 발표와 조치에 대해 신민당은 조작된 사건이라고 주장하며 석방을 요구했다. 결국 범인으로 수감됐던 김 군이 자백을 번복함으로써 사건은 베일 속에 가려지고 말았다.

　　김대중은 미국 방문 중 워싱턴의 '내셔널 프레스클럽'에서 기자회견을 갖고 박정희 정권의 부패가 심각하다고 주장했다. 또한 한반도 통일의 터전을 마련하기 위해 첫째, 무력 포기에 따른 긴장완화 둘째, 비정치적 또는 비군사적인 기자·서신·체육 등의 교류 셋째, 정치적·경제적 교류 시도 등 3단계 기초 작업을 추진하겠다고 밝혔다. 이어 김대중은 귀국길에 동경외신기자클럽 초청연설에서 "선거가 공정하게 치러진다면 틀림없이 정권교체가 가능하다"는 주장을 펼쳤다(이기택, 1987).

김대중의 맹활약

미국에서 귀국한 김대중은 본격적인 선거 유세를 벌였다. 1970년 10월 24일부터 선거 전날인 4월 26일까지 16,300km를 달리며 137회의 유세를 했다. 김대중은 수월한 상대가 될 거라는 공화당의 예상을 깨고 의외의 돌풍을 일으켰다. 유진산, 정일형, 김영삼도 전국을 누비며 지원 유세를 했다. 유진산은 김대중에 대한 지원 유세로 몸을 아끼지 않아 "아버지 같은 당수, 아들 같은 후보"라는 말이 나오기도 했다. 김대중은 하루 두 번씩 유세하는 정력적인 선거운동을 벌이면서 틈나는 대로 수행기자들과 회견하면서 연일 정부를 비방했다.

신민당은 대통령선거에 내걸 선거공약을 확정했다. 선거구호로 는 "10년 세도 썩은 정치 못 참겠다 갈아치자", "용감하게 대중(大中) 뽑아 행복하게 대중(大衆) 살자", "논도 갈고 밭도 갈고 대통령도 갈아보자"로 정하고 본격적인 선거 유세에 돌입했다(이윤섭, 2003).

김대중은 신민당이 집권하면 〈부정부패 추방법〉을 제정하고 민간 중심으로 부정부패적발위원회를 구성하겠다고 주장했다. 공화당의 부정부패는 중단 없이 전진하고 있으며, 10년이 넘도록 부정부패를 일소하지 못한 것은 박정희 대통령이 이를 일소할 생각이 없기 때문이라고 주장했다. 신민당은 당내 중진급 인사들로 각 도별 유세반을 편성해 전국 주요 도시를 비롯해 군청소재지까지 누비며 총력을 기울였다(이기택, 1987).

향토예비군 폐지, 대중경제론 등 유권자의 가슴에 와 닿는 공약 덕분인지 김대중의 인기는 갈수록 치솟았다. 부산 유세장에는 20만 명의 인파가 몰렸고, 박정희의 홈그라운드라 할 수 있는 대구에서도 15만 명이 유세장을 찾았을 정도였다. 특히 유세장에서 박수를 가장 많이 받은 내용은 "이번 선거에서 박정희 후보가 이기면 곧바로 총통제를 도입해 영구집권을 도모할 것"이라는 경고성 발언이었다. 김대중은 유세기간 내내 총통제 도입을 집중적으로 전파했다(박호재, 2009).

향토예비군 폐지론은 확실히 선풍적인 환영을 받았다. 당시 20대, 30대 남자들은 향토예비군에 편성되어 예비군 훈련을 받고 있었지만, 모두 귀찮아하는 제도였기 때문이다. 김대중이 대통령이 된다면 예비군을 폐지하겠다고 하자 20대와 30대 청중은 박수를 치며 환호했다. 예비군 폐지 주장이 젊은 청중으로부터 열띤 반응을 얻자 이에 당황한 공화당은 이른바 안보논쟁을 벌여 정국을 한때 극한적인 대치상태

로 몰아넣었으며 정부가 예비군 운영을 대폭 개선하는 결과를 가져
왔다.

김대중이 정부 실정을 폭로할 때마다 청중은 열광했다. 그러다가
선거 막바지에 이르러 슬그머니 한 가지 소문을 내기 시작했다. 김대중
이 서울의 장충단공원 유세에서 공화당 정권하의 부정부패자 200명을
공개한다는 것이었다. 이 소문을 들은 공화당은 이제 선거가 끝났다고
할 정도로 당황했다. 200명에는 재계인사, 정계인사, 정부인사를 비
롯한 수많은 거물이 포함되어 있을 것이라고 판단한 것이다. 이를 수
십만 군중이 모인 유세장에서 달변의 김대중이 차례차례로 이름과 그
내용을 폭로한다면 사실 여부를 떠나 200명까지 이름을 다 부르기도
전에 군중이 폭동을 일으킬지도 모른다는 우려가 있었다. 그러니 장충
단 유세에서 공화당 정권의 부정부패자 200명의 명단발표 예정 선언
은 국민에게 커다란 화제가 되었다.

치열한 대선

김대중의 4월 18일 서울 장충단 유세장에는 30만 명 이상이 모였다. 민주당 신익희 후보의 한강백사장 연설 이후 최대의 인파였다. 장충단 유세에서 김대중은 "지금 박 정권은 총통제를 연구 중이다. 이번에 정권교체를 하지 못하면 영구집권의 총통제가 실시되어 선거도 없을 것이라는 확실한 증거를 가지고 있다"라며, 전국 공무원들에게 4월 20일부터 부정선거를 중단하라고 외쳤다.

박정희 정권의 최대 약점인 부정부패도 언급했다. "부정부패를 일소해 세금을 내리겠다", "나는 기필코 승리할 것이다. 그리고 여러분은 나와 함께 승리할 것이다. 오는 7월 1일 새로운 대통령 취임식에 청와대에서 만납시다"라고 하면서 끝을 맺었다. 유세 후 수많은 인파가 장충단공원에서 동대문을 거쳐 광화문까지 걸으며 "정권교체", "김대중 이겼다"를 연호했다. 이날의 상황만 본다면 김대중의 승리가 명

박정희의 전주 유세 (출처: 대통령기록관)   장충단 유세에서 열정적으로 연설하는 김대중
                                         (출처: 한국일보, 2015. 8. 18.)

백한 것처럼 보였다(서중석, 2008).

　　당시 신문은 서울 장충단 유세에 약 30~50만 명의 군중이 모였다고 주장했다. 이번 유세는 신민당과 김대중에 대한 국민의 지지와 기대를 측정할 수 있는 집회였으나, 군중이 기대한 부정부패자의 명단은 공개되지 않았다.

박정희의 야당 후보 공작

박정희는 유진산 총재를 비롯한 40대 기수 중 누구를 경쟁상대로 하느냐에 따라 1971년 대통령 선거의 판도가 정해진다고 판단했다. 따라서 가장 상대하기 쉬운 상대가 지명되기를 바라며 이에 대해 막후 공작을 시도했다.

　　박정희는 공화당과 내각의 당정연석회의에서 '전국적으로 골고루 이기는 선거'를 치르도록 지시했으며, 이에 따라 기본전략이 마련되었다. 신민당 대통령 후보가 선출되기 열흘 전이었다. 상대 후보가 결정되어야 전략을 수립할 수 있는데, 이처럼 미리 기본 전략을 작성한 것은 상대 후보를 예상하고 있었던 셈이다. 더욱이 '골고루 전국에서 이기는 선거'라면 충청도 출신의 유진산 총재를 후보로 생각했다. 그러나 유진산이 후보를 사퇴함에 따라 박정희의 선거 전략은 빗나갔다.

당시 박정희 측근들은 김대중보다 김영삼이 더 어려운 상대라고 판단했다. 지명대회를 앞두고 김영삼을 후보로 지원하기로 약속했다는 신민당 지도자 집에 중앙정보부장이 몇 차례 방문한 일도 있었다는 소문이 돌았고, 신민당의 대통령 후보 지명에 정부가 개입했다는 소문도 있었다.

박정희(당시 54세)는 대통령 선거에서 자기보다 젊은 김영삼(45세) 또는 김대중(47세)과 경쟁하는 것이 쑥스러웠다. 그래서 공화당 중진의원들에게 "신민당 대통령 후보에는 유진산을 내세우도록 공작하라"고 지시했다. 이러한 사실은 당사자인 유진산에게 전달되어 유진산 자신도 대통령 후보로 출마하기로 작정했다. 유진산은 선거자금을 걱정해 여당에 선거자금 조달을 부탁했다. 따라서 공화당 중진의원들은 야당 대통령 후보의 선거자금도 마련할 수밖에 없었다. 그러나 김영삼이 대통령 후보 선언으로 선수를 치고 나오고, 김영삼의 결심과 대항이 만만치 않자 유진산은 선거자금이 부족하다는 핑계로 출마를 포기했다(이윤섭, 2003).

박정희는 1970년 11월 23일 공화당 신임 시·도지부 사무국장들에게 "당은 각 시·도지부 지구별로 조직을 철저히 관리해 내년 선거 태세를 갖추라"고 지시했다. 이에 공화당은 선거를 앞두고 '당정협의회의'라는 전국적 조직을 만들어 본격적인 관권선거를 계획했다. 이

협의회는 당 지도층, 시장, 군수, 경찰서장을 비롯한 각 기관장 등이 참여했다. 이는 명백한 공무원의 정치적 개입 활동이며 사전선거운동이었다(김형문, 2009).

김대중의 바람

본격적인 선거전에 돌입하자 김대중에 대한 선풍적인 바람이 불었다. 박정희의 대전 유세에는 5만 명의 관중이 모였는데, 김대중의 부산 유세에는 20만 명이 모였다. 김대중은 "10년 세도 썩은 정치 못 살겠다 갈아치자", "논도 갈고 밭도 갈고 대통령도 갈아보자" 등 호소력 있는 구호로 장기집권과 부정부패에 염증이 난 유권자의 마음을 사로잡았다.

야당은 선거에서 김대중 후보가 인물 좋고 말 잘한다는 것을 크게 부각시켰다. 여당은 야당인사들이 인물 좋고 말 잘하는 김대중을 찍자고 선전하고 다녀도 속수무책이었다. 재야세력도 공명선거를 다짐하는 '민주수호선언문'을 작성하면서 김대중을 도왔고, 그들에 의해 '민주수호협의회'와 '민주수호청년협의회'도 결성되었다. 학원병영화(교련) 반대투쟁을 벌이던 학생들도 민주수호를 외치며 시위를 했다. 이에 여당은 상당히 낭패감을 느꼈다.

과거 야당 후보들은 아무런 대안과 비전도 없이 단지 정부와 여당을 비난만 하는 선거를 치러왔다. 그러나 김대중은 정책선거를 유도해 과거와는 다른 선진 정치인으로서의 면모를 보여주었다. 제안된 정책 자체가 국가적 과제의 대안으로 손색이 없었으므로 김대중의 정책

제안은 큰 화제가 되었다.

　김대중의 정책제안에 박정희는 크게 당황했다. 야당 후보가 국정 운영의 주체인 여당 후보보다 앞서서 국책 수준의 정책을 제시했기 때문이다. 김대중의 정책제안에 대한 반응도 폭발적이어서 박정희와 공화당은 당혹스러워했다. 더구나 정책의 내용도 박정희가 그동안 진행해온 각종 정책의 반대급부를 예리하게 지적한 것이어서 박정희로서는 매우 가슴 아픈 일이었다.

향토예비군 논쟁

향토예비군제 폐지 제안은 박정희 통치시스템의 근본을 흔들 정도의 커다란 충격이었다. 1968년 창설된 향토예비군제는 그해 1월에 터진 청와대 무장간첩 기습사건과 미국 함정 푸에블로호 나포사건을 빌미로 만들어진 비정규군 조직이었다. 전시 총동원령 같은 국가비상사태에 대비한다는 취지를 내걸었지만, 사실은 '반공주의'라는 기치 아래 전 국민을 하나의 조직체계로 엮어보려는 정치적 의도가 있었다. 그래서 예비군 제도의 폐지 주장은 한마디로 박정희 통치시스템의 핵심을 무장해제하자는 의도로 비칠 수밖에 없었다. 더구나 예비군 제도가 특별한 역할도 없이 한창 일할 나이의 젊은이들의 생업만 방해한다는 반대여론도 많았다. 따라서 김대중의 예비군 폐지 주장이 박정희에게는 몹시 곤혹스러웠다.

　박정희는 "김대중 이 나쁜 놈! 예비군을 폐지하게 하다니"라고 발끈하며 당장 정부 여당에 강도 높은 대책을 주문했다. 국방부 장관은 관계기관회의를 개최해 예비군 폐지에 대한 비난성명을 발표했고, 김대중이 용공주의자라는 내용의 문건들을 발표했다. 군부 지도자들은 김대중을 가만두지 않겠다는 협박도 공공연하게 내놓았다. 심지어 "김대중이 피리를 불면 북한의 김일성이 춤을 추고, 김일성이 북을 두드리면 김대중이 곡조를 맞춘다"는 소문까지 나돌았다. 그러나 여론은 생각보다 박정희의 의도대로 쉽게 돌아서지 않았다(박호재, 2009).

여당은 언론매체들을 최대한 활용해 "향토예비군을 폐지하면 북한이 또 1968년 청와대를 기습하러 내려왔던 특수부대를 내려보낸다"라는 식으로 공안 분위기를 조성했다. "도대체 동유럽 공산국가하고 통상한다는 게 말이 되느냐?", "4대국 안전보장은 사대주의 발상이다", "소련과 중국이 어떻게 우리나라의 안전을 지켜준단 말이냐?"라고 계속 김대중의 정책을 공격했다. 이러한 상황에서 김대중은 향토예비군 폐지에서 한발 뒤로 물러서고 안보 공약 같은 것도 주춤하는 모양새를 보였다(서중석, 2008).

김대중의 향토예비군 폐지 정책을 무마시킨 곳은 선거사령부 역할을 해온 중앙정보부(중정)였다. 중정 내의 국내 보안 담당 국장은 북한 전문가인 부국장에게 북한의 비정규 전력인 로농적위대 전투력에 관해 자문했다. 부국장은 로농적위대 병력이 130만 명이고 장비는 현역 보병사단 수준이며 72시간이면 동원 가능한 막강전력이라고 답변했다. 국장은 박정희에게 로농적위대를 지렛대로 삼아 김대중의 정책에 대응해나갈 것을 건의했다.

국방장관 정래혁은 "예비군 폐지는 김일성의 남침을 촉진·유도하는 이적행위다. 이를 폐지하려면 20개 정규사단이 창설돼야 한다. 북한의 100여만 로농적위대도 정규군 같은 화력이며, 그들은 게릴라도 3만 명이나 양성했다. 야당은 예비군 폐지라는 이적행위를 철회하

라"라고 발표했다. 예비군 폐지 주장을 무마하기 위한 초강경 발표는
효과를 나타냈다. 북한을 지렛대로 삼아 안보논쟁을 일으키자 야당은
위축되어 이에 효과적으로 대응하지 못했다. 결국 김대중은 예비군 폐
지공약 한 달 만에 '향토방위대' 창설이라는 새로운 대안으로 후퇴했
다. 그러나 국민여론은 이제 예비군이나 방위대나 차이가 무엇이냐는
반응이었다. 김대중은 선거에 임박해 제주 유세 때 다시 예비군 전면
폐지를 주장했으나 국민에게는 이미 관심이 없어진 공약이었다(김충
식, 2012).

4개국 보장론 논쟁

대통령 선거를 앞두고 청와대 공보비서실의 최대 과제는 김대중 후보
의 정력적인 '선동 연설'에 어떻게 대응하느냐는 것이었다. 청와대는
김대중 후보의 4개국 보장론이 국민에게 혼란과 불안감을 줄 것으로
판단했다. 2년 전 북한의 특공대가 청와대를 습격하려 했고, 북한이
미국 함정 푸에블로호를 공해상에서 납치했기 때문이다. 또 미군 정찰
기 EC-121을 격추한 사건도 있었다. 여당은 국민이 이런 연속적인 북
한의 무력도발 사건을 잊지 않고 있는데 남한의 안보를 공산국가들이
포함된 4개국에 맡긴다는 것은 무책임한 논리라고 반격했다.

　세계의 일부 지역에서 긴장완화의 분위기가 나타난 것이 사실이
나 이 추세가 세계적 조류가 되려면 수년 아니 그보다 더 오래 걸릴지
그 누구도 속단할 수 없었다. 더욱이 긴장완화의 분위기가 한반도까지
파급되려면 오랜 세월이 필요했다. 그럼에도 김대중은 이러한 상황을

선거에 당장 이용하려는 성급함을 보였다.

경제개발론과 대중경제론

박정희는 자신의 경제발전 업적을 강조하면서 중단 없는 전진과 안정을 강조했다. 현재 우리나라는 전 세계의 개발도상국 가운데서도 가장 모범적이라는 평을 듣고 있으며, 지난 10년 동안 전 세계 120여 국가 중에서 경제성장이 세 번째로 빠른 국가였다고 강조했다. 또한 120여 국가 중에서 우리나라가 수출성장이 가장 빨랐다는 점도 강조했다.

박정희는 과거를 예로 들면서 자신의 경제업적을 다음과 같이 홍보했다.

"10년 전 5 · 16 혁명이 나기 며칠 전 대구 시내에 있는 몇몇 백화점에 들러서 내의와 양말을 사려고 주인한테, '내의와 양말이 있습니까?' 하고 물었더니 내 앞에 내놓은 물건은 전부가 일제 아니면 미제, 홍콩제뿐이었습니다. '우리 국산은 없습니까?' 하고 물었더니, 주인은 아주 쑥스러운 얼굴을 하면서 저쪽 구석에서 먼지가 뽀얗게 앉은 국산 양말 몇 켤레를 갖고 와서 '아이구, 손님 이거야 어떻게 신겠습니까? 그거 국산은 못 신습니다. 차라리 외제를 사시지요'라고 했습니다. 여러분이 지금 서울 시내의 백화점이나 기타 모든 상점에 가보면, 그때와는 격세지감이 있을 것입니다."(박보균, 1994)

김대중이 주장한 대중경제론은 민주주의의 3대 원리 틀을 활용했다. '대중에 의한, 대중을 위한, 대중의 경제체제'를 주장했다. 지식인, 민족자본가, 노동자, 농민 할 것 없이 사회 각계각층이 경제건설에

경부고속도로
개통식에서 도로에
삼페인을 뿌리는
박정희 (출처: 국가기록원)

직접 참여하는 체제로, 경제가 소수 특정인에게 특혜를 제공해 경제
건설의 역할을 맡기는 대신에 기업을 대중화해 경제건설을 하자는 취
지였다.

　대중경제론은 당시 외채나 독점자본에 의존해 경제를 부흥시키
려다가 계층 간 위화감을 심화시킨 '박정희'식 경제운용의 허구성을
비판하는 데 안성맞춤의 논리였다. 또한 '대중경제론'이라는 명칭 자
체가 김대중의 이름을 딴 고유 브랜드 같은 느낌을 줌으로써 정권에 반
대만 하는 야당 후보가 아니라 국정에 실질적으로 적용될 수 있는 합
리적 대안을 갖춘 준비된 정치인으로 비치게 하는 데 큰 역할을 했다.

중앙정보부의 압박

1967년 총선(6·8 국회의원 선거)에서 박정희는 목포를 '정책지구'로 지
정하고 김대중을 떨어뜨리기 위해 혼신의 힘을 기울였다. 박정희는 당

시 공화당 의장인 정구영에게 "6 · 8선거에서 야당 몇 명을 국회에 못 들어오게 하기 위해 공화당 후보 몇 명을 특별 지원했습니다. 그런데 김대중 같은 마타도어* 흑색선전에는 당해낼 재간이 없어요"라고 회고했다. 이같이 박정희는 이미 김대중과의 한 차례 승부에서 정신적으로 패배한 경험이 있었다. 온갖 관권 · 금권 공세에도 죽지 않고 살아난 김대중은 박정희에게 분명히 불쾌한 상대였다.

중정의 역할 중 하나는 김대중의 자금줄을 차단하는 것이었다. 김대중은 "오늘날 독재의 총본산은 중앙정보부다. 요즘 경제인 수백 명을 불러다가 '김대중에게 돈 주지 마라. 만일 돈을 주면 사업을 망쳐 놓겠다'고 협박하고 절대로 돈을 안 주겠다는 각서를 받고 있다. 그 각서를 썼다는 말이 안 새나가도록 또 각서를 쓰라 하고 있다"라고 청중에게 폭로했다(1971. 4. 18, 장충단공원 유세).

당시 신민당 선거대책본부장이었던 정일형은 "전국적으로 포스터 플래카드 값만도 1억 2,000만 원이 들었다. 그리고 강연회, 운동원 실비를 따지면 엄청난 자금이 필요했다. 경제인들의 성금을 기대했으나 어찌나 정보부의 압력이 심했던지 나와 절친한 경제인들까지도 면회조차 어려웠다"라고 증언했다(김충식, 2012).

이후락 정보부의 또 다른 주요 임무는 김대중 연설을 찾은 청중 수에 관한 보도통제였다. 중정 간부는 직접 신문사를 찾아와 연일 김대중의 유세인파 보도가 부각되지 않도록 노력했다. 이러한 상황이 반복되자 선거를 앞두고 기자들의 불만이 폭발해 '정보요원의 신문사 출입금지', '정보부의 언론간섭 중지'를 결의하는 사태가 빚어지기도

---

* 근거 없는 사실을 조작해 상대편을 중상모략하거나 그 내부를 교란시키기 위해 하는 흑색선전(黑色宣傳)을 의미한다. '마지막에 소의 정수리를 찔러 죽이는 투우사'를 뜻하는 스페인어에서 유래했다.

했다.

　박정희는 대전에서 첫 유세를 시작하면서 과잉 경호가 문제됐다. 연단과 청중석이 너무 떨어져 있어서 대통령에게 가까이 다가가려는 청중의 불평이 대단했다. 경호원들은 대통령의 안전을 보호하는 차원에서 청중과 일정한 거리를 두어야 한다고 주장했다. 그러나 이곳은 '표를 달라'는 선거유세 현장이었다. 대통령과 악수 한번 해보려고 다가서는 유권자를 경호원들이 팔꿈치로 슬쩍 치고 있으니 불평이 이만 저만이 아니었다.

박정희의 마지막 비장한 호소

여당 선거를 사실상 총괄한다고 볼 수 있는 중앙정보부는 큰 고민에 빠졌다. 총력을 기울여서 박정희를 당선시켜야 하는데, 각 지역에서 여론조사를 해보니 예상외로 심상치 않았기 때문이다. 선거에 대한 강력한 대비책을 강구해야 했다.

　중정 3국장은 4월에 접어들면서 서울 중부 여론이 박정희에게 불리하게 돌아가는 것을 느끼고 있었다. 영·호남 대결이 되면 결국 '캐스팅보트'가 될 서울 중부 민심이 '장기집권 부정부패'에 염증을 느껴서 김대중을 지지할 수 있다는 것을 파악한 것이다. 중정은 "박정희 대통령이 '마지막 출마'를 선언하기 전에는 승리를 장담할 수 없다"는 보고에 주목했다. 보고에 따르면 그 방법만이 박정희 대통령의 당선을 확신할 수 있다는 여론이 일선 공화당원 및 경찰관에 이르기까지 퍼져 있었다. 중정은 자칫 정권을 빼앗기는 것보다 마지막 출마를 선언하는 것이 승리할 수 있고, 승리하더라도 압승하는 것이 박정희의 통치기반을 위해 좋겠다는 결론을 내렸다(김충식, 2012).

중정은 "나는 이번이 마지막 선거로, 다음에는 선거에 나서지 않겠다. 후계자를 육성하겠다"라고 말하는 해결책을 제시했다. 한 번만 더 하고 그다음에는 절대로 하지 않겠다고 국민에게 밝히는 방법이었다. 문제는 이것을 확실히 공약해야 하는데, 박정희는 그럴 생각이 없었다는 것이다. 박정희는 처음부터 이승만처럼 장기집권을 구상하고 있었다. 중앙정보부는 여론수렴을 통해 확실하게 이 방법밖에 없다는 걸 알아냈지만, 그럼에도 박정희가 말을 안 들을 것 같아서 영향력 있는 사람들을 동원해 "이것 빼고는 없습니다"라는 식으로 박정희를 설득했다(서중석, 2008).

박정희의 4월 25일 장충단 유세는 김대중 때보다 청중을 많이 동원하기 위해 버스며 모든 교통수단을 동원하고 가마니를 깔아놓고 자리도 마련해놓았다. 지방에서도 청중을 동원해 장충단으로 불러 모았고, 김대중 때와 비슷하거나 그보다 약간 숫자가 더 많다고 언론이 보도하도록 조정했다.

장충단 유세에서 박정희는 이틀 후에 있을 대통령 선거를 위한 마지막 연설을 했다. 박정희는 "요즈음 우리나라 야당 사람들이 나에 대한 인신공격을 하는 가운데서 이런 소리를 하고 있는 것 같습니다. '박 대통령이 죽을 때까지 대통령을 해먹을 것이다' 이렇게 얘기합니다. 유권자 여러분! 오늘 이 자리에서 분명히 말씀드리거니와, 내가 이런 자리에 나와서 여러분에게 '나를 한 번 더 뽑아주시오' 하는 정치연설은 이것이 마지막이라는 것을 확실히 말씀드립니다"라고 연설했다(조갑제, 2009).

박정희의 장충단 발언은 시기가 적절했다. 김대중이 박정희의 마

투표하는 박정희 (출처: 국가기록원)　　　　대통령 선거에서 투표하는 김대중 후보
　　　　　　　　　　　　　　　　　　　　(출처: 국가기록원)

지막 선거 발언에 대해 공격해야 하는데, 즉 '박정희가 얼마나 말을 잘 바꾸는가, 신뢰할 수 없는 사람인가'를 선전해야 하는데, 선거가 이틀 밖에 남지 않았기 때문이다. 시간도 너무 없었고 이를 반박하기 위해 이용할 매체도 별로 없었다. 당시 KBS는 김대중의 선거연설을 무력하게 하고 박정희의 선거운동을 도와주고 있었다. 김대중이 KBS 연설을 할 때, KBS는 그 앞뒤 프로그램에서 6·25전쟁 모습을 보여줌과 동시에 지금 박정희 정부는 경제발전을 위해 황소같이 열심히 일하고 있다는 것을 홍보했다.

　　박정희는 선거 전날 MBC 저녁 방송에서 또 한 번 비장한 호소를 했다. "정말 마지막 선거입니다", "나에게 마지막이 될 이번 선거에서 다시 한번 신임해준다면 유능한 후계자를 육성하겠습니다"라고 간곡하게 호소했다. 이 호소가 남아 있는 마지막 부동표를 움직였다. 언론은 이날 박정희가 불출마 약속을 했다고 보도했지만, 박정희는 장충단 연설에서 그런 약속을 하지 않았다. 다만 "'나를 한 번 더 뽑아주시오'라는 호소가 마지막이라고 했을 뿐이다. 즉, 앞으로 표를 구걸하지 않는다는 뜻이지 대통령을 세 번만 하겠다고 못 박지 않았다는 뜻이다. 언론은 박정희의 깊은 뜻을 눈치 채지 못하고 이날 연설을 '4선 불출마 선언'이라고 보도했다(서중석, 2008).

박정희는 장충단 유세 후에 청와대로 돌아와 비서에게 다음과 같이 본인의 의도를 나타냈다.

"작은 회사라도 사장을 뽑을 때는 이런저런 점을 살펴보고 신중하게 하는데, 하물며 국가의 운명을 짊어지는 대통령을 뽑는데 그런 식으로 군중을 잔뜩 흥분시키고 감정을 돋워놓고, 그것이 식기도 전에 투표장으로 이끌고 가서 표를 던지게 한다면 엉뚱한 사람을 뽑지 않는다는 보장이 있는가 말이야. 이게 민주주의요? 가장 냉정하게 판단해야 할 대통령선거에서 가장 감정적으로 유권자를 만들어놓기 시합하는 것이 민주주의냐 이 말이야."

박정희는 듣고만 있는 비서들에게 말을 이어갔다.

"그때 장충동에서 내 연설 자세히 들었겠지?"

"예, '이게 마지막 유세'라고 하시는 말씀이 감명 깊었습니다."

"무슨 소리야? 내가 한 말은 '이제 다시는 여러분한테 표를 달라는 말을 하지 않겠습니다'였다고."

비서관은 '이 말은 언중유골(言中有骨: 말 속에 뼈가 있다)이구나' 하는 생각이 들었다. 박정희는 이때 갑자기 손바닥으로 탁자를 '탁' 치더니, "이제 그 따위 놈의 선거는 없어!"라고 말했다. 비서관은 섬뜩한 느낌이 들었다(조갑제, 2009).

선거 중반전에 들어와서는 영·호남 간의 지역감정 대립이 두드러지게 나타나면서 선거운동이 과열화되고 갖가지 흑색선전이 난무했다. 여야는 각기 상대방 지역에서 유세할 때 지방색을 없애자고 호소했으나 후보 출신 지역에서는 "우리 지역이 단합해서 몰표로 밀어주지 않으면 상대방의 몰표를 감당해낼 수 없다"고 지방색을 선동하는 사례가 많았다.

박정희는 광주와 전주 유세에서 "호남은 김대중 후보가 태어난 곳이지만 이번 선거에서는 전남대표가 아닌 국가대표를 뽑아야 할 것이다"라고 역설했다. 김대중은 대구 유세에서 "김대중이 대통령 자격은 있으나 전라도 출신이기 때문에 못 찍겠다면 그런 표는 안 받아도 좋다. 지난 1963년 선거에서 박 대통령은 전라도의 지지로 당선되었다"고 주장했다.

1964년부터 국회의장을 역임한 이효상의 발언은 지역감정 조장에 문제가 되었다. "영도자란 모름지기 군부의 지지를 받아야 한다", "경상도 대통령을 뽑지 않으면 우리 영남은 개밥에 도토리가 된다"고 노골적으로 지역감정을 부추겼다.

선거가 종반전에 접어들면서 여야의 접전은 더욱 열기를 뿜었으며, 신민당에 대한 국민의 지지가 예상외로 높아지자 공화당은 당황하기 시작했다. 그리하여 정부와 공화당은 관권과 금권을 동원한 부정선거를 더욱 강화했으며, 특히 영남지역에서는 지역감정을 유발하는 온갖 수법을 동원했다.

공화당 의원들이 경상도로 내려가서 "신라 천 년 만에 다시 나타난 박정희 후보를 도와 경상도 정권을 세우자!"라고 자극하기 시작했다. 이때 공화당 인사들이 어떤 말을 했는지 구체적으로 되짚어보면 다음과 같다.

"박 대통령은 경상도 대통령 아이가. 문둥이가 문둥이 안 찍으면 어쩔 끼고. 경상도 사람 쳐놓고 박 후보 안 찍는 사람은 미친 사람이다. 1,000만 명에 가까운 경상도가 주동되고 단결만 하면 선거에 조금도 질 염려가 없다. 경상도에서는 쌀밥에 뉘 섞이듯 야당 표가 섞여 나오면 곤란하니 여당 표 일색으로 통일하자. 우리 지역이 단합해 몰표를 밀어주지 않으면 저편에서 쏟아져 나올 상대방 몰표를 당해낼 수 없다."(이동형, 2011)

그러나 이 정도로는 효과가 크지 않자 더 강도 높은 방법을 들고 나왔다. 경상도 전 지역에 "전라도 사람들이여 단결하라!", "경상도가 가지고 있는 정권, 전라도가 뺏어오자!"라는 플래카드와 전단 등을 대대적으로 살포했다. 전단지 밑에는 호남향우회, 김대중 선생 후원회 등의 글들이 적혀 있었다. 중앙정보부가 조작하여 제작하고 배포한 것이다.

사람들은 실제로 전라도 사람들이 전단지에 적힌 내용대로 생각하고 행동한다고 믿었고, 이는 경상도인이 단결해 경상도 정권을 지켜내야 한다는 웃지 못할 논리로 바뀌었다. 중앙정보부는 여기서 한 발 더 나아갔다. 김대중이 정권을 잡으면 경상도 전역에 피의 보복이 있을 거라는 말을 서슴없이 하고 다녔으며, 경상도 지역의 공무원들에게는 "김대중이 만약 정권을 잡으면 모조리 모가지가 날아갈 것"이라고 했다. 또한 영남지역 야당 인사들에게는 "이 선거는 경상도와 전라도의 싸움인데, 당신은 왜 전라도놈 앞잡이 노릇을 하고 다니느냐?"며 구타와 협박을 일삼았다.

박정희의 당선과 김대중의 선전

박정희는 1971년 실시된 대통령 선거에서 김대중을 94만 표로 누르고 당선되었다. 하지만 서울, 부산 등 대도시에서 박정희의 득표율은 크게 하락했다. 1967년 대통령 선거 때는 서울에서 45.2% 득표했지만, 1971년에는 득표율이 40.0%로 떨어졌다. 부산에서는 64.2%에서 55.7%로 하락폭이 더 컸다. 상대적으로 소득과 교육수준이 높은 계층이 박정희의 3선 연임에 대해 거부반응을 보인 것이다. 또한 여촌야도의 투표성향이 엷어지면서 지역연고의 투표성향이 짙어지는 경향을 보였다.

선거는 김대중이 패했지만 김대중의 투지와 국민의 호응은 그를 박정희의 대안, 즉 '포스트 박'으로 인식하게 만들었다. 이는 마음속으로 장기집권을 구상하고 있는 박정희와 공화당 정부를 크게 당황하게 만들기에 충분했다. 따라서 다음에는 야당을 상대로 한 직선제 선거에서 박정희와 공화당 정부가 이기기 어려울 것이라는 결론이었다. 새로운 정치구상을 하든지 아니면 야당에게 정권을 내주든지 둘 중 하나를 선택하는 결단을 내릴 수밖에 없었다. 결국 박정희는 이러한 양자택일 중 1972년 '유신체제'라는 새로운 정치구조를 만들어내게 되었다(한국정치연구회, 1998).

1971년 선거에서 김대중이 선전한 이유는 첫째, 1970년을 전후해 권위주의 체제에 대한 사회적 비판이 있었고 산업화와 경제성장 과정에서 소외된 사회집단들의 저항이 본격적으로 시작되었기 때문이다. 1969년 3선 개헌에 대해 재야세력으로 불리는 비판적 사회세력이 등장했고, 학생운동이 반독재의 슬로건을 내걸고 사회의 전면에 나선 것도 이 시기였다. 또한 '전태일 분신사건'*, '경기도 광주대단지 사건'** 등 산업화가 만들어낸 하층계급의 저항이 등장하기 시작한 시기도 이때부터였다.

둘째, 김대중 후보가 권위주의 체제를 떠받들던 기득권 세력의 제도와 기구, 그리고 불균등한 분배구조를 정면으로 공격하고 나섰다는 점이다. 당시 김대중은 중앙정보부의 수사기능을 축소시키고 법무부로 이관함으로써 국회의 심의대상으로 만들겠다고 공약했다. 또한 1968년 창설된 향토예비군제를 폐지하겠다고 주장하고 나섰다. 적대적 남북관계를 개선하기 위한 '4개국 보장안'을 제시했고, '대중경제'라는 새로운 경제운영원리를 주장하기도 했다.

이처럼 박정희 정권에 대한 사회적 비판이 확대되는 상황에서 야당의 대통령 후보로 나선 김대중이 박정희 정권의 권위주의적 근간을 공격하고 나서자 그의 대중적 영향력은 폭발적인 양상으로 나타났다. 김대중의 장충단공원 유세에서 수많은 청중이 모인 것은 박정희 정권

---

* 1970년 11월 13일 서울 평화시장 노동자 전태일이 근로기준법 준수를 요구하며 분신 항거, 자살한 사건이다. 전태일은 1965년부터 서울 평화시장에서 재단사 등으로 일하면서 노동자의 열악한 노동조건과 인권 침해를 체험했다. 1970년 11월 13일 평화시장에서 전태일을 비롯한 노동자들이 피켓시위를 벌이려다가 경찰에 의해 강제해산 당하게 되자 전태일은 휘발유로 자신의 몸을 적시고 불을 붙여 분신 항거했다. 그는 "근로기준법을 준수하라", "우리는 기계가 아니다", "일요일은 쉬게 하라" 등의 구호를 외치며 쓰러졌다. 이 사건이 알려지자 언론은 노동문제를 특집 기사로 다뤘고, 종교계, 대학생을 비롯한 시민사회의 추모집회, 철야 농성이 이어졌다. 전태일의 분신 항거 자살을 계기로 평화시장에 전국연합노조 청계피복지부가 결성될 수 있었으며, 1970년대 민주노조운동의 발전에 큰 영향을 주었다.

** 1971년 8월 10일 광주대단지 주민 5만여 명이 정부의 무계획적인 도시정책과 졸속행정에 반발하여 일으킨 사건이다. 서울시는 1968년부터 서울시내 무허가 판잣집 정리사업의 일환으로 경기도 광주군에 위성도시로서 광주대단지(지금의 성남시)를 조성, 철거민을 집단 이주시킬 계획을 세웠다. 이주민의 생업대책도 마련하지 않은 채 자급자족도시로 키우겠다는 정부의 계획에 격분한 주민은 경찰과 격렬한 충돌을 벌이면서 출장소와 관용차·경찰차를 불태우고 파출소를 파괴하는 등 6시간 동안 사실상 광주대단지 전역을 장악했다. 광주대단지 사건은 해방 이후 최초의 대규모 도시빈민투쟁이었다.

뿐만 아니라 야당 스스로도 놀랐을 정도였다.

　김대중은 3선 개헌에 대한 비판과 박정희 정권의 경제 정책에 대한 평가를 놓고 박정희와 공방전을 펼쳤다. 김대중은 박정희 후보가 영구 집권을 위한 발판으로 3선 개헌을 강행했으며, 대만의 총통제 같은 독재정권을 만들려 한다고 비난했다. 이에 맞서 박정희는 이번이 마지막이라며 지지를 호소했다. 경제 정책에 대한 논쟁에서 김대중은 대재벌 위주의 정책을 비판하고 '대중경제론'이라고 부른 분배를 강조하는 경제 정책을 주장했다. 한편 박정희는 중단 없는 전진을 내세웠다. 두 후보 간의 선거전은 1967년 박정희와 윤보선 후보 사이의 선거전과 달리 긴장감이 감돌았고 유권자의 관심도 매우 높은 편이었다.

5

박정희의 승리 요인

금권선거

1987년 겨울 노태우, 김영삼, 김대중, 김종필이 출마해 대통령 선거전이 한창일 때 김종필 공화당 후보는 기자들에게 "도대체 민정당이 이나라를 거덜내도 좋다는 말인가? 이렇게 돈을 쏟아붓고 나중에 민생경제를 어찌 수습하겠다는 건지 도무지 무책임한 사람들이야. 선거는 선거고 나라는 나라 아닌가. …… 야당은 군중을 떼로 몰고 다니고 집권당은 돈을 봇물처럼 터뜨리는 이런 짓(대통령 직선제)은 그만 해야 돼. 1971년 선거에서도 박정희 대통령 당선을 위해 무려 600억 원이나 썼다는 걸 나중에 확인했어. 그 이후 16년 만의 선거가 이 지경이니. ……"라고 회고했다.

김종필 후보는 "1971년 선거전에서 나는 고문 타이틀을 달고 유세만 불려 다니면서 돈 쓰임새도 잘 몰랐더니 그렇게 많이 썼다더라. 박 대통령도 1971년 대선 개표 결과를 놓고 '우리가 쓴 돈이 얼마인데

내 표가 이것뿐이냐?'고 하더라"고 말했다.

중정 출신의 강창성은 기자에게 1971년 대선자금이 모두 '700억 원'이었다고 밝혔다. 김종필의 증언보다 100억 원이나 많은 액수였다. 강창성은 당시 선거전을 전후해 자금살포계획을 세우고 득표점검 결과분석을 하는 과정에서 집계한 액수가 700억 원이었다고 회고했다. 당시의 경제규모로 보아 선거자금 600억 원 혹은 700억 원은 어마어마한 액수였다.

1971년 국가예산이 5,242억여 원이었는데, 공화당 정권이 예산의 1할이 넘는 액수를 쏟아부은 선거가 1971년 박정희-김대중 대결이었다. 바로 그해 공화당의 명목상 재산이 2억 8,000만 원, 신민당이 4,000만 원, 전경련의 선관위 정치자금 기탁금이 모두 3,000만 원(공화 1,600만 원, 신민 1,400만 원으로 나누었다)뿐인 점을 살펴보면 실로 엄청난 자금살포였다.

연탄 1장 20원, 커피 50원, 정부미 80kg이 7,000원, 입석버스요금 15원이던 시절에 600억 원을 썼다는 건 커다란 문제였다. 하지만 권력 장악을 위한 전쟁에서 질 수 없다는 박정희 정권에게는 무제한 자금살포는 예상된 일이었다. 당시 박정희 정권은 얼마나 돈을 쓰건 간에 정권을 빼앗기지 않으려고 안간힘을 썼기 때문이다(김충식, 2012).

중앙정보부의 활약

1971년 대통령선거는 김대중과 중앙정보부의 대결이었다. 겉으로는 집권 공화당과 야당 신민당의 정권경쟁이었지만, 실제로는 줄곧 김대중과 중정의 싸움으로 전개됐다. 1970년 9월 29일 신민당 전당대회에서 김대중은 후보 수락 연설에서부터 중정을 겨냥해 포문을 열었다.

"오늘 우리는 신민당의 발전과 성공을 시기하는 '정보정치'의 마수로부터 승리를 거둔 것입니다."

김대중은 서울 효창운동장에서 대통령 후보로 첫선을 보이는 연설에서 본격적으로 중정을 공격했다.

"중앙정보부는 언론을 간섭하고, 공화당 의원들도 3선 개헌을 반대했다 해서 지하실에 끌고 가 발길로 차고 몽둥이로 두들기고. …… 잡으라는 공산당은 잡지 않고 야당 잡는 데만 열중하고 있다. 중정은 북경이나 평양 같은 데서는 큰소리치지 못하고 서울 신민당사 앞에서나 큰소리친다. 정치 · 경제 · 문화 모든 걸 지배하고 은행융자, 외국차관 도입까지. 심지어 배우협회장 뽑는 것까지. …… 남자를 여자로 바꾸는 일 빼고 다 하고 있다."(김충식, 2012)

이어 김대중은 "정권을 잡는다면 중정의 수사기능을 분리하여 소속을 법무부로 환원하고, 부장을 국무의원으로 만들어 국회에서 그 비리를 따지고 불신임할 수 있게 하겠다"고 공약했다.

박정희 정부의 박해에도 김대중의 인기는 대단해서 박빙의 승부가 예상되었다. 특히 지식인 계층의 지지가 큰 역할을 했다. 민주수호국민협의회 등 반정부 재야지식인 연합체가 만들어져 재야 민주세력의 구심점이 되었다. 민주수호국민협의회는 공명선거 감시 등을 주요 역할로 내걸었다. 재야지식인 그룹이 김대중을 박정희를 대체할 인물로 인정한 것이다. 대선에서 김대중을 도왔던 재야지식인 중 민족경제론의 창시자인 진보주의 경제학자 박현채는 김대중이 유세장에서 돌풍을 일으킨 대중경제론을 만든 사람이었다(박호재, 2009).

장충단공원의 인파를 목격한 그 누구도 김대중의 당선을 의심하지 않았다. 더구나 이날 유세에 사람이 몰리는 것을 우려한 정부 여당이 예비군 비상소집, 극장 무료 개방 등 청중을 분산시키려고 별의별 수단을 다 동원해 방해공작을 폈다. 그런데도 대단한 인파가 모이자 신민당은 마치 집권당이 되기라도 한 양 들뜰 수밖에 없었다.

1971년 4·27 대통령 선거가 끝나자 박정희는 "하마터면 정권을 도둑맞을 뻔했다"고 말했다.

뜻밖에 김대중과의 싸움이 만만찮게 전개되었고, 득표수도 채 100만 표 차이가 나지 않았기 때문이다. 94만 표 차이로 김대중을 이긴 것이 확인된 뒤 박정희는 "김대중이가 뭔데, 내가 무슨 역적질을 했나. …… 돈을 또 얼마나 썼는데, 표차가 이것밖에 안 돼. 말 잘하는 김대중한테 당할 뻔했잖아. 이런 식의 선거제도라면 안 되겠어"라고 불만을 터뜨렸다. 김대중도 "이번 선거는 소리 없는 '암살선거'였다. 중앙정보부와 온갖 관권, 금력이 총동원되어 야당후보인 나를 때려잡은 폭거였다. 나는 국민의 지지를 도둑맞은 것이 분명하다"라고 억울함을 호소했다(김충식, 2012).

대통령 선거는 김계원에서 이후락 정보부장으로 이어지는 남산 선거사령부의 승리였다. 반년 동안의 정권수호공작은 마침내 성공을 거두었다. 김대중의 조직참모 엄창록 격리,[*] 향토예비군 폐지를 둘러

---

[*] 엄창록은 1961년 강원도 인제 보궐선거에서 김대중을 처음 만나 선거참모로 큰 역할을 했다. 중앙정보부가 엄창록의 신출귀몰한 전략전술을 분석해 박정희 대통령에게 따로 보고했을 정도였다. 김대중은 1971년 1월 엄창록을 자신의 선거보좌역에 임명했다. 그러나 그해 1월 김대중 집에서 폭발물이 터지고 중앙정보부는 이 사건을 김대중 측의 자작극으로 몰고 가면서 그 배후세력으로 엄창록을 조사했다. 엄창록은 자신뿐만 아니라 부인과 가정부까지 중앙정보부에 불려가 오랜 시간 조사를 받았다. 중앙정보부는 이때 엄창록을 본격적으로 회유했다. 이후 엄창록은 대통령선거를 열흘 앞두고 김대중 측 참모회의에 참석하지 않고 종적을 감추었다. 1987년 대통령선거에서 노태우 후보는 엄창록에게 사람을 보냈다. 승리전략을 배우러 보냈는데, 당시 엄창록의 답변은 "김대중, 김영삼이 다 나오겠다니 끝난 얘기 아니오. 내게 (전략을) 물을 게 뭐가 있소. 당신네의 당선이 확실한 것 아니오"라고 했다.

싼 안보논쟁 유도. 박정희 후보 유세장의 청중 동원, 이후락 주재 고위 선거대책회의 운영을 통한 행정조직 선거 이용, 박정희 후보 '마지막 출마' 선언, 그리고 신민당 지도부 이간공작 등 핵심전략은 모두 중정 작품이었고 대부분 적중했다.

지역감정 조장

1971년 대통령선거는 공화당 정권의 조직적인 관권선거와 부정으로 신민당이 패배할 수밖에 없었다. 투표결과 신민당 대통령 후보 김대중은 539만 5,900표를 얻었으나 634만 2,828표를 차지한 공화당 후보 박정희에게 94만 6,928표 차로 패배했다. 대선 득표결과는 지방색을 처참하게 드러내고 있었다. 박정희는 김대중보다 경북에서 92만 표(박정희 133만 표, 김대중 41만 표), 경남에서 58만 표(박정희 89만 표, 김대중 31만 표)씩 이겼다. 이 150만 표 차이의 영남지역 승리는 전체 승리득표 95만 표보다 55만 표나 많았다. 김대중은 박정희를 전북에서 23만 표(박정희 30만 표, 김대중 53만 표), 전남에서 40만 표(박정희 47만 표, 김대중 87만 표), 그리고 서울에서 39만 표(박정희 80만 표, 김대중 119만 표)를 이겼다. 이는 어느 정도 예고된 결과였다.

　　김대중은 서울 · 경기 · 전북 · 전남에서 박정희를 앞섰지만, 부산 · 강원 · 충북 · 경북 · 경남 · 제주에서는 뒤졌다. 특히 영남지역에서 약 7 대 3이라는 표 차이가 난 것이 주요 패인이었다. 서울에서는 김대중이 6 대 4로 39만여 표나 더 많았다. 영남의 지지율은 1967년 선거 때보다 더 높았고, 투표율도 영남이 호남보다 더 높았다. 자금,

행정력, 조직에 지역 몰표가 당선을 결정한 것이다.

　1971년 선거에서 박정희 후보 진영의 선거 전략은 매우 단순했다. 그것은 영남지역의 선거유세에서 박정희 후보 측의 주장인 "똘똘 뭉치자. 그러면 154만 표 이긴다"로 요약되었다. 다시 말해 영호남을 제외한 지역에서 여야 후보가 50%씩을 득표한다 해도 영ㆍ호남 유권자 수의 격차만큼 박정희 후보가 승리한다는 것이다. 결과적으로 보면 영남의 지지에 대한 박정희 정권의 집착은 매우 현실적인 계산에 근거한 것이었다. 왜냐하면 박정희 후보가 94만여 표 차로 승리한 선거 결과는 영ㆍ호남지역에서 야당 후보에 비해 그가 더 얻은 96만여 표 덕분이었기 때문이다.

　김대중의 도전은 박정희에게 위협적이었고, 박정희는 위기감을 느꼈다. 여당이 사용한 대선자금이 당시 국가예산(약 5,200억 원)의 10%를 넘는 600억 원에 이르렀다는 것도 박정희가 위기감을 느낀 사례이지만, 선거유세 종반에 박정희가 "이번이 마지막"이라고 호소한 것은 그의 위기감이 절정에 달했다는 것을 보여주었다. 이러한 위기감은 "야당 후보가 이번 선거를 백제ㆍ신라의 싸움이라고 해서 전라도 사람들이 똘똘 뭉쳤으니, 우리도 똘똘 뭉치자"는 주장이나, "호남인이여 단결하라"라는 내용의 전단이 영남지역에 뿌려진 것과 같이 과거에는 볼 수 없었던 지역감정을 조장하는 선거운동을 하게 된 원인이 되었다. '똘똘 뭉친 호남'이라는 고정관념을 만들어서 반사적으로 영남지역의 반호남주의를 결집시키고자 했다. 박정희는 영남지역의 대량 득표가 없었다면 당선될 수 없었다. 이는 박정희가 지역감정을 자극하는 선거운동을 전개한 결과였고, 그것이 박정희의 당선과 직결되었다(한국정치연구회, 1998).

　신민당은 대선이 끝나고, "쌀에 뉘가 섞이면 안 되듯이 경상도 후보 이외의 표가 경상도의 표 속에 섞이면 안 된다"는 이효상의 발언과 "경상도 사람이 경상도 후보 안 찍으면 미친놈"이라는 이만섭의 발언을 문제 삼았으며, 이 발언은 지금도 가끔 지역주의의 대표적 발언으로 불리고 있다(김욱, 2005).

김대중은 선거 이후 200만 표 이상의 부정이 있었다며 투표결과에 승복하지 않았다. 실제로 얼마나 많은 선거부정이 있었는지를 확인할 수는 없지만, 분명한 것은 박정희가 향후 국민의 선택으로 다시 집권하는 것은 어렵다는 사실이었다.

이러한 사실은 박정희가 확고한 장기집권체제인 유신체제를 도입하는 중요한 이유가 되었다. 선거를 통한 장기집권은 어렵다고 판단한 것이다. 1971년 대선은 표면적으로 박정희의 무난한 승리로 보였지만, 3선 연임에 따른 후유증이 컸고 부정선거에 대한 시비도 계속되었다.

신민당은 선거결과에 대해 4·27 대통령선거를 전면적인 불법부정선거로 단정했다. 그러면서 박정희 정권이 야당 성향을 가진 유권자의 투표권을 박탈하고, 여당 열성분자의 2중·3중 투표를 실시하고, 릴레이 및 무더기투표를 자행하고, 폭행을 일삼는 등 다양한 부정선거로 100만 표의 조작이 가능했다고 비난했다. 따라서 신민당은 4·27 선거를 관권과 금력에 의한 부정선거인 동시에 헌정파괴행위로 단정하고 부정선거의 책임자인 내무장관 박경원의 즉각 파면을 요구했다. 그리고 여야 및 각계 대표로 공명선거공동추진위원회를 구성할 것을 공화당에 제의했으나 거부되었다.

박정희는 자신을 압승시켜주지 않은 국민에게 매우 섭섭해했다. 박정희는 "김대중과 비교해서 국민이 나를 대접하는 게 겨우 이 정도인가. 민주주의가 역시 약점이 있어. 우리나라 같은 경우 선거바람이 잘못 불면 엉뚱한 사람이 당선될 가능성이 얼마든지 있어. 그랬을 때 과연 이 나라가 일관성 있게 자유민주주의 체제를 유지할지 의심스러워. 그래서 내가 심각하게 걱정해", "우리가 돈을 얼마나 썼나. 행정력은 얼마나 구사했나. 절대다수의 의석을 차지하는 공화당이 각 지구당에 돈을 얼마나 내려 보냈나 말이야. 그래도 요것밖에 차이가 안 나?", "그래서 요담에 내가 그만두기 전에 그런 면에서 취약점을 확실히 보완할 수 있는 체제를 정비해놓는 게 내가 마지막에 해야 할 일이 아닌가 하는 생각이 요새 들어"라고 섭섭한 감정을 토로했다.

비록 선거에는 이겼지만 박정희로서는 두 번 다시 겪기 싫은 대선 체험을 한 셈이다. 선거는 자신의 승리로 끝났지만 승자인 박정희 스스로도 '개운한 승리가 아니다'라는 느낌을 가졌다. 이 때문에 박정희는 직접선거 방식을 아예 없애버리는 유신체제를 만들게 됐다.

한편 김대중은 '졌지만 이긴 선거'라는 인식이 있었다. 전국적으로 정부 여당에 의해 불법·부정·관권선거가 자행됐다는 후폭풍이 심각했다. 더구나 민심의 향방을 측정하는 대도시, 특히 서울에서 박정희를 압도적 표차로 따돌렸다. 사람들은 정치신인이나 다름없는 2선 국회의원 출신의 야당 후보 김대중이 박정희라는 막강한 상대와 박빙의 승부를 벌였다는 것 자체를 경이롭게 받아들였다. 비록 선거에서는 졌지만 그만한 전국적 명성을 얻은 것만으로도 이긴 선거나 다름없었다.

김대중 자신은 공식 기록 속에서 4·27선거의 패인을 부정선거, 지방색 조장, 선거 방해공작, 용공조작 모함 등으로 밝혔다. 영남을 제외한 전 선거구에서 골고루 득표했다는 구체적인 증거들이 있기에 억지 주장만은 아니라고 볼 수 있다. 특히 부정선거 시비는 선거 후 정부 여당이 비난여론 후유증에 시달릴 정도로 심각했으며, 외국의 언론들조차 화제로 삼았다.

대통령 선거 다음날인 28일, 박정희 대통령은 온양 현충사에서 기념식수를 마치고 온양 관광호텔에서 김종필 총리에게 불쑥 "내가 골똘히 생각해봤는데, 이거 안 되겠어"라고 말을 꺼냈다. 김 총리가 "뭐가 안 되겠습니까?" 하자, 박 대통령은 "나는 빈곤을 추방하려고 열심히 일했어. 수출도 100억 달러가 넘는 나라가 됐고, 이 사람(김대중)을 놓고 국민이 나를 대접하는 것이 바로 이것뿐이야? 민주주의란 것이 선거를 통해 국민의 주권을 행사하는 것이지만, 여기에도 약점이 있어. 우리나라 같은 경우, 선거바람이 잘못 불면 엉뚱한 사람이 당선될 가능성을 배제할 수 없어. 그래서 내가 심히 걱정돼. 그만두기 전에 그런 면에서 취약점을 확실히 보완할 수 있는 체제를 정비해놓는 게 내가 마지막에 해야 할 일이 아닌가 하는 생각이 요즘 들어"라고 말했다고 김종필이 회고한 바 있다(조갑제, 2004). 유신체제의 도입을 암시하는 발언이었다.

6

그 이후

박정희는 3선에 성공하여 대통령직을 수행하게 된다. 그러나 1972년 박정희는 10월 유신을 단행해 제3공화국 헌법을 폐기하고, 긴급조치권, 국회의원 정수 1/3에 대한 실질적 임명권, 간선제 등 막강한 권한을 대통령에게 부여하는 6년 연임제의 제4공화국 헌법을 통과시켰다. 긴급조치 1~9호를 발동하여 개헌 논의 일체를 금지하고, 정치활동, 언론 및 표현의 자유에 제한을 가했다.

1973년 이후부터는 중화학공업 육성을 위해 혼신의 노력을 기울였으며, 농촌의 근대화를 위해 1973년부터 새마을운동을 전 국민적 운동으로 확산했다. 1974년 8월 15일 국립중앙극장에 참석하여 광복절 기념사를 하던 도중 재일교포 출신인 문세광이 저격하여 귀빈석에 앉아 있던 영부인 육영수가 문세광이 쏜 권총 두 발에 맞아 사망했다.

육영수를 피격으로 잃은 직후 박정희는 인의 장막을 쳐놓고 소수의 인사들과만 접촉했으며, 국정운영도 소수의 의견만 듣고 독단적으로 결정했다. 1978년에는 통일주체국민회의를 통한 간접선거로 제9대

박정희와 가족들의 신년 기념촬영 (출처: 대통령기록관)

대통령 선거에 당선되어 5선에 성공했다. 1979년 8월 9일, YH* 무역
회사의 여공들이 신민당사를 점거·농성하는 사건이 발생했다. 경찰
은 강제로 신민당사에 들어가 여공들을 진압했고, 이 과정에서 노동자
김경숙이 추락해 사망하고, 이에 항의하던 신민당 당수 김영삼은 가택
연금을 당했다. 김영삼은 박정희 정권의 탄압을 강도 높게 비판했고,
박정희는 김영삼을 제거하려 했으며, 결국 김영삼의 의원직을 제명하
는 사태로 이어졌다. 김영삼 의원의 제명은 부마 민주화운동의 원인이
되었다(김병문, 2012).

---

*   YH사건은 임금을 지급하지 않고 회사가 부도처리되어 임금을 받을 수 없었던 여공들이 이
에 대한 항의로 당시 야당인 신민당사에 들어와 체불임금을 지급하라고 요구하면서 시위를
벌이게 된다. 부도를 낸 회사 사장은 임금을 떼어먹은 채 재산을 미국으로 빼돌렸다. 신민당
은 이들 여공을 보호하려 했으나 정부가 강제적 해산을 결정하고 경찰들이 신민당사에 난입
하여 여공들을 모두 체포해 간다. 이 과정에서 경찰에게 쫓기던 김경숙이라는 여공이 건물
에서 떨어져 죽게 된다.

10월 16일부터 부산에서 시작된 부산·마산 민주화운동은 박정희의 독재와 부정부패에 항거해 대학생과 시민이 참여해 일으킨 민주화운동이었다. 부마 민주화운동은 마산, 창원 등으로 확산했고, 박정희는 부산 일대에 계엄령을 선포하면서 공수부대를 투입하여 진압했다. 박정희는 1979년 10월 26일 오후 7시경 궁정동 안가에서 경호실장 차지철, 비서실장 김계원, 중앙정보부장 김재규와 함께 연회를 하던 도중 김재규의 총에 저격당하여 김계원 비서실장에 의해 국군서울지구병원으로 후송되었으나 63세의 나이로 사망했다. 김재규는 재판과정에서 "유신 개헌으로 민주주의가 무너졌다. 유신체제는 민주주의를 위한 것이 아니라 박정희 개인의 영달을 위한 것이다. 나는 자유민주주의를 회복하고 국민의 희생을 막기 위해 박정희를 저격했다"고 진술했다.

1971년 대통령 선거에서 패배한 김대중은 1972년 10월 11일 일본 정계 순방을 위해 도쿄에 체류하던 중 10월 유신이 선포되었다. 유신 선포 직후 김대중은 일본의 여러 정치인과 회견을 갖고 일본 언론을 통해 비상계엄령과 유신 체제를 비판했으며, 반유신 투쟁을 벌였다. 반유신 투쟁을 막기 위해 중앙정보부는 김대중을 납치하는 사건을 벌이게 된다.

김대중은 중앙정보부에 의해 일본 도쿄 호텔에서 습격당했고, 감금되었다가 납치되었다. 이후 129시간 만에야 서울 자택 부근에서 풀려났다. 이 사건은 한국 공권력의 일본국에 대한 주권침해라는 한·일 양국 간의 외교문제로 비화되었다. 도쿄에서 납치된 후 동교동 자택에 귀환하자마자 가택연금과 동시에 일체의 정치활동을 금지당했다.

1976년 3월 1일에는 윤보선, 정일형, 함석헌, 문익환 등 재야 민주지도자들과 함께 '명동 3·1 민주 구국선언'을 주도하여 긴급조치

10 · 26 박정희 대통령 시해현장에서 시해 당시를 재연하는 김재규 (출처: 국가기록원)

9호 위반으로 구속되면서 징역 5년, 자격정지 5년형을 확정(긴급조치 9호
위반) 받은 후 옥고를 치렀다. 10 · 26사건으로 박정희가 김재규에게
암살당한 후 긴급조치 9호가 해제되었고, 1979년 12월 8일 가택연금
에서 해제되었다. 그 뒤 재야인사들과 함께 신민당 재입당 문제로 김
영삼과 갈등을 빚게 되자 사실상 신민당 입당을 포기했다.

　　1980년, 12 · 12 군사반란으로 실권을 장악한 신군부는 1980년
5월 17일 비상계엄을 전국으로 확대하면서 김대중을 포함한 재야인
사 20여 명을 사회혼란 및 학생, 노조 배후조종 혐의로 전격 연행했다.
김대중은 신군부가 조작한 내란음모사건으로 군사재판에서 사형을
선고받았다.

　　전두환은 김대중의 형을 감형해주는 대신 자신을 레이건의 취임
식에 초청해달라는 제안을 하고, 이를 미국이 받아들여 김대중을 감형
했다. 이후 김대중은 미국으로 보내지게 되었고, 구속된 지 2년 7개월

만인 1982년 12월 미국 망명길에 올랐다.

이후 김영삼이 국내에서 민주화운동을 시작하자 김대중도 귀국했다. 1985년에는 김영삼과 함께 민주화추진협의회 공동의장에 취임했다. 1986년 11월 5일 조건부 대선 불출마 선언을 했으며, 1987년 6 · 29선언 이후 사면복권 되었다. 1987년 12월 대선을 앞두고 김영삼과 후보 단일화에 실패하고 각자 대통령 후보로 나오게 되었다. 대통령 선거에 출마했지만, 노태우와 김영삼에게 지면서 낙선했다.

제3장 김영삼과 김대중

VS

김영삼은 누구인가?

김영삼은 1927년 12월 20일 경남 남해 바닷가의 작은 어촌인 거제군 장목면 외포리에서 아버지 김홍조와 어머니 박부연 사이에서 1남 5녀 중 외아들로 태어났다. 어렸을 때부터 김영삼은 멸치어장을 하는 부모 밑에서 부유한 삶을 영위했다.

김영삼의 할아버지는 거제도에서 최초로 멸치어장을 개척한 사람이었다. 재래식 어업으로 가난을 천직으로 삼았던 어촌사람들과는 달리 멸치어업의 새로운 방법을 도입하여 성공함으로써 자신의 가족뿐 아니라 일대의 수많은 주민에게도 생계의 터전을 제공한 인물이었다. "낙후된 섬에서 살지언정 생각만은 낙후되어서는 안 된다"는 할아버지의 신념에 이끌려 김영삼은 초등학교에 입학하기 두 해 전부터 서당에 나가 한학을 배웠다.

김영삼의 할아버지는 한학이 소년의 인격 형성과 모든 학문의 바탕이 된다는 사실과 함께 신식학문의 중요성 또한 누구보다 먼저 깨달은 사람이었다. 그 때문에 김영삼은 당시에는 열 살이나 되어야 소학교에 들어가던 관례를 깨고 겨우 일곱 살에 외포초등학교에 입학하게 되었다. 학교가 있는 장목은 외포리에서 20리나 떨어진 곳이었으므로 일찍부터 부모와 떨어져 지냈다.

1942년 외포초등학교를 졸업한 김영삼은 부산 동래중학교에 입학시험을 치렀으나 낙방하자 단념하지 않고 할아버지의 권유로 통영중학교에 진학했다. 해방 이후 김영삼은 부산에 있는 경남고등학교를 졸업하고 1948년 9월 서울대학교 문리대 철학과에 입학했다.

김영삼은 대학 2학년 때 정부수립기념 웅변대회에 출전하면서 정치와의 인연을 맺었다. 당시 외무부 장관이었던 장택상으로부터 외무부 장관상을 받았는데, 이것이 인연이 되어 뒤에 국회부의장이 된 장택상의 비서로 발탁되었다. 김영삼은 장택상의 조직과 재정을 맡으면서 본격적인 정치수업을 하게 되었다.

김영삼은 한국전쟁이 끝난 이듬해인 1954년 실시된 제3대 국회의원 선거에 출마, 거제도에서 당선되었다. 그때 나이 25세로 당시 사상 최연소 국회의원이었다. 중학교 시절 부산의 하숙방에 '미래의 대통령 김영삼'이라고 붓글씨로 써 붙여놓고 공부했던 정치의 꿈이 이때부터 구체화되기 시작했다.

김영삼은 이승만 대통령의 3선 개헌에 반대하고 자유당을 탈당했다. 당시 자유당 2인자였던 이기붕이 김영삼의 집을 수차례 찾아가 개헌 지지를 당부했으나 단호히 거절했다. 자유당을 탈당한 후에 사사오입 개헌 파동으로 시작된 범야당 대열에 참가함으로써 향후 길고 먼 야당의 길로 들어서게 되었다. 1955년 민주당이 창당되자 민주당에 입당해 민주당 구파계열에 합류해 조병옥, 유진산으로부터 정치를 배우게 되었다.

김영삼의 어머니는 1960년 거제도에 침입한 무장간첩에 의해 살해되었다. 모친이 무장간첩에 의해 희생된 사실은 김영삼이 우익보수 정치가로 자리 잡는 데 크게 영향을 미치게 되었다. 이는 김영삼이 후에 대통령이 되어서도 통일에 대한 방법에서 보수적인 색채를 띠게 된 원인이었다.

1961년 5·16 군사 쿠데타 이후에는 야당인 민정당(후에 신민당)의 대변인을 하면서 박정희 정권과 본격적으로 대립하게 되었다. 군정 측은 김영삼에게 쿠데타 지지 선언을 요구했고 공화당 창당 참여를 회유했으나 김영삼은 이를 거절했다. 1965년에는 야당인 민중당의 최연소 원내총무로 선출되었고, 1969년에는 박정희의 3선 개헌에 반대하면서 대중적 지지를 확보해갔다. 3선 개헌을 반대하는 과정에서 중앙정보부에 의해 초산테러를 당하기도 했으나 자동차 문을 안에서 잠가놓아 무사히 살아날 수 있었다.

3선 개헌이 통과되고 나자 1969년 11월 김영삼은 1971년 대통령 후보 지명전에 출마할 것을 선언했다. 이른바 '40대 기수론'을 주장했다. 당시 김영삼의 40대 기수론은 국민에게 신선한 충격을 주었다. 그러나 40대 기수론에 대한 당내 저항은 만만치 않았다. 유진오 당수도 반대하고 당의 실권자였던 유진산의 반대도 의외로 강했다. 당의 원로와 중진들은 보수질서에 대한 정면 도전으로 받아들이면서 냉소적인 반응을 보였다. 김영삼의 과감한 도전에 표면적으로 지지를 보낸 사람은 극소수에 불과했다. 특히 유진산은 격노해 "입에서 젖비린내가 나는 아이(구상유취)들이 무슨 대통령이냐?" 하며 강력히 비난했다. 그러나 김영삼의 과감성에 고무되어 당시 40대였던 이철승과 김대중도 연이어 후보 출마를 선언했다. 그리하여 40대인 김영삼, 이철승, 김대중이 서로 경쟁해 대통령 후보를 선출하게 되었다. 이 경선에서 김영삼은 아깝게 김대중에게 패했지만, 김영삼이 주장한 40대 기수론은 당시 정치계에 상당한 충격을 안겼다.

1976년 중도통합론을 내세우면서 당권에 도전해오는 이철승을 중심으로 한 비주류들의 연합공세가 거칠어질수록 김영삼은 선명 야당 노선을 강화하면서 대응했다. 김영삼은 자신의 강경 노선을 비난하는 비주류들에게 "쥐를 잡지 못하거나 잡으려 하지 않는 고양이는 고양이가 아니다. 정권에 도전하지 않거나 도전하려고도 하지 않는 정당은 정당이 아니다"라며 비난했다.

이후 야당에서 반박정희 투쟁을 해오던 김영삼은 1979년 다시 당수에 도전했다. 여당의 공작정치에도 당시 당수였던 이철승을 누르고 당당히 야당의 당수가 되어 반유신의 선봉장 역할을 해낸 것이다. 김영삼은 당선 이후 박정희와 투쟁하던 와중에 〈뉴욕타임스〉 회견 내용이 문제가 되어 국회에서 제명되는 고초를 겪었다. 김영삼은 의원제명 연설에서 이렇게 강조했다. "아무리 새벽을 알리는 닭의 모가지를 비틀어도 민주주의의 새벽은 온다"며 "나는 이 나라의 국민 그리고 민주주의를 위해 몸을 던졌습니다. 순교의 언덕 절두산을 바라보는 이 국회의사당에서 나의 목을 자른 공화당 정권의 폭거는 저 절두산이 준 역사의 의미를 부여할 것입니다. 나는 오늘의 이 수난을 민주회복을 위한 순교로 받아들일 것입니다." 이것이 도화선이 되어 부마민주화운동이 일어나게 되었고, 급기야 10 · 26사건으로 박정희가 암살되었다.

김영삼은 박정희 사후 한때 정권을 잡을 것으로 보았으나 이후 전두환의 쿠데타로 다시 가택연금이 되어 정치활동이 금지되었다. 1980년 봄 김영삼과 김대중은 정권쟁취가 눈앞에 이르렀다는 인식 아래 서로 유리한 고지를 점령하기 위해 분열했다. 신군부는 5월 18일 전국에 비상계엄을 선포하고 김대중은 내란음모죄, 김종필은 부정축재혐의로 체포했다. 김영삼은 자택에 연금당해 1980년 8월 13일 언론에 김영삼의 정계 은퇴 기사가 실렸다. 이로써 김영삼은 더 이상 정치무대에 오르지 못하게 되었다.

김영삼은 광주민주화운동 3주년을 맞은 5월 18일부터 단식에 들어갔다. 그는 '단식에 즈음해'라는 성명에서 민주투쟁에 모든 것을 바칠 결심을 밝혔다. 그는 단식을 22일이나 계속했다. 단식 중에 여당 인사가 찾아와 미국으로 보내줄 테니 단식을 중단해달라고 요청했지만 이를 거절하고 정치 해금에 대한 주장을 했다. 결국 전두환 정부는 정치인에 대한 해금을 단행했다. 단식투쟁을 계기로 김대중과 김영삼 사이의 정치적 연대는 다시 형성되었다. 1984년 5월 18일, 김영삼의 단식투쟁 1주년에 맞춰 민주화추진협의회가 발족되었다. 이후 김영삼과 김대중은 민추협의 신당 창당 및 총선 참여를 공식 발표했다. 신민당이 창당되고 이민우 총재가 대통령 직선제 개헌을 위한 '1,000만인 서명운동'을 실시했다.

전두환은 개헌이 어려워지자 4 · 13 호헌조치를 발표했다. 헌법을 개정하지 않고 과거 식으로 대통령을 간선제로 뽑겠다는 것이었다. 이 발표에 야당은 물론 국민도 분개해 거센 저항이 일어났다. 그 와중에 박종철 군 고문치사 사건이 발표되자 시위는 걷잡을 수 없을 정도로 확산되어 결국 6 · 10 민주화운동으로 확대되었다. 이로 인해 노태우가 대통령 직선제를 받아들인다는 6 · 29선언이 나오게 되었다.

6 · 29선언 이후 김대중과 김영삼은 후보 단일화 노력을 기울이기는 했지만, 어느 쪽도 양보할 의사가 없었다. 김대중과 김영삼은 거듭된 대화를 통해 '합의에 의한 후보 단일화'를 다짐했다. 후보 단일화가 어려워지자 1987년 10월 17일 김영삼은 부산 수영만에서 집회를 가졌다. '군정종식 및 김영삼 대통령 후보 추대를 위한 부산대회'였다. 연이어 김대중은 10월 28일 대통령 출마와 함께 신당 창당을 공식 선언했다. 이로써 김대중과 김영삼은 더 이상 돌아올 수 없는 다리를 건너게 되었다. 민주화추진협의회 발족 이래로 합심해 민주화 투쟁을 전개했던 상도동계(김영삼을 따르는 측근들: 김영삼이 상도동에 살아서 이렇게 이름 지어짐)와 동교동계(김대중을 따르는 측근들: 김대중이 동교동에 살아서 이렇게 이름 지어짐)는 결별하게 되었다(김병문, 2012).

1

최고의 라이벌

상도동계와 동교동계

한국현대사에 등장하는 정치인들의 관계 중 김대중과 김영삼만큼 독특한 경우도 흔치 않다. 동지인 듯하다가도 철저한 정적이며, 또 정적인 듯싶다가도 서로를 지원하는 동지로서의 행태를 되풀이해왔기 때문이다.

김영삼과 김대중은 원내 의원들 외에 자신의 조직과 사무실을 운영하고 있었다. 김영삼은 특별한 직함 없이 '비서'라는 이름으로 계보 사무실을 운영했다. 김대중은 보좌역, 비서, 전문위원이라는 직함을 붙여 활동하게 했다. 김영삼의 집이 있는 상도동은 일이 있을 때마다 사람들이 합심해서 처리하는 반면, 김대중의 집이 있는 동교동은 일마다 담당을 두고 보고서를 작성하도록 했다. 즉, 상도동은 말로 일하고 동교동은 글로 일한다고 할 수 있었다(이동형, 2011).

사무실 분위기도 상도동이 시골 장터 같은 약간 어수선한 분위

김대중 당선자
주례회동에서 악수하는
김대중과 김영삼
(출처: 국가기록원)

기에서 화기애애함을 연출한 데 반해 동교동은 엄숙하면서도 질서정
연한 모습을 보였다. 김영삼은 비서들에게 직함을 부르지 않고 "덕용
아!", "원종아!", "학로야!" 등으로 친근하게 이름을 불렀으며, 김대중
은 "권 비서!", "김 차장!", "배 위원!" 등 직함을 붙여 불렀다.

비서진들을 대하는 태도도 김영삼은 "학로야, 많이 힘들제. 여 온
나. 커피 한잔 묵고 하그라!"라며 반말을 하면서 직접 커피를 타주는
정겨운 모습을 보인 반면 김대중은 비서라고 해서 반말이나 하대를
하지 않았다. 특히 화가 났을 때는 더욱 존대하며 보고서로 제출하라
고 했으며, 커피 심부름은 시키지 않았다.

1992년 대선에서 김영삼 대통령의 당선은 조선일보를 비롯한 언
론이 만들었다고 해도 과언이 아니었다. 이른바 '김영삼 장학생'들의
실체도 확인되었지만, 김영삼은 옛날부터 기자들과 두터운 친분을 유
지했고 언론이 얼마나 중요한지 진작 꿰뚫고 있었다. 반대로 김대중은
언론을 조금 쉽게 생각하고 있었다. 1997년 언론의 숱한 방해에도 정
권을 잡은 김대중은 대통령이 되었으니 '언론도 이제는 나한테 친밀하
게 하지 않겠나' 하고 기대했지만 언론의 태도는 기존과 다름이 없었다.

김영삼은 기자들과 친하게 지내 회식도 자주 가졌으며, 정보도 많이 주었고, 촌지도 자주 주었다. 김대중이 한 번에 20~30만 원 정도의 촌지를 줄 때, 김영삼은 통 크게 100~200만 원씩 촌지를 쥐어주었다. 주는 스타일도 김영삼이 "어이! 김 기자! 요새 수고가 많재? 가마있어봐라. 지갑이 여 어디 있을 낀데. 아나, 이거 그냥 지갑째 갖고 가서 후배들 술 사주그라"라고 하는데, 김대중은 "어이! 보더라고, 김 기자! 요사이 나 땜시 월매나 수고가 많은가잉? 쫌만 지둘려보소. 지갑이 여 어디 있을 틴디" 하면서 뒤돌아서서 하나, 둘 돈을 센 다음 기자에게 촌지를 주었다(이동형, 2011). 김영삼은 낙천적 성향이 강했고, 김대중은 신중한 성향이 강했다. 이같이 양김은 서로 다른 성격을 가진 정치지도자로 서로의 장단점을 잘 알고 있었고, 서로를 존중하면서도 경계하는 관계였다.

양김의 분열

양김의 분열은 이미 1980년 서울의 봄을 맞이했을 때부터 예고되었다. 1979년 10·26사건으로 가택연금 중에 있던 김대중이 12월 8일 긴급조치 해제와 구속자 석방으로 풀려났다. 그렇지만 사면복권이 되지 않고 있었다. 따라서 새로운 대통령을 뽑는 선거가 있게 된다면 김영삼과 김종필 양자구도로 가는 것 아니냐는 의혹이 있었다. 김대중에 대한 비토그룹 얘기도 심심찮게 나오자 김대중으로서는 초조해질 수밖에 없었다. 이러한 상황에서 김영삼과 김대중은 1980년 3월 6일 단독회담을 가졌으나 김대중의 신민당 입당문제에 대해 합의를 보지 못했다. 김영삼은 1979년 5·30전당대회에서 이미 김대중이 상임고문으로 추대되었으니 당연히 입당된 것이라고 주장했다. 김대중은 명확한 태도를 보이지 않았고 김대중을 포함한 재야세력의 입당과 대통령 후보 단일화 문제에 합의를 보지 못했다.

김대중 측은 신민당과 거리를 유지하면서 비서실장에 부산 출신 예춘호 전 공화당 의원을 임명하는 등 별도의 조직을 갖추었다. 김영삼 측도 개인 조직의 확대에 나섰다. 이처럼 양측의 경쟁이 가시화되자 신민당 내 중진들은 후보 단일화 서명운동을 벌였다(정대수, 2009).

1980년 봄, 김영삼과 김대중은 정권쟁취가 눈앞에 이르렀다는 생각을 가지고 서로 유리한 고지를 차지하기 위해 분열하게 되었다. 김대중과 김영삼의 대립은 대권을 놓고 서로 심각한 상황으로 대립하는 모습을 보였다. 그러나 신군부는 5월 18일 전국에 비상계엄령을 선포하고 김대중은 내란음모죄, 김종필은 부정축재혐의로 체포했다. 김영삼은 자택에 연금당하여 1980년 8월 13일 언론에 김영삼의 정계은퇴 기사가 실렸다. 김영삼은 더 이상 정치무대에 오르지 못하게 되었다.

김대중은 내란음모죄로 사형을 선고 받았으나 이후 감형되어 1982년 미국으로 치료하러 가게 되었고, 망명 아닌 망명이 되었다. 김영삼은 연금기간 중 붓글씨 쓰기에 열중했다. 이후 김영삼은 과거 민주화 동지들과 삼각산으로 자주 산행을 했다. 소위 산행정치 및 산행투쟁이 이때부터 시작된 것이다. 일명 '민주산악회'라고 하여 과거 민주화투쟁 동지들이 자연스럽게 산행을 하기 위해 모여들기 시작했다. 이 민주산악회가 1984년 5월 18일 결성된 민주화추진협의회(민추협)의 모태가 되었다.

김영삼은 광주민주화운동 3주년을 맞은 1983년 5월 18일부터 단식에 들어갔다. 그는 '단식에 즈음하여'라는 성명에서 민주투쟁에 모

5.18 민주화운동 3주년을
맞아 민주화를 요구하며
단식투쟁 중인 김영삼
(출처: 프리미엄조선, 2014. 8. 27.)

든 것을 바칠 결심을 밝혔다. 김영삼은 단식을 22일이나 계속했다. 단식 중에 여당 인사가 찾아와 미국으로 보내줄 테니 단식을 중단해달라고 요청했지만 이를 거절하고 정치 해금에 대한 주장을 했다. 신문에는 김영삼의 단식 내용이 보도통제로 인해 하나도 보도되지 못했다. 오히려 외국 신문에서 관심을 갖고 주요 기사거리로 다루었다. 그러나 사람들의 입소문으로 김영삼의 단식투쟁은 많은 국민에게 알려지게 되었다. 단식투쟁을 계기로 김대중과 김영삼 사이의 정치적 연대가 다시 형성되었다. 결국 전두환 정부는 정치인에 대한 해금을 단행했다.

1984년 5월 18일 김영삼의 단식투쟁 1주년에 맞춰 민추협이 발족되었다. 이후 김영삼과 미국의 김대중은 민추협의 신당 창당 및 총선 참여를 공식 발표했다. 이어 신민당이 창당되고 이민우 총재가 대통령 직선제 개헌을 위한 '1,000만인 서명운동'을 실시했다. 당초 100만 명 서명운동으로 구상되었으나, 김영삼의 주장으로 1,000만 명 서명운동이 되었다. 개헌 서명운동은 전국적으로 전개되었다. 정부의 저지에도 김영삼은 강하게 저항했다(김병문, 2012).

1985년 2월 김대중은 어렵게 귀국했다. 귀국한 김대중은 김영삼과 손잡고 가택연금 중에서도 전두환 정부의 독재에 맞섰다. 김영삼과

김대중이 신민당을 창당하여 제1 야당으로 부상시키면서 이후 대통령 직선제를 주장하며 전두환 정권을 압박했다.

군부독재 타도 학생시위가 유난히 격렬했던 1986년 10월 28일, 김대중은 전두환 정권을 향해 통 큰 제안을 했다. 전두환 정권이 직선제를 수용하면 혹 자신이 사면복권 된다 하더라도 대통령에 출마하지 않겠다는 선언이었다. 자신의 희생으로 항간에 대통령병 환자라는 부정적 평가를 해소하는 한편 정부에 대해 직선제 수용을 압박하기 위함이었다. 이보다 앞서 김수환 추기경이 양김에게 대통령 욕심을 포기하라고 하면서 대통령 직선제를 지지한다는 로마 발언에 영향을 받은 것 같았다. 훗날 김대중은 전두환 정권이 군 투입 등 비상조치까지 검토하고 있는 위기 상황을 타개하기 위한 고육지책이었다고 주장했다.

김대중의 후보 포기선언이 나왔을 때 김영삼은 서독을 방문하고 있는 중이었다. 당시 외신기자들이 김영삼에게 김대중 발언에 대한 견해를 묻자 김대중의 나이가 자신보다 많으므로 정권이 그를 사면복권만 시켜준다면 대통령 후보로 지원하겠다는 의사를 분명히 밝혔다.

이러한 정황들로만 보자면 당시 양김의 후보 단일화 실패란 있을 수 없는 일이었다(박호재, 2009).

전두환과 노태우는 대통령 직선제로 헌법이 바뀌게 되면 양김의 인기가 대단해서 재집권하기가 어렵다고 판단했다. 따라서 전두환과 노태우는 현행 헌법을 지켜야 하며 직선제 개헌에 반대한다는 입장을 분명히 했다. 그러나 청년, 학생 및 사회단체들은 '헌법투쟁대회 및 개헌서명운동 추진본부 결성식'을 계기로 하여 직선제를 중심으로 하는 민주헌법 쟁취투쟁을 본격적으로 전개했다. 신민당도 전격적으로 1천만 개헌 서명운동을 시작하면서 각 지부 결성식을 통해 대중 집회운동을 본격화했다.

전두환은 야당의 직선제 개헌에 대한 요구가 거세지자 여야가 국회에서 합의한다면 개헌하는 데 반대하지 않겠다고 했다. 그러나 여당인 민정당은 대통령 직선제로는 정권을 재창출하기 어려워 내각책임제를 주장했다. 야당인 신민당은 대통령 직선제로 헌법이 개정되어야 한다고 주장하며 서로 타협점을 찾지 못했다. 이에 전두환은 4월 13일 특별담화를 통해 "여야가 합의하면 자신의 임기 내에 개헌하는 데 반대하지 않겠다고 말했지만, 1년이 지나도 합의가 되지 않으니 개헌을 중단하고 평화적 정권 이양과 서울올림픽이라는 국가적 대사를 완성한 후 충분한 시간을 두고 개헌문제를 다시 생각하자"면서 개헌 논의는 88올림픽 이후로 미룬다고 발표했다. 이를 '4·13 호헌조치'라 부른다. 이러한 호헌조치에 야당은 장기집권의 음모라고 비난하면서 단호히 대처할 것을 천명했고 개헌작업을 계속 추진하라고 요구했다.

통일민주당이 창당대회를 개최하자 안기부는 정치깡패를 동원하여 창당 작업을 방해했다. 이러한 반대에도 통일민주당이 주축이 되어 광범위한 민주세력을 묶어 '민주헌법쟁취 국민운동본부'가 결성되어 전두환 정권에 대항하게 되었다.

1987년 6월 박종철은 서울대 학생으로 민주화운동을 하다가 잡혀 고문으로 죽었다. 박종철이 고문으로 사망하자 정부는 심문하는 과정에서 책상을 "탁" 치니까 놀라서 "억" 하고 그 자리에서 사망했다고 발표하면서 고문치사사건을 조작했다. 그러나 박종철은 전기고문과 물고문으로 인해 사망하게 되었다는 것이 천주교 정의사제단에 의해 밝혀지자 학생, 시민, 재야인사들의 시위로 이어졌다. 고문치사 은폐조작이 밝혀지자 많은 시민의 분노를 자아내게 되었으며, 이는 6·10 민주화운동의 강력한 기폭제가 되었다.

민정당은 예정대로 6월 10일 잠실 실내체육관에서 전당대회를 개최하고 노태우를 차기 대통령 후보로 선출했다. 이에 맞서 '민주헌법쟁취 국민운동본부'는 6월 10일 '박종철 군 고문살인 은폐조작 규탄 및 호헌철폐관철대회'를 전국 22개 도시에서 일제히 개최했다. 이것이 6·10 민주화운동의 시작이었다(김병문, 2012).

6·10 민주화운동은 학생들이 시위하다가 전경에게 쫓겨 명동성당에서 시위를 한 것이 시발점이 되었다. 학생들은 고립된 상태에서 담벼락 위에 올라가 명동성당을 경유하는 모든 차량에 손짓으로 경적을 울려 자신들의 뜻에 동조해주기를 바랐다. 당시 명동성당을 경유하는 차량의 운전사들은 누구나 할 것 없이 경적을 울렸고 많은 시민은 학생들을 향해 박수를 치며 환호했다. 당시의 공권력은 이러한 민심의 대세를 쳐다만 본 채 어떠한 행동도 취하지 못했다. 기존의 민주화운동은 야당과 재야, 학생이 중심이 되어 시위를 벌이고 일반 시민은 동조는 하지만 본격적인 시위에 가담하지 않는 현상을 보여왔다. 그러나 6·10 민주화운동에서는 넥타이를 맨 직장인들이 점심시간을 이용하여 시위에 동조하고 시위대에게 물과 김밥을 제공하는 등 적극적인 시위 동참 행태를 보여주었다. 방관적인 입장에서 탈피하여 적극적인

6.10 민주화운동에
참여한 일반 시민들
(출처: e영상역사관)

동참자의 모습을 보여준 사례였다. 여기에 또한 이른바 아줌마부대들
도 학생들을 옹호하며 음료수와 김밥을 제공했다. 이러한 현상으로 인
해 당시 시위를 진압하던 전경들의 사기가 떨어진 것도 사실이었다.

이처럼 연일 저항 세력이 커지자 19일 전두환 대통령은 군 병력
을 동원하여 사태를 수습하려 했다. 계엄령 및 위수령 선포의 위기 속
에서 언론과 학자들이 민주화를 주장하고 나섰고, 미국도 한국대책특
별반을 편성하여 한국의 민주화에 관심을 표명하게 되었다. 이렇듯 국
내외적으로 압력이 행사되자 군 동원의 위험성과 무모함을 깨달은 전
두환은 군 동원을 포기하고 새로운 방식으로 정국의 전환을 꾀했다.
6 · 29선언은 이러한 위기적 상황에서 나온 것이다.

위기에 처한 전두환 정권은 결국 대통령 직선제 개헌안을 받아들
이게 되었다. 노태우 당시 민정당 대표는 1987년 6월 29일 대통령 직
선제, 1988년 2월의 정부 이양, 김대중의 사면복권, 시국 관련 사범의
석방, 언론자유 창달 등을 포함하는 시국 수습 방안 8개항을 선언했
다. 6 · 29선언은 전두환 정권이 국민에게 굴복했다는 것으로 받아들
여지면서 국민 대다수가 이를 환호하며 받아들였다.

　　6·29선언은 기존의 독재체제를 더 이상 지속할 수 없다는 계산
에서 나온 것이다. 어느 정도 민주주의의 절차를 보장함으로써 국민적
저항을 약화시키려는 계산에서 비롯되었다. 또한 저항세력의 내부 분
열을 일으킴으로써 다시 정권을 잡을 수 있다는 계산도 있었다. 특히 이
는 김대중과 김영삼의 뿌리 깊은 경쟁을 이용하고, 여당의 막강한 조직
및 자금을 바탕으로 대통령 직선제로 할 경우에도 승리할 수 있다는 계
산이 있었다. 실제로 6·29선언 이후 정부는 김대중을 포함한 2,335
명의 사면·복권을 단행했다. 이런 의미에서 6·29선언은 어느 면에
서는 노태우 자신이 표현한 대로 "국민에 대한 항복"이라고 할 수 있겠
으나, 다른 면에서는 항복을 가장한 권력 연장의 계산된 행동이었다.
　　6·29선언이 발표되자 시위는 주춤해졌다. 이제 거리에서의 시위
대신 국회에서 헌법개정을 위한 작업이 진행되었다. 1987년 10월 22일

헌법개정안이 여야 합의에 의해 국민투표를 통과하여 확정되었다. 새로운 헌법개정의 핵심내용은 국민이 직접 대통령을 선출하는 대통령 직선제를 채택하고, 대통령의 임기를 5년 단임으로 한다는 것이었다.

1987년 대선

1987년 대선을 위한 단일화를 앞두고 양김은 길고 긴 공방을 계속했다. 김대중은 김영삼의 서독 발언을 문제 삼았고, 김영삼은 김대중의 후보 포기 선언을 물고 늘어졌다. 제도권 정당 밖의 재야 민주화운동 그룹도 양김 지지를 경계로 두 분류로 나뉘었다. 국민 여론 또한 양김의 출신 지역을 경계로 선명하게 갈라섰다.

양김의 대통령 후보 단일화 문제는 막바지까지 줄다리기가 계속되었다. 대통령 선거일이 다가오던 1987년 7월 양김은 김대중의 민주당* 입당을 협의했으나 결론을 내리지 못했다. 김대중의 입당이 늦어지자 김영삼계에서는 1980년의 재판이 되는 것 아니냐는 우려가 나오기 시작했다. 김대중은 자신의 거취와 관련해 신문과의 회견에서 직선제 개헌을 전제로 불출마 선언을 한 배경에 대해 해명했다.

"이번 정부의 조치는 작년 11월에 내가 말한 것은 아니라고 봅니다. 그때는 '전두환 대통령이 자발적으로 직선제를 하면 내가 안 나가겠다'고 말한 것이었지만, 이번에는 국민이 쟁취한 것이지 전 대통령이 자발적으로 한 것이 아니에요."

---

*   신민당을 해체하고 통일민주당으로 창당한 것으로, 김영삼을 총재로 추대했다.

자신의 불출마 전제가 단순한 직선제 개헌이 아니라 '자발적' 개헌이라야 한다는 것을 강조했다. 듣기에 따라서는 자신의 말을 뒤집는 것 같기도 하고, 출마할 수 있다는 뉘앙스를 풍기는 것 같기도 한 묘한 발언이었다(정대수, 2009).

후보 단일화 논란이 치열하게 전개될 때 김영삼은 두 가지 현실적인 이유를 들어 자신이 후보가 되어야 한다고 주장했다. 첫 번째는 자신이 후보가 되면 영남 사람뿐만 아니라 호남 사람들도 찍지만, 김대중이 후보가 되면 호남 사람만 그를 찍는다는 논리였다. 두 번째는 김대중이 후보가 되면 군부가 용납하지 않는다는 주장이었다.

대선 3개월 전에 양김은 정례 회동에서 9월 말 이내에 단일화 문제를 매듭짓기로 합의했다. 시간이 촉박해 더 이상 미룰 수 없다는 판단이었다. 9월 중순부터 당내 소장의원들이 계파를 초월해 단일화를 공개촉구하고 나선 데다 중진의원은 물론 재야세력이 이에 가세할 움직임을 보인 것이 영향을 미쳤다. 그러나 지루한 단일화 공방만 지속되고 합의를 이루는 데는 실패했다. 일찌감치 전열을 정비한 여당의 노태우 후보가 선거운동에 열중하는 동안 양김 진영은 해결도 안 되는 단일화 공방으로 시간만 허비하고 말았다. 결국 11월 9일 민주당은 전당대회에서 김영삼을 대통령 후보로 추대했고, 김대중은 평화민주당을 창당해 대통령 출마를 선언했다. 김대중은 '4자필승론'*에 힘을 얻었다. 김대중은 "야당의 대통령 후보는 선거운동과정에서 국민여론에 의해 단일화해야 한다"고 주장하면서 여론에 기대를 걸었다. 김대중은 11월 29일 100만 인파가 운집한 서울 여의도 유세에서 김영삼의 후보 사퇴를 촉구했다. 재야에서는 김대중에 대한 비판적 지지 측과

＊　노태우와 3김이 출마할 경우 지역구도의 분할로 김대중 승리가 확실하다는 논리

대립하는 김대중과
김영삼의 상징적 모습
(출처: 연합뉴스, 2017. 5. 7.)

단일화 측으로 분열되었다. 이때부터 민주화세력의 분열이 본격적으로 시작되었다.

양김의 분열은 민주화세력의 정권창출 기회를 스스로 내팽개쳤을 뿐만 아니라 영·호남의 지역감정을 고조시켰다. 더욱이 양김으로 인해 발생한 지역분할을 이용해 여당이 다시 집권할 수 있는 기회를 만들어주었다. "양김은 민주화의 장애물", "김대중과 김영삼은 한국 민주정치의 훼방꾼" 등 비난의 소리가 곳곳에서 들려왔다(정대수, 2009).

선거운동 과정에서 난무한 폭력은 무엇으로도 변명할 수 없는 양김의 실책 때문이었다. 그것이 양김 지지세력에 의한 것이든, 정부 측 공작에 의한 것이든 상관없이 양김의 분열이 아니었더라면 일어날 수 없는 사건들이었다. 김대중의 부산 유세 후 숙소 앞, 김영삼의 광주 유세, 김대중의 대구 유세, 노태우의 광주 유세, 노태우의 전주·군산 유세 등 잇단 폭력사태는 결국 지역감정을 격화시키는 요인이 되었다. 군사정권에 의한 지역감정 조작이 끝나자 민주세력의 분열에 의해 지역감정이 생겨난 것이다. 국민의 힘으로 '직선제 쟁취'라는 금자탑을 쌓아온 민주세력이 단일화 문제를 그리 어려운 문제로 실감하지 않은

대통령 선거에서 유세하는 김영삼 후보
(출처: e영상역사관)

대통령 선거에서 유세하는 김대중 후보
(출처: e영상역사관)

것이 문제였다.

　　김영삼 후보는 '군정종식'을 내세우고 정승화 전 육군참모총장을 입당시켜 유세에 활용했고, 김대중 후보 또한 '군정종식'을 내세운 데 반해 노태우 후보는 '권위주의 청산'과 함께 '보통사람들의 위대한 시대'를 열 것을 제창했다. 11월 27일 노태우 후보는 인천 유세에서 대통령에 당선되면 중간평가를 실시하여 대통령의 신임을 국민에게 묻겠다고 했다. 중간평가에서 국민의 신임이 낮으면 대통령직에서 물러나겠다고 호언했다. 물론 노태우가 대통령에 당선되고 나서 여러 가지 이유로 중간평가는 실시되지 않았다. 1987년 12월 16일 투표와 개표는 평화롭게 진행되었다. 선거에 대한 국민의 관심이 높아서 대통령 선거사상 가장 높은 투표율을 보였다. 전국 유권자의 89.2%가 참여한 가운데 개표결과 노태우 36.64%, 김영삼 28.04%, 김대중 27.05%, 김종필 8.07%를 각각 얻어 노태우 후보가 제13대 대통령에 당선되었다. 양김의 표를 합산한다면 충분히 노태우를 이길 수 있었다. 단일화 실패가 가져온 결과였다.

　　노태우 대통령 당선 이후 1988년 4월 26일 제13대 국회의원 총선거가 실시되었다. 이 총선에서 민정당은 과반수의 의석을 얻지 못했다. 민정당 34.0%, 평민당 19.3%, 민주당 23.8%, 공화당 15.6%의 득표율을 나타냈다. 그 결과 소위 여소야대 시대를 맞이하게 되었다. 절묘한 4당의 분할이라는 표현으로 당시 여당이 국회에서 단독으로 아무것도 할 수 없게 되면서 노태우에게는 매우 심각한 정치적 시련이었다.

14대 대선의 시대정신

제14대 대통령 선거가 치러졌던 시기(1992)는 제13대 대통령 선거에 이어 여전히 군부가 영향을 미치는 지배체제에서 민간이 중심이 되는 방향으로 옮겨가는 시기였다. 그러나 이보다 더 중요한 것은 경제문제와 관련이 깊었다. 실제로 제14대 대통령 선거 여론조사 결과의 대다수는 과거에 중요하게 여겨졌던 정치적 사안 대신에 경제적 사안이 유권자의 투표 행태에 큰 영향을 미쳤다는 점을 보여주었다.

제14대 대통령 선거에 출마한 김영삼 후보와 김대중 후보, 그리고 정주영 후보는 모두 당시 이러한 경제적 요구에 부합하는 경제문제 관련 공약과 비전을 제시했다. 정주영 후보가 정치적 배경이 미약함에도 국민에게 주목받은 것은 이러한 이유 때문이었다. 제14대 대통령 선거에서 투표한 유권자가 경제와 관련해 각 후보를 지지했지만 구체적인 이유는 각자 달랐다. 특히 물가안정을 중요시했던 유권자의 대다수가 김영삼 후보를 지지했다. 당시 여론조사에서는 유권자가 가장 중요시한 경제정책이 물가안정이었기 때문이다(이현출, 2012).

2

김영삼의 승부수: 3당 합당

3당 합당의 배경

1990년대 정계의 가장 놀랍고도 충격적인 뉴스는 민정 · 민주 · 공화의 3당 합당이었다. 특히 여당으로부터 수많은 탄압을 받아온 김영삼이 합당에 찬성했다는 사실에 많은 사람은 의아하게 생각했다. 민정당을 대표한 노태우 대통령, 통일민주당을 대표한 김영삼 총재, 신민주공화당의 김종필 총재가 1990년 1월 21일 3당 합당을 발표했다. 김영삼 총재는 1987년 대통령선거에서 여당의 노태우 단독 후보에 비해 야당은 김영삼, 김대중 후보 등 복수 후보였던 것이 낙선의 최대 원인이라고 생각했다. 1992년의 대통령선거도 1987년 선거 결과와 유사할 것으로 전망했다. 김영삼은 1992년 선거가 자신의 나이로나 시대상황으로 보나 마지막 출마 기회라고 보았다.

그는 두 개로 나누어진 야당의 구도를 깨는 것은 자신이 여당과 합쳐 하나의 큰 여당과 작은 야당의 모습으로 정치권을 바꾸는 방법

밖에 없다고 결론지었다. 이러한 생각에서 3당 합당이 시작되었다. 과거 자신에게 그렇게도 핍박을 가하던 정권, 그리고 연단에만 서면 군사정권이라고 비판하던 정권, 바로 그런 비판을 하면서 자신의 정체성을 지켜오던 김영삼이었다. 그러나 김영삼은 '꿩 잡는 게 매'라는 식으로 사고를 바꾸게 되었다. 과거 투쟁에 대한 의미와 명분보다는 대통령이 되기 위해 현실적인 방법을 택하는 정치인으로 변해 있었다.

　　김영삼은 민자당의 문제점을 잘 알고 있었다. 민자당 의석수의 대다수를 민정계에서 차지하고 있고, 이들이 한때 무소불위의 권력을 휘둘렀던 신군부세력들이지만, 결정적으로 이들에게는 대통령 후보감이 없다는 약점이 있었다. 아무리 내세워보려고 해도 김영삼, 김대중과 경쟁할 만한 사람이 없었다.

　　노태우 대통령의 핵심참모들은 3당 합당을 하면 김영삼을 완전히 무장해제시킬 수 있다고 생각했다. 이들은 김대중은 엄청 무서워하면서도 상대적으로 김영삼을 가볍게 보았다. 김대중은 세밀한 데까지 계산하는 사람으로, 물건을 살 때 1만 원 단위까지 계산하는 사람이었다. 그러나 김영삼은 100만 원 단위 이하로는 신경을 안 쓰는 타입이었다. 노름에 비유하면 판돈을 한 군데 다 걸어서 이기려고 하는 스타일이었다. 반면 김대중은 열 군데로 나누어서 거는 스타일이었다. 따라서 김대중은 노름에서 늘 본전은 하려고 들었다. 모험을 하지 않으므로 오히려 김대중을 두려워하지 않아도 된다는 생각을 가진 사람들도 있었다. 그러나 김영삼은 타고난 승부사여서 사실은 오히려 더 가볍게 보기 어려웠다. 따라서 3당 합당이 되자 일부에서는 "김영삼이 여당 내의 민정계를 잡아먹으러 들어오는 거다"라는 경고도 있었다(윤여준·이상돈·이철희, 2014).

노태우 정권이 3당 합당의 시나리오를 구상하게 된 데는 1988년 4월 총선이 가장 큰 역할을 했다. 정권 출범 후 반년이 채 안 된 상태에서 치른 국회의원 선거에서 집권여당인 민정당은 전국구 38석을 포함해 겨우 125석을 획득했기 때문이다. 반면에 야당인 평민당은 70석, 민주당은 59석, 공화당이 35석을 얻어내 헌정사상 최초로 여소야대의 정국이 형성되었다. 여소야대로 인해 통치에 위기가 오자 노태우 정권은 특단의 대책을 강구해야 한다는 절박감에 빠져들었다. 단기적으로는 여소야대의 의회 구조를 깨뜨려야 했고, 장기적으로는 정권 재창출의 안전판을 마련해야 했다.

노태우의 3당 합당 구상은 시간이 흐를수록 여권의 절대적 과제가 되어갔다. 당시 제1 야당인 평민당과의 합당이 제1안으로 떠오른 것도 그런 이유 때문이었다. 효율성을 따졌을 때 '호남'이라는 난공불락의 지역 기반을 갖고 있고, 또 의회 주도권을 쥐고 있는 평민당과의 합당이 최선의 카드일 수밖에 없었다. 노태우 자신의 아킬레스건이기도 했던 광주 문제의 원만한 해결에 대한 기대도 한몫했다. 6공 실세였던 박철언이 주도하여 평민당과의 합당은 실제로 추진되었다.

1989년 말 여야 영수회담이 개최되는 자리에서 노태우가 야 3당 총재와의 공식회담을 마치고 돌아가려는 김대중을 붙들었다. 독대가 이뤄지고 노태우가 합당을 제의하자 김대중은 깜짝 놀랐다. 독대를 청하는 이유가 궁금하긴 했지만, 합당을 제안하리라고는 상상도 하지 못했기 때문이다. 정당의 이념도 다르고, 한때는 가해자와 피해자의 입장이었으며, 여전히 민주 대 반민주라는 대립 구도에 서 있는 자신에게 합당 의견을 묻는 것 자체가 상식 밖의 일이었다. 노태우의 제의에 김대중은 단호하게 거절했다(박효재, 2009).

거절하는 순간 문득 민주당과 공화당의 양 총재에게도 합당제안을 했을 것이라는 생각이 든 김대중은 국민이 만든 여소야대 구조를 인위적으로 깨뜨려서는 안 된다고 충고했다. 이날의 독대 이후 노태우는 민주당, 공화당과의 3당 합당을 적극적으로 추진했다. 또 김영삼이 오히려 노태우를 향해 합당의 러브콜을 보냈다고 보는 사람들도 있었다. 평민당과의 합당설이 새어나오면서 위기의식을 느낀 김영삼이 파트너를 적극적으로 자청했다는 해석이었다. 원내 59석의 제2 야당을 이끌고 있던 김영삼의 위기감은 당연한 것이었다. 현상을 유지해도 대권 도전이 힘겨운 상황에서 김대중과 노태우의 합당은 김영삼으로서는 견딜 수 없었다. 6공 실세이며 평민당과의 합당 기안자로 알려진 박철언과 김영삼은 자주 만나서 3당 합당에 대해 논의를 하게 되었다.

총선 패배

1992년 1월 김영삼은 "국민의 최대 관심사인 민자당의 대통령 후보 문제가 결정되지 않은 것이 정치 · 경제 · 사회 불안의 원인이 되고 있다"고 주장하면서 "국민을 안심시키고 총선 승리를 위해 총선 전에 먼저 차기후보를 결정하는 것이 상식이고 순리"라고 밝혔다. 김영삼은 국가대사와 관련한 대통령 후보 결정을 미룬 채 예측 불가능한 정치를 계속하는 것은 국민에 대한 죄악이라는 점을 분명히 했다. 대통령 후보 조기 가시화 문제를 놓고 내분에 휩싸인 민자당은 청와대 4자 회동과 노태우의 연두기자회견을 계기로 하여 '총선 후 전당대회에서의 경선'이라는 해법으로 일단 가닥을 잡았다(김영삼, 2000).

그리고 민자당의 차기 대통령 후보를 뽑는 전당대회는 총선이 끝난 뒤 개최할 것이며, 대통령 후보는 당헌에 정해진 대로 민주적인 절차에 따라 경선에 의해 선출하기로 했다. 따라서 제14대 국회의원 선거는 김영삼 대표최고위원이 중심이 되고, 두 최고위원(김종필, 박태준)이 합심 · 협력해서 치르는 것으로 결정되었다.

1992년 3월 24일, 14대 총선의 결과는 사실상 민자당의 참패였다. 김영삼이 총선을 진두지휘하며 독려했으나, 전국구 포함 전체 299석 가운데 민자당은 149석을 얻어 과반수 확보에 실패했으며 민주당이 크게 약진해 97석을 얻었기 때문이다. 그리고 정주영이 창당한 국민당은 31석을 얻어 원내 교섭단체를 구성했으며 무소속 21석, 신정당 1석을 기록했다(박철언, 2005).

노태우는 겉으로는 "김영삼 대표가 총재인 나를 대신해 민자당의 중심이 돼 14대 총선을 치르게 될 것"이라고 말했지만, 김영삼을 의도적으로 배제한 채 자신의 친인척들에게 거리낌 없이 공천을 주었고, 전국구에도 자신의 친위세력이나 구태의연한 인물들을 당선권에 올려놓았다. 공천 실패, 최고위원들의 분열, 안기부와 기무사의 구태의연한 선거개입 등의 여러 패인이 있었지만, 무엇보다 총선을 앞두고서도 대통령 후보가 정해지지 않은 불투명한 미래가 가장 큰 패인이었다(김영삼, 2000).

　선거가 끝난 뒤 이른바 '총선실패 책임론'이 등장했다. 실제로 모든 선거를 주도한 노태우 대통령이 오히려 김영삼에게 책임을 뒤집어씌우려는 조짐이 나타난 것이다. '총선 책임론'이라는 명분으로 이번 기회에 김영삼에게 결정타를 가할 속셈이었다. 선거 결과에 책임을 지고 김종필이 사의를 표명하며 칩거에 들어갔다. 박태준 최고위원도 사의를 표명하면서 김영삼과의 동반 퇴진을 주장했다. 김영삼이 이에 저항하자 총선 패배로 내각제 개헌에 대한 마지막 희망이 사라진 노태우 대통령은 할 수 없이 당헌에 따라 민자당 차기 대통령 후보 선출을 위한 전당대회를 예정대로 5월에 갖기로 하고 당무 일체를 김영삼에게 일임하기로 결정했다(박철언, 2005).

김영삼의 당내 후보 출마 선언

이에 힘을 얻은 김영삼은 기자회견을 열고 "이 시대의 소명인 문민정치 정착, 경제 활력의 회복 및 통일 기반 조성을 위해 마지막 생애를 국민과 조국에 바칠 결심이다"라며 5월 초순의 대통령 후보 지명을 위한 전당대회에서 자신이 대통령 후보 경선에 나설 것임을 선언했다. 김영삼은 민자당의 어느 누구와도 정정당당하게 선의의 경쟁을 벌일 자신이 있었다. 김영삼은 노태우 대통령과 자신이 하나가 되어 전당대회를 치르고 그 이후에도 정권 창출을 위해 함께 노력하기로 했다고 발표했다. 대통령이 자신을 지지하고 있다는 것을 공개적으로 밝힌 것이다. 이로써 김영삼의 출마 선언은 총선책임론을 단숨에 잠재웠다.

　　김영삼의 대통령 후보 당내 경선 출마 선언 이후 곧바로 민자당
은 후보경선 문제로 분위기가 반전됐다. 김영삼이 이렇게 '정면돌파'
로 국면전환을 한 것은 총선책임론으로 시간을 끌 경우 당이 만신창
이가 될 것으로 내다보았기 때문이다. 김영삼을 지지하는 국회의원들
은 소수파인 김영삼이 '완전 자유 경선'을 주장하고 나서자 깜짝 놀라
며 우려를 표시했다. 그러나 노태우 대통령은 사전 협의 없이 후보출
마를 발표한 김영삼에게 크게 불만을 드러냈다. "당신 마음대로 출마
를 선언했으니 마음대로 해보시오. 나는 절대 경선에 개입하지 않겠
소"라며 역정을 냈다(이만섭, 2004).

　　노태우 대통령과 김영삼 대표 간 회동에서 노태우 대통령은 김영
삼 대표가 자신에게 일언반구 상의도 없이 대권 출마를 선언한 것에
몹시 불쾌해했다. "김 대표 그 사람, 나한테 한마디 말도 없이 출마 선
언을 했어요. 그래서 내가 화가 나 당신 마음대로 하라고 소리를 질렀
지요"라고 측근에게 흥분한 상태로 말했다. 김영삼은 노태우 대통령
을 직접 만나서 설득했으나, 무척 섭섭했던 듯 계속해서 불만을 털어
놓았다. "김 대표는 기자들에게 경선 결과에 승복하지 않겠다는 말을
했다는데, 그런 사람에게 어떻게 나라를 맡길 수 있겠소?", "또 총선에

패배한 책임은 모두 행정부에 있다며 나한테 뒤집어씌우는 문제도 결코 그냥 넘어갈 수 없습니다"라고 자신의 심정을 밝혔다.

노태우 대통령의 불편한 심기를 간파한 박태준 최고위원과 이종찬 의원은 김영삼과 경선을 벌이기로 마음먹었다. 더구나 박태준은 개인 사무실을 열어 반김영삼계를 결집시키는 작업을 시작했다. 그뿐만 아니라 여권의 핵심부 일각에서도 김영삼을 제거하기 위한 움직임이 있었다. 이러한 상황에서 노태우 대통령은 여권 중진들과 후보문제를 협의했으나 자신의 의중은 전혀 밝히지 않아 소위 말하는 '노심'(노태우 대통령의 의중)이 제3의 인물을 원한다는 얘기도 나돌았다. 김영삼에게는 극히 불리한 상황이었다.

노태우 대통령은 김영삼으로는 도저히 안 될 것 같아서 새로운 사람을 내세워야 김대중을 이길 수 있을 것이라는 생각을 가지고 있었다. 그러나 당시 김대중을 상대하기 위해서는 김영삼 이외에 대안은 없다는 것이 문제였다. 영남 표를 한데 묶을 수 있는 데다 비영남권에서도 김영삼의 인기가 다른 민자당 예비후보들보다 높다는 것이 일반적인 판단이었다.

당시 노태우 대통령의 마음은 이미 김영삼 대표로부터 많이 멀어져 있었다. 노태우 대통령의 참모는 "만일 새로운 사람이 나타난다 해도 부산 출신 국회의원이나 부산 사람들이 새로운 사람을 훌륭한 후보라며 흔쾌히 지지할 것 같지 않다. 그러면 부산 · 경남 표가 달아나고, 대구 · 경북 표도 절반은 도망가게 되는데, 약 500만 표가 달아난 채로는 승리하기 어렵다"고 조언했다. 노태우 대통령은 망설였다(이만섭, 2004).

노태우 대통령은 총선 결과에 대한 책임을 물어 김윤환 사무총장을 해임하고 그 후임에 이춘구 의원을 임명했다. 김윤환 의원은 3당 합당 이후 노골적으로 '김영삼 대통령 만들기'에 앞장선 이른바 '신민주계'의 대표 격이었다. 노태우 대통령은 반김영삼 진영으로부터 비난을 받고 있는 김윤환 의원을 퇴진시키고, 대통령의 직계로 분류되고 깐깐하기 이를 데 없는 이춘구 총장에게 경선의 실무 관리 총책임을 맡겼다. 그러나 결과적으로 경선 관리를 하면서 중립을 지켜야 할 사무총장 자리에서 풀려난 김윤환 의원은 오히려 자유롭게 김영삼 후보 추대위원회를 구성하고 민정계 의원과 당직자들을 설득해서 김영삼에게 유리하게 만들 수 있는 처지가 되었다.

내각제 파동

김영삼은 민자당으로 3당 합당 할 때 전제로 했던 내각제 개헌 약속을 저돌적으로 깨버렸다. 국민여론으로 볼 때 당시 내각제 개헌은 쉽지 않았는데, 더군다나 김영삼이 반대하고 나서자 방법이 없어졌다. 김영삼은 내각제가 쉽지 않다는 약점을 이용했다. 그래서 내각제 합의를 털어버리는 동시에 "민자당 대통령 후보는 내가 되어야 한다"는 쪽으로 대세를 몰고 가버렸다. 노태우 대통령으로서는 달리 방법이 없었다. 김영삼을 내세우는 것 외에는 선택의 여지가 없었던 것이다. 그러다 보니 노태우와 민정계로서는 김영삼과 김종필을 끌어들여 민자당으로 합당한 것이 김영삼을 대통령 후보로 만들어주는 꼴이 되어버렸다.

　1990년 10월, 김영삼을 궁지에 몰아세우는 문건 하나가 언론에 공개되었다. 이른바 내각제 합의 각서였다. 김영삼이 이의를 달 수 없을 정도로 문건은 내각제 합의에 대한 사실을 담고 있었다. 3당 합당 발표가 있기 이틀 전에 내각제 개헌에 합의했고, 또 민자당의 5월 전당대회 직전에는 시행 순서까지 정하는 각서에 김영삼이 직접 서명했다는 내용까지 자세히 들어가 있었다.

문건은 민자당 내 민정계에 의해 유출된 것으로 추측됐다. 내각제 개헌을 합의한 김영삼이 대표가 된 이후에 슬슬 발을 빼면서 대통령 직선제 쪽으로 돌아서자 여기에 반발한 민정계가 문건을 공개했다는 소문이 나돌았다. 입이 열 개라도 할 말이 없는 상황이었지만, 김영삼은 특유의 돌파력으로 헤쳐나갔다. 자신을 제거하기 위해 민정계가 공작정치를 펴고 있다며 대표직 당무를 거부하고 부모님이 살고 계신 마산으로 귀향해버렸다. 낙향으로 배수진을 치면서까지 강경대응을 한 김영삼이 내세운 내각제 불가론은 '야당이 반대하고 국민이 원하지 않기 때문에 할 수 없다'는 것이었다.

이러한 파문의 소용돌이 속에서 돌연 김대중이 단식투쟁에 나섰다. 지방자치제 실시와 내각제 포기를 요구조건으로 내건 단식농성이었다. 명분상으로는 지자제 실시에 더 큰 비중이 실려 있는 것 같았지만, 사실은 내각제 포기 쪽에 무게중심이 쏠려 있었다. 지자제 실시는 시기만 지연되고 있을 뿐 이미 여당이 약속한 사안이었기 때문이다. 내각제 파문이 발생한 시점에 즉각 단식농성에 나선 것도 김영삼의 내각제 불가론에 사실상 화답해준 것이라 볼 수 있었다.

결국 김영삼은 당내 민정계와의 내각제 파동 싸움에서 승자가 되었다. 정권 재창출을 위해서는 김영삼 외에는 대안이 없다는 여당 내 분위기도 있었지만, 김대중의 단식농성 동조도 큰 역할을 했다. 물론 김대중이 무려 13일 동안이나 오직 김영삼을 위해 단식하지는 않았다. 더구나 김대중은 김영삼의 3당 합당을 국민에 대한 배신이고 변절이라며 1년여 동안 비난을 계속해오던 중이었다. 김대중이 단식농성에 들어간 것은 여당의 내각제 추진이 자신에게 남은 대권의 기회를 빼앗아갈지도 모른다는 위기감 때문이었다. 내각제가 실시되면 여당 내 민정계와 공화계의 김종필에게 실권을 다 넘겨주고 자신은 어정쩡한 종이호랑이 권력을 쥘 뿐이라는 김영삼의 두려움과 같았다. 일단 무대는 함께 만들고, 양김 둘이서 무대 위에 올라가 치열하게 싸우자는 생각이 들었던 것이다(박효재, 2009).

김대중의 고민

내각제 파문이 일단락되자 정국은 대선가도를 향해 달리기 시작했다. 출발선에 선 김영삼의 표정은 느긋한 편이었고, 김대중은 초조한 기색이 역력했다. 김영삼은 자금과 조직이 넉넉한 거대 여당의 후보였고, 김대중은 상대적으로 불리한 조건이었다. 그나마 위안이라면 국민당의 정주영 후보가 김영삼의 기반을 어느 정도 잠식할 거라는 기대 정도였다.

그러나 김대중의 고민은 더 깊은 곳에 있었다. 두 차례의 대권 도전 실패가 준 강박관념 때문이었다. 항상 정치적 명분과 정체성에서는 앞서 있었지만 투표에서 지는 행태가 반복될지도 모른다는 두려움이었다. 더구나 실패의 주원인이던 지역감정과 색깔논쟁을 극복하기 쉽지 않다는 점도 문제였다.

김대중은 3당 합당을 거부한 정통야당의 대표였고, 민주주의를 바라는 많은 국민과 민주세력의 지지를 등에 업고 있다는 정치적 명

분은 충분했다. 국민적 지지를 받는
야당의 유일한 단일후보로서 김영삼
과의 팽팽한 양자대결 구도가 예상
되는 상황이기도 했다.

연설하는 김대중의 상징적 모습
(출처: 경향신문)

　문제는 이 정도 지지만으로는
색안경을 쓴 보수 성향 유권자의 반
김대중 정서, 그리고 지역대결 형태
의 투표 결과를 극복할 수 없다는 점
이었다. 1992년 대선의 경우 김대중
의 입장은 더 불리했다. 비록 3당 합
당을 했지만 김영삼은 민간인 출신
의 후보인데다 한때 민주화운동 세력의 리더였기 때문이다. 김대중이
가지고 있던 민주화운동 인사로서의 명분과 정체성을 충분히 활용하
기에 김영삼은 어려운 상대였다. 따라서 3당 합당으로 여당이 6공화
국의 반민주적 속성을 가지고는 있었지만, 최소한 민주 대 반민주의
구도로 선거를 치르기에는 대중적인 명분이 약했다. 김영삼이라는 민
주화운동 출신 간판스타 때문에 '6공심판'이라는 슬로건의 약발이 잘
먹혀들지 않았다.

　지역대결 투표 성향도 문제였다. 1987년 대선에서도 김대중은 지
역투표의 가장 큰 피해자였지만, 1992년 대선은 김대중에게 더 치명
적이었다. 1987년 대선처럼 세 사람이 출신 지역을 기반으로 싸우는
선거가 아니라 3당 합당을 통해 김대중만 호남에 고립되는 상황이었
기 때문이다. 노련한 승부사인 김영삼이 이 같은 김대중의 콤플렉스를
그냥 지나칠 리 만무했다. 김대중은 어떤 형태로든 이러한 한계를 극
복해야 했다.

이러한 배경 속에서 고육지책으로 '뉴 DJ 플랜'이 탄생했다. 김대중은 반독재투쟁 과정에서 생긴 강성 야당 지도자의 이미지를 탈피하고, 선거의 캐스팅보트를 쥘 정도로 두터워진 중간계층의 지지를 얻기 위해 '6공 비리청산'이나 '민주 대 반민주' 같은 대립구도를 포기했다. 김대중도 알고 보면 부드러운 남자, 이른바 '알부남'이라는 다소 생소한 문구가 선거운동 과정에서 적극적으로 유포된 것도 그 때문이었다.

그러나 이러한 김대중의 이미지 변신에 대한 역풍도 적지 않았다. 오랫동안 김대중의 정치적 이념과 철학을 지지해온 민주 진영의 다수 인사들은 뉴 DJ 플랜을 신자유주의로의 전환이자 변절이라 비판하며 그의 곁을 떠났다. 박현채 교수 같은 경우가 대표적인 사례였다. 박현채는 김대중이 박정희와 대결한 1971년 대선에서 '대중경제론'을 제공하는 등 줄곧 곁에서 김대중을 정책적으로 보좌한 학자였다. 그러나 1992년 대선에서는 김대중과 정치적 인연을 끊었다. 김대중으로서는 너무나도 아쉬운 상실이었다. 김대중은 오랜 측근이 하나 둘 떠나가는 상황 속에서도 '뉴 DJ 플랜' 하나를 부여잡고 1992년 대선에 뛰어들었다(박효재, 2009).

민정계의 후보 단일화

김영삼이 선수를 쳐서 대통령 후보 경선 출마를 선언하자, 민정계에서도 후보 단일화 움직임이 본격화되었다. 박태준 최고위원, 이종찬 의원 등 반김영삼 진영에서는 민정계 후보 단일화가 '김영삼 대세론'을

꺾을 수 있는 가장 효과적인 방법이라는 데 인식을 같이하고 있었다.
그러나 이미 김영삼 측에서는 지나친 내부 경쟁이야말로 12월의 대통
령 선거에 부담이 될 수도 있다며, 김영삼의 후보 등록을 당무 회의의
제청으로 추대하는 방안을 추진하려는 기미가 보였다.

박태준 최고위원과 이종찬, 이한동, 심명보, 박준병 의원 그리고
박철언 여섯 명은 모임을 가졌다. 반김영삼 단일후보를 내세운다는 원
칙에 일단 합의하고 이를 위해 개별적인 경선 출마 선언은 자제하기
로 합의했다. 그리고 후보 단일화 조정을 위해 '6인 중진협의체'를 구
성하기로 했다. 이에 김윤환 의원을 비롯한 아홉 명의 친김영삼 민정
계(신민주계) 중진 위원들은 모임을 갖고 김영삼 지지를 공식 선언했다.
김영삼 직계인 민주계는 미동도 하지 않았다. 대신 총대를 멘 '신민주
계'로 분류되는 민정계 중진들이 앞장서서 대리전을 치르고 있었다.
결국 과거의 민정계는 친김영삼계와 반김영삼계로 나누어졌다.

'6인 중진협의체'는 2차 회의를 열어 후보 단일화의 자격 요건과
시한에 일단 합의하고 문호 개방 방침을 결정했다. 후보 단일화의 범
위를 김종필의 공화계에까지 확대하겠다는 방침을 정했다. 박태준 최

고위원은 "나는 마음을 비웠다"며 이른바 '명경지수론(明鏡止水論)'을 펴기도 했다. 이는 이종찬 의원이 중진 모임을 '박태준 추대위'라고 공격할 가능성에 대한 예방 차원의 사전 포석이었다. 반김영삼 민정계의 움직임이 발 빠르게 진행되자 김영삼 측에서는 제동을 걸고 들어왔다. "청와대의 뚜렷한 설명 없이 박 최고위원이 출마를 강행한다면, 김영삼 대표는 경선을 포기하고 탈당해버릴 것"이라며 청와대를 압박했다 (박철언, 2005).

이에 노태우 대통령은 김종필 최고위원과 청와대에서 단독으로 만나 대권 후보 경선 문제에 대해 깊은 대화를 나누며 그 자리에서 자신의 의중도 상당 부분 드러냈다. 노태우 대통령을 만나고 나온 김종필은 김영삼을 은밀히 만난 것으로 알려졌다. 이때 노태우 대통령은 김종필에게 대통령 후보로 김영삼을 의중에 두고 있다는 자신의 마음을 보여주었던 것 같다. 김종필은 기자간담회를 갖고 "나는 대통령 후보 경선에 나서지 않기로 했다. 후보는 완전 자유 경선에 의해 선출되어야 하며, 후보나 당원들은 그 결과에 절대 승복해야 한다"고 했다.

김영삼 측에서는 고도의 언론 플레이를 시작했다. 이들은 "반김영삼 진영에서 거론되는 경선 후보 가운데 박태준 최고위원은 민정계의 관리자라는 특수한 위치다. 박 최고위원이 출마하는 것은 바로 경선을 계파 간의 세 싸움으로 끌고 가겠다는 의도로 해석할 수밖에 없는 상황인데, 최근 이 문제가 정리되고 있다"고 했다. 이 말은 박태준 최고위원이 경선 후보가 되어서는 안 되며, 이미 그에 대해 청와대와 모종의 약속이 있었다는 듯 언론 플레이를 한 것이다. 물론 친김영삼 언론들은 이를 대대적으로 보도했다.

김영삼 진영에서는 민정계의 후보 단일화가 박태준 최고위원이 될 가능성에 대해 매우 긴장하고 있었다. 그렇기에 김윤환 의원을 비롯한 신민주계 의원들은 21명이 서명한 발표문을 통해 김영삼 후보 추대위원회를 발족시키기로 했다. 그리고 민주계에서는 "박태준 최고 위원이 경선에 출마한다면 이는 사실상 민정계의 최고 수장인 노태우 대통령의 뜻을 반영한 것으로밖에 볼 수 없으며, 그럴 경우 당의 단합은 기약할 수 없다"며 노태우 대통령을 압박했다. 이들은 박태준 최고 위원이 배제된 사실상의 제한경선을 적극적으로 주장했다.

노태우 대통령은 반김영삼 후보 단일화 작업에 깊숙이 개입하고 있던 박철언에게 자중하라고 경고했다. 경선에 출마하지 말 것과 민정계 단일화 작업에 앞장서지 말 것, 특정인(박태준 최고위원)을 지원하지 말 것, 6인 중진협의체에서 빠지든지 아니면 외국으로 떠날 것을 경고하면서 이에 불응하면 모든 조치를 취하겠다고 경고했다.

김영삼은 "나는 누가 후보 경선에 나오든 개의치 않고 정정당당하게 임할 것"이라고 주장했다. 김영삼 측근들은 기자들을 붙들고 볼멘소리로 "이제는 청와대가 교통정리를 해줘야 하지 않느냐. 국민은 이제 민자당 내의 소모적 논란에 염증을 느끼고 있다. 하루라도 빨리 문제를 정리하는 것이 대통령 선거에 도움이 된다"고 강조했다. 김영삼의 후보 결정을 청와대가 나서서 정리해야 한다고 언론 플레이를 한 것이다. 전형적인 김영삼 특유의 '이중 플레이'였다. 반김영삼 진영의 후보 단일화 논의 및 박태준 최고위원의 출마 여부에 대해 결론이 내려지지 않은 가장 큰 이유는 모두 청와대의 의중이 무엇인지를 모르고 청와대만 쳐다보고 있었기 때문이다.

가장 극렬하게 반김영삼 편에 섰던 박철언을 설득하기 위해 김영삼의 참모들이 움직이기 시작했다. 김영삼계의 최형우는 박철언에게 "도와주시오. 과거는 덮고 협조해주면 김영삼 다음에는 박 장관을 위해 꼬붕(부하)이 되겠소. 맹세합니다. 박 장관이 이종찬을 밀 이유가 어

걸으면서 환담하는 김영삼(좌)과 박철언(우)
(출처: 연합뉴스)

디 있습니까? 손해만 볼 것입니다. 김영삼 다음에는 박 장관이 하도록 맹세합니다. 후보 단일화에 앞장서지 말고, 박태준 최고위원은 포기할 테니 이종찬을 밀지 마시오. 이익이 없을 것입니다" 라고 했다(박철언, 2005).

한편 안기부는 출마의지를 보인 박태준을 압박하기 시작했다. 노태우 대통령의 의중이 박태준은 아니라는 방식으로 박태준의 경선출마를 방해했다. 그동안 침묵으로 일관하며 득실을 저울질하던 김종필이 드디어 입장을 밝혔다. 김종필은 기자회견을 갖고 "김영삼 대표가 차기 대통령 후보를 맡는 게 도리이며, 3당 합당의 정신과도 부합한다"고 지지 성명을 발표했다. 3당 합당 이후 그동안 여러 차례 보여주었던 '김영삼 불가론'과는 정반대의 행보였다.

1992년 4월 28일, 김영삼 측은 국회의원 회관에서 163명의 지구당 위원장과 당 고문 및 전·현직 지역구·전국구 의원 등 총 229명이 참석한 가운데 '김영삼 대통령 후보추대위원회' 결성대회를 가졌다. 추대위원회 명예위원장으로는 김종필이, 공동위원장으로 민정·민주·공화 3계파의 권익현, 김재광, 이병희 의원이, 대표 간사로는 김윤환 의원이 선임되었다. 이날 추대위원회는 전국 237명의 위원 중 72%인 170명이 김영삼을 지지한다고 밝혔다.

반김영삼 선봉장으로 경선후보 선언을 한 이종찬 후보는 후보 간 TV 토론회, 시·도별 합동연설회 개최와 전당대회 당일의 정견 발표 등을 요구하면서 "청와대가 모양 갖추기 식의 경선을 유도하고 있다. 이대로는 중대 결심을 할 수밖에 없다"고 경고하고 나섰다. 대의원들이 후보 연설을 모두 듣도록 해야 하는데, 개인 연설회로 진행하다 보니 대의원들이 눈치를 보느라 이종찬 후보의 연설회에는 참석하지 못하는 경우가 많았다는 것이다.

또 이종찬 후보 측에서는 경선의 공정성을 훼손하고 있다고 주장했다. 지구당 위원장들에게 전화를 걸어 "아직도 감을 못 잡았느냐?"며 김영삼 측에 줄서기를 종용하고 있다는 것이었다. 당초 박태준 최고위원을 지지하던 지구당 위원장들 중 상당수가 이 같은 보이지 않는 손에 의해 무장해제되고 있었다. 시·도 의원과 중앙위 분과위원장들마저 동요하는 기미가 역력했다.

이종찬의 공격은 계속되었다. 이종찬 후보는 기자회견을 갖고 "합동연설회의 요구가 받아들여지지 않을 경우 '국민과의 대화'로 이를 관철하겠다"고 했다. 이종찬은 기자회견을 열고 합동연설회 개최와 전당대회에서의 정견 발표를 거듭 요구하면서 "청와대의 손주환 정무수석비서관 등이 당 총재인 노태우 대통령의 뜻을 왜곡·전달해 자유 경선의 참뜻을 훼손하고 공명정대한 전당대회 개최를 불가능하게 만들고 있다"며 정무수석비서관 교체를 요구했다.

이종찬 후보가 '이종찬 돕기' 모임을 추진하자 김영삼 측에서는 경선 시행규칙의 취지가 개인 연설 이외의 군중집회를 금지하는 것이라는 이유로 이종찬 돕기 모임의 취소를 당 선관위에 공식 요구했다.

이종찬 후보 캠프는 합동연설회와 전당대회장 정견 발표가 동시에 보장되지 않을 경우, 개인 연설회를 거부한다는 방침을 재확인했다.

노태우 대통령은 청와대에서 김종필, 박태준 최고위원을 비롯한 당의 원로 11명을 불러 경선에 대해 의견을 나누었다. 대통령은 "역사의 순리대로 가야 한다. 민주주의가 최선의 선택으로 가지 않는 경우가 많다. 룰을 지키지 않고 흠집 내기에 급급하다. 자유 경선의 원칙이 지켜져야 한다. 당이 위기다. 당내의 일은 내부에서 그쳐야 한다"며 이종찬 후보에게 경고를 보냈다.

그러자 이종찬 후보 진영의 채문식 고문은 "이종찬 후보 쪽에서 피해의식이 크니 적어도 전당대회 당일, 두 후보가 대의원들 앞에 함께 선보이는 것이 보장되어야 하겠다"며 지금이라도 당규를 고쳐야 한다고 요구했다. 그러자 노태우 대통령은 "총재의 권한과 책임으로 단호하게 대처하겠다. 집안일을 집 안에서 해결하지 못하고 바깥으로 가져가는 작태를 두고 볼 수는 없다. 6·29선언의 완성과 정당 민주화의 개막을 뜻하는 것이 이번 경선이다"라며 이종찬을 징계할 뜻을 강하게 내비쳤다(박철언, 2005).

민정계의 속사정도 만만치는 않았다. 이종찬 의원은 우선 후보 단일화를 위해 최선을 다하되 안 되더라도 출마하겠다는 입장이었다. 이에 반해 박태준 최고위원은 내심 민정계에서 후보로 옹립해주기를 바라고 있었다. 또 후보 단일화 방법을 두고도 사전 단일화냐, 아니면 희망자 모두 일단 경선에 출마한 후 1차 투표 결과를 보고 단일화하느냐를 두고 의견이 갈렸다.

이종찬 의원은 1차 투표에서 김영삼이 과반수를 확보할 가능성이 없다면서 인위적인 후보 단일화에는 반대한다는 입장을 고수하고 있었다. 그러나 전당대회 개최 전까지 민정계 후보 단일화가 안 되면

민자당 경선 전 3자 회동(김영삼, 노태우, 이종찬) (출처: 국가기록원)

상황이 어려워지며, 후보 단일화를 이루지 못할 경우 대세론을 앞세운 김영삼 진영에 밀릴 수밖에 없다는 우려가 나오면서 경선 과정에서의 후보 단일화는 최악의 수라는 주장이 설득력을 얻었다.

민자당 내의 대통령 후보 경선은 순조롭지 못했다. 선거운동 기간의 3분의 2가 지났을 때도 양 진영은 대의원을 상대로 한 연설 방법 등 절차적 문제에 대한 논의만 하며 실제로는 각자의 길을 걷고 있었다. 이에 김영삼 진영도 긴장의 끈을 늦추지 않았다. 1971년 신민당 대통령 후보 경선 때, 김영삼은 당의 주류로부터 전폭적인 지지를 받고도 자만한 탓에 막판에 김대중에게 패배했던 쓰라린 경험을 잊지 않고 있었기 때문이다. 또 실제로 위원장들의 줄서기와는 달리 대의원 중 상당수는 그저 지켜보고만 있었다.

전당대회장에서 간단한 인사를 하기로 합의하면서 개인 연설회를 수용하는 타협안이 제시되었다. 그러나 이종찬은 기자회견을 갖고 "자유 경선의 의미를 초장부터 짓밟은 것이 항간에서 말하는 '노심(盧心)'이라며, 청와대를 정면으로 공격하면서 불공정·위장 경선 과정을 이유로 대통령 후보 경선을 거부한다고 공식 선언했다. 이종찬의 경선거부 소식이 전해지자 노태우 대통령은 긴급 주요 당직자 회의를 소집해 "자유 경선 추진에 차질이 생겨 통탄스럽게 생각하며 민자당 총재로서 국민과 역사 앞에 책임을 느낀다"고 말했다. 이날 회의에서는 이종찬의 경선 거부를 해당행위로 규정하고 당헌·당규에 의해 단호한 조치를 취하기로 결정했다(박철언, 2005).

김영삼의 당내 후보 결정

이제는 상황이 바뀌어 노태우 대통령의 마음이 거의 70~80%는 김영삼에게 기울어졌다. 김영삼 측은 최종 후보결정 결론을 얻어내기 위해서는 노태우 대통령이 여러 가지로 섭섭해하고 있는 것을 풀어주고, 노태우 대통령을 안심시키는 게 무엇보다 중요하다고 판단했다. 그래서 노태우 대통령의 퇴임 이후 보장을 분명한 약속으로 안심시켜주면 좋은 결과가 나올 것이라는 생각했다(이만섭, 2004). 집권당 사상 초유의 대통령 후보 자유 경선 일자는 5월 19일로 결정되었고, 이때부터 '노심(盧心)'이라는 단어가 정가의 유행어가 되었다. 그러나 노심은 하루에도 몇 번이나 변했다.

"호랑이가 토끼를 잡을 때도 혼신의 힘을 다한다"는 말처럼 김영삼은 대통령 후보 지명을 받기 위해 최선을 다했다. 계파라는 시각에서만 본다면 소수파인 김영삼이 경선에서 승리하기는 힘겨운 것이었다. 그러나 끊임없이 마음이 흔들리던 당 지도부와 달리 지방의 일반 당원들은 김영삼을 지지하는 경향이 강했다.

노심이 김영삼 대표 쪽으로 기울어진 뒤 우여곡절 끝에 1992년

경선 승리 후 박태준(좌), 노태우 대통령, 김종필(우)과 함께한 김영삼 (출처: 매일신문, 2014. 3. 8.)

5월 19일, 민자당 전당대회가 열렸다. 김영삼은 6,660표 중 66.3%인 4,418표를 얻어 대통령 후보로 당선되었다. 경선에 불참한 이종찬의 표도 유효 투표의 33.4%인 2,214표가 나왔다. 후보로 선출된 뒤 김영삼은 수락연설을 통해 "앞으로 3당 합당의 결실을 바탕으로 민주주의의 완성, 선진경제의 실현, 민족통일 성취라는 국가목표를 향해 매진할 것"과 "민족에게는 평화와 통일을, 국민에게는 자유와 정의를, 우리 사회에는 안정과 번영을 보장해주는 큰 정치를 펼쳐나가겠다"고 다짐했다(김영삼, 2000).

김영삼은 1970년 신민당의 대통령 후보 경선에서 역전패당하는 아픔 속에서도 결과에 승복했고, 신민당과 김대중 후보의 승리를 위해 최선을 다했다. 그것은 훗날 김영삼을 당원과 국민으로부터 민주적 절차를 존중하는 정치인으로 인식하게 만들어주었다. 그러나 이종찬은 경선 결과를 흔쾌히 수용하지 않았다. 김영삼은 경선에서 패배한 이종찬을 찾아가 당의 승리를 위해 힘을 합칠 것을 당부했다. 그러나 패배한 이종찬은 끝내 경선 결과에 불복하고 민자당을 탈당했다.

김영삼과 노태우 대통령의 갈등

1992년 8월 20일, 당시 체신부 장관이 제2 이동통신사업자를 발표했다. 사업자에는 노태우 대통령의 사돈인 선경그룹이 선정되었다. 임기 말의 대통령이 재계 전체의 판도 변화를 가져올 수 있는 중요한 대형 사업의 사업자로 자신의 사돈 기업을 선정한 것이다. 김영삼은 노태우와 주례회동을 하는 자리에서 이유 여하를 불문하고 임기 말에 이동통신사업이라는 막대한 이권을 사돈 기업에게 주면 절대 안 된다고 말했다. 그러자 노태우는 오히려 "아니, 모든 사람이 찬성하는데 김 후보만 왜 반대합니까?" 하며 불쾌한 반응을 보였다(김영삼, 2000).

김영삼은 정부가 깨끗하고 대통령이 정직해야 국민이 정부를 믿는다고 주장했다. 이동통신사업자 선정 문제는 국가적으로도 중대한 대형 사업이었다. 김영삼은 사업자 선정에 있어 국민적 감정을 존중해야 하고, 권력의 입장에서는 백지 같은 마음을 가져야 한다고 주장했다.

김영삼은 강릉지구당 개편대회에 참석하기 위해 대관령을 넘어가던 중 차 안에서 카폰으로 오인환 정치특보에게 자신의 입장을 기자들에게 밝히라고 지시했다. 오 특보는 "청와대 주례 회동에서 김 후보가 노 대통령한테 선경 결정에 반대한다는 입장을 분명히 했다"고 전했다. 드디어 김영삼이 노태우 대통령과 차별화 전략을 택한 것이다(박철언, 2005).

김영삼은 더 나아가 노태우 대통령을 직접 공격하기 시작했다.

김영삼은 "사리보다 공익이 우선되어야 하며, 내가 집권할 경우 정직하고 깨끗한 대통령이 되겠다. 우리나라는 잘못되고 있으며, 가장 중요한 문제는 도덕적 문제로 이것이 고쳐져야 한다. 나도 가족을 사랑하나, 나라를 더 사랑한다"고 노태우 대통령에게 직격탄을 퍼부었다. 노태우 대통령은 퇴임 후 사후 보장을 대전제로 김영삼 대통령 만들기에 힘을 실어주었는데도 공격을 받자 엄청난 배신감을 느꼈다. 김영삼은 당사자인 선경 측에서 해결하는 수밖에 없다고 생각해 선경의 최종현 회장을 만났다. 최종현 회장은 사업가로서 이동통신사업에 대한 미련이 대단했다. 김영삼은 최종현 회장에게 단호한 어조로 말했다. "이제 문제를 해결할 사람은 노 대통령이 아니라고 봅니다. 사돈으로서 최종현 회장이 반납하는 길밖에 방법이 없습니다."(박철언, 2005)

김영삼은 내가 반드시 대통령에 당선될 것이며, 그렇게 되면 이번 노태우 대통령의 결정을 취소할 것이라고까지 말하며 설득했다. 최종현 회장은 눈물을 글썽이면서까지 끝내 "두 분이 해결해주십시오"라고 말했다. 김영삼은 "이미 다 끝난 얘기이니 최종현 회장의 결심밖에 없다"고 못을 박았다(김영삼, 2000).

이에 노태우 대통령은 민자당 총재직을 사퇴했다. 대통령은 제2이동통신 문제와 관련해 "정부가 나라의 미래를 위해 사업을 기획하고, 엄정하게 선정·처리했는데도 물의가 빚어져서 가슴 아프게 생각한다"고 유감을 표시했다. 선경은 8월 27일 제2 이동통신사업 추진을 포기하겠다고 발표했다.

1992년 8월 28일 민자당 중앙상무위원회에서 김영삼이 당 총재로 선출되었다. '김영삼 체제' 하의 민자당호가 출범한 것이다. 이는 5·16 쿠데타 이후 형성된 구여권세력이 오랫동안 자신들과 맞서온 김영삼에게 대표권을 넘겨준 것이다. 대항해오던 야당 지도자가 집권

노태우 대통령을
독대하는 김영삼
  (사진: 중앙기록관)

여당의 지도자로 바뀌는 상징적인 순간이었다. 김영삼은 '변화의 시대
를 연다'는 제목의 취임연설에서 "순수 민간인 출신으로는 31년 만에
처음으로 집권당 총재가 되었다"며, "그것은 이제 명실상부한 문민시
대가 열리고 있음을 뜻한다"고 선언했다.

　　노태우 대통령에 대한 김영삼의 노골적인 차별화와 공격은 계속
되었다. '물태우'라는 별명에서 알 수 있듯, 한마디로 노태우 대통령을
가볍게 본 것이다. 하기야 3당 합당 이후 3년 가까이 '밀면 밀리는' 노
태우 대통령이었으니 만만하게 본 것도 무리는 아니었다.

노태우 대통령의 탈당과 중립내각 구성

8월 31일 느닷없이 14대 총선 당시의 관권선거를 폭로하는 양심선언
이 터져 나와 노태우 대통령을 당혹스럽게 했다. 선거 당시 충남 연기
군수였던 한준수가 기자회견을 통해 "이상연 내무장관과 이종국 충

남지사 등이 노태우 대통령의 측근인 임재길 후보를 당선시키기 위해 조직적으로 자금을 살포하고 공무원들을 동원했다"며 구체적인 자료를 제시했다. 파문은 눈덩이처럼 부풀어갔다. 검찰은 결국 전 청와대 총무비서였던 임재길을 구속하기에 이르렀다. 여당에서는 무언가 획기적인 분위기 전환이 필요하다는 여론이 일어났다.

이에 김영삼은 기자회견을 열고 "여러 가지 정황으로 미루어 관권선거가 있었다는 심증을 갖게 되었다. 당시의 집권당 대표로서 감독을 철저히 하지 못한 데 대해 역사와 국민 앞에 사죄 드린다"며, 대통령에게 중립내각 구성을 건의하겠다는 뜻을 밝혔다. 그러고는 총리의 경질 여부를 묻는 기자들의 질문에 총리 경질을 강하게 시사했다.

그러자 참을성이 많다는 노태우 대통령도 드디어 폭발했다. 제2이동통신 문제, 4년 동안 청와대 총무수석을 지낸 임재길 위원장의 구속에다 이제는 대통령의 고유 권한인 개각 문제를, 그것도 남북고위급회담을 위해 평양에 가 있는 국무총리의 경질 문제를 마음대로 얘기하는 김영삼에 대해 인내심의 한계를 느꼈다.

그러나 노태우 대통령은 예상 밖의 길로 가버렸다. 노태우 대통령은 일방적으로 민자당 탈당선언을 해버렸다. 노태우 대통령은 청와대에서 김영삼을 만나 관권 부정선거 파문에 따른 정국 수습 방안을 논의하는 자리에서 선거를 공정하게 관리하기 위한 중립내각 구성의 결연한 의지를 밝히고 민자당 탈당을 통보했다. 민자당 탈당 의지를 밝힌 노태우 대통령은 미국을 방문하기 위해 출국했고, 노태우 대통령의 탈당 통보에 김영삼은 사색이 되었다.

노태우 대통령은 김영삼에게 "여러 가지로 생각해봤는데, 연기군 관권선거 시비로 온 나라가 시끄러우니, 중대한 결심을 하나 해서 분위기를 바꿔야겠습니다"라고 했다. 대선을 앞두고 중립내각을 구성하되, 국민에게 공명선거를 약속한다는 차원에서 민자당을 탈당하겠다고 했다. 자신이 당적을 갖고 있으면 야당에서 중립내각을 믿지 않을 거라는 주장이었다. 이것이 최선의 방책인 것으로 생각한다고 했다.

김영삼은 어이가 없어서 노태우 대통령에게 "미국의 역대 대통령들의 생각이 옳았다고 생각한다. 대통령은 당적을 가지고 있어야 한다"고 말했다. 그리고 그것이 국민에게 책임을 지는 아름다운 민주주의의 전통이라고 주장했다. 그런데 노태우 대통령은 거꾸로 대통령이 자기 당을 떠나는 탈당의 전통을 만들어야 한다고 응답했다. 김영삼은 1시간여 동안 화를 내기도 하고 설득도 해보았지만 노태우 대통령은 막무가내였다. 김영삼은 "마음대로 해보라. 대통령 선거가 끝날 때까지 당신을 만나는 일은 없을 것이다"라고 잘라 말하고 돌아왔다. 김영삼의 이야기를 들은 김종필 최고위원은 육두문자를 써가며 노태우 대통령을 심하게 비난했다(김영삼, 2000).

선거를 앞두고 당내 최대 계파를 대변하는 노태우 대통령이 탈당하는 것은 김영삼의 당선을 방해하겠다는 의사표시나 마찬가지였다. 언론에서는 이동통신 문제와 연기군 선거부정 사건에서 빚어진 김영삼과의 마찰이 노태우 대통령의 탈당 계기가 되었다고 분석했다. 그러나 한편으로 노태우 대통령은 자신이 탈당할 경우 당이 분열되어 결국 김영삼의 당선 가능성이 희박해질 것이라는 판단을 한 듯했다.

노태우 대통령의 탈당은 국민에게 엄청난 충격을 주었다. 민자당은 일대 혼란에 빠졌고, 김대중의 민주당과 정주영의 국민당은 환영 일색이었다. 김대중은 즉시 대통령과 3당 총재의 4자 대표회담을 가질 것을 제의하면서 유화적인 제스처를 취했다. 김대중에게 노태우 대통령의 탈당은 커다란 선물이었고, 새로운 용기를 얻었다.

그러나 김영삼은 노태우 대통령의 탈당에 대해 특유의 결연한 표

김종필, 김영삼, 박태준의 화합 모습 (출처: 연합뉴스, 2018. 6. 20.)

정으로 "걱정할 것 없다. 차라리 잘되었다"라고 말했다. 그의 어투에
는 비장한 각오가 배어 있었다. 노태우 대통령의 탈당이 김영삼 특유
의 오기를 불러일으킨 듯했다. 김영삼은 "노태우 대통령에게 평당원
으로 당에 남아줄 것을 간곡히 권유했지만 그것마저 뿌리쳤다"면서
"우리는 어떠한 일이 있어도 이번 대선에서 기어이 승리해야 한다"고
결연한 의지를 보였다. 어떠한 어려움이 닥치더라도 기어이 해내겠다
는 의지의 표현이었다(이만섭, 2004).

　　1992년 10월 5일, 결국 노태우 대통령은 민자당을 탈당했다. 선
거를 불과 두 달 앞둔 시점에서 노태우 대통령이 탈당함으로써 민자
당의 선거준비는 일대 혼란에 빠졌다. 노태우 대통령의 탈당이 신호탄
이 되어 민정계의 동반 탈당이 이어졌다. 탈당은 거의 매일 몇 사람씩
단계적으로 이어졌고, 계속되는 탈당으로 당은 벌집 쑤신 듯 동요했다.

　　김영삼은 새롭게 각오를 다지면서 당의 내부 결속을 위해 동분서
주했다. 노태우 대통령이 탈당을 선언한 후 김영삼은 박태준을 만나

선거대책본부장을 맡아달라고 당부했다. 그러나 박태준은 끝내 거부했다. 그는 포철 회장직을 내놓았고, 최고위원직 사퇴서 및 민자당 탈당계를 제출했다. 김영삼은 모든 유세일정을 취소하고 전남 광양제철소로 가서 하루 종일 박태준을 설득했으나, 끝내 탈당하고 말았다.

김영삼은 자신을 맹비난했던 박철언을 만나 도움을 요청했다. 김영삼은 "도와 달라. 과거를 잊고 통합 시의 다정했던 상태로 다시 출발하자. 탈당하면 성공하기 어렵다. 주변에서 쓸데(쓸데)없는 소리 하는 것에는 신경 쓰지 마라. 나는 5년만 하고 키워주겠다. 나는 보복하는 사람이 아니다. 자주 전화하고 자주 만나자. 함께 상의해서 일구어나가겠다. 주변도 좀 정리하겠다. 노태우 대통령을 잘 모시겠다. 두 사람 사이는 변함없다. 함께 일하자"고 간곡하게 매달렸다(박철언, 2005).

노태우 대통령과 박태준의 탈당은 곧바로 민정계의 탈당 도미노 현상을 부채질했다. 매일 조금씩 탈당함으로써 탈당의 파급효과를 높이려고 한 의도적인 연쇄탈당이었다. 정가에서는 탈당한 사람들을 중심으로 거대신당 창당설이 그럴듯하게 나돌기도 했다. 선거를 두 달 앞두고 이루어진 연쇄탈당으로 김영삼은 선거체제를 가동하는 데 커다란 애로를 겪었다. 현역의원들이 탈당한 지역은 대통령 선거까지 지구당 개편대회를 치를 시간적 여유조차 없었고, 결국 공백을 메우기 위해 탈당지역은 임시체제로 선거대책위원장을 임명해서 선거를 치렀다.

노태우 대통령의 탈당과 연이은 민정계 인사들의 탈당으로 인해 어려움에 처한 김영삼은 의원직 사퇴라는 승부수를 던졌다. 의원직 사퇴 결단을 내린 것은 이번 대선을 자신의 40년 가까운 정치생활을 총결산하는 기회로 삼겠다는 의지의 표현이었다. 김영삼은 의원직 사퇴 선언으로 범여권이 모든 기득권을 포기하고 원점에서 국민의 심판을 받겠다는 의지를 표명했다. 한 점의 흠집도 남기지 않고 완전하고 깨끗한 경쟁을 했다는 전통을 헌정사에 남기겠다는 의미였다.

당초 김영삼은 노태우 대통령을 공격함으로써 자신의 인기 상승이라는 반사 이익을 얻고, 사실상 정부·여당을 장악해 대선을 치르겠다는 생각이었다. 대통령을 무력화시켜 자신의 꼭두각시로 만들겠다는 생각이었으나 여전히 행정부를 장악하고 있는 노태우 대통령이 탈당하면서 중립내각을 구성하리라고는 생각하지 못했다. 노태우 대통령의 민자당 탈당과 중립내각 구성 소식이 전해지자 김대중은 반색하며 환영했다. 정말로 거국 중립내각이 선거에서 엄정하게 중립을 지켜준다면 자신이 승리할 수 있다고 믿었다. 1992년 10월 7일, 대통령이 현승종 한림대 총장을 국무총리로 임명하면서 중립내각이 출범했다.

노태우 대통령이 김영삼을 후계자로 최종 결정하도록 한 데는 민정계 5인이 결정적인 역할을 했다. 김윤환, 서동권, 금진호, 이원조, 이병기가 그들이었다. 이들 5인 모두 노태우 대통령과 가까운 사이였다. 김윤환은 노태우의 고등학교 동창으로 김영삼의 킹메이커를 자처하면서 대세론으로 끊임없이 분위기를 몰아갔다. 서동권은 안기부장으로 노태우 대통령과 김영삼 양측에 각종 정보를 적절히 분배했다. 김영삼 후보밖에 없다는 대안부재론을 만들어나가면서 자신과 김영삼의 유대를 튼튼히 했다. 금진호 내외는 노태우 대통령 내외와 가장 가까운 친족이었으며, 금진호도 김영삼을 지지했다. 이원조는 노태우의 절친하고 편안한 오랜 친구로서 김영삼 불가피론을 유도하며 자신도 김영삼과의 정치적 관계를 굳게 다져나갔다. 노태우 대통령의 모든 동정을 시시각각 알고 있는 청와대 의전수석 출신인 이병기는 김영삼의 차남 김현철의 경복고등학교 선배로서 3당 통합 후 처음부터 김현철과 깊이 연대했다. 노태우 대통령에게 보고되는 민감한 사항들이 김영삼 측에 어느 정도 전달되었는지는 본인만 알 수 있는 일이었다(박철언, 2005).

김영삼이 집권한 후, 문민정부에서 김윤환은 정무장관, 당 사무총장, 대표위원을 지냈고, 서동권은 대통령 통일고문을 지냈다. 이병기는 노태우 대통령을 구속시킨 김영삼 대통령 아래에서도 안기부장 2특보와 안기부 2차장을 지내게 되었다.

김대중은 노태우 대통령이 민자당에 탈당계를 낸 후 청와대에서 만찬 회동을 갖고 중립 선거관리내각의 구성 및 인선 방향에 대해 의견을 나눴다. 이어서 현승종 내각이 들어섰다. 김대중은 국회 본회의 대표연설을 통해 "노태우 대통령의 탈당선언은 참으로 용기 있고 현명한 구국의 결단이었다"면서 노태우 대통령의 탈당을 '선언'으로까지 격상시켰다. 선거과정에서 김대중은 시종 "이번 선거는 노태우 대통령의 탈당과 중립내각으로 관권선거의 흔적이 없다", "대통령과 중립내각의 확고한 공명선거 의지를 높이 평가한다", "현승종 총리처럼 훌륭한 총리를 모시는 것은 처음인 것 같다"고 잇달아 발언했다.

3

김대중의 야권 대통합

야권통합의 어려움

평민당을 중심으로 한 야당 진보세력들은 다음 대선에서 민주세력이 또다시 패배할 수도 있겠다는 불안감이 있었다. 특히 김대중은 이런 불안감을 가장 많이 가지고 있었다. 1987년 양김에 의한 야권분열, 민자당 창당으로 인해 호남이 고립되었다는 사실, 그리고 여전히 강력한 지역주의 투표(김대중은 1987년 대선 당시 경상도에서 단 3.7%의 득표율을 올렸다)로 볼 때 대선이 2년 앞으로 다가온 상황에서 김대중은 이 난국을 돌파할 수 있는 마지막 카드를 생각할 수밖에 없었다. 마지막 카드가 바로 소위 '꼬마 민주당'이라 불리던 민주당과의 통합이었다.

김영삼이 3당 합당을 할 당시 이에 반대하고 그냥 민주당에 남아서 야당을 사수하려 한 의원들은 그리 많지 않았다. 그중 대표적인 인물이 이기택과 노무현이었다. 민주당 의원들은 그 수가 적어서(8명) 민주당이라고 부르기보다는 '꼬마 민주당'이라 불렀다. 개인적 계산이야

꼬마 민주당 시절 이기택(좌에서 두 번째)와 노무현(우) (출처: 디트뉴스, 2014. 3. 12.)

어떻든 거대 여당의 독주를 막고 흩어졌던 민주세력들을 모으기 위해서는 손해를 보더라도 민주당과 합당할 수밖에 없었다.

1990년 5월 8일, 평민당과 민주당은 통합의 첫 협상에 나섰다. 민자당이 탄생하고 4개월 만이었다. 평민당 대표로는 김원기 · 유준상 · 이재근 · 한광옥 · 한영수가, 민주당에서는 노무현 · 이철 · 김정길 · 장석화 · 장기욱이 협상 대표로 테이블에 앉았다. 이 자리에서 민주당은 무리한 요구를 들고 나왔다. '당 대 당' 통합이므로 지분을 50 대 50으로 할 것을 요구한 것이다. 평민당으로서는 자질 등을 인정해 흡수통합이 아닌 '당 대 당 통합'이 정당하다고는 생각했지만, 의원수가 55대 8인데 지분을 똑같이 하자는 건 문제가 있다고 생각했다.

처음의 통합 협상이 실패로 끝나고, 그 후 야권통합은 제자리걸음만 계속했다. 상황이 진척되지 않자 위기감을 느낀 재야 원로들이 움직여 '범민주 통합 수권정당 촉구를 위한 추진회의'(통추회의)를 만들었다. 통추회의는 출범 후 이부영, 제정구, 여익구, 유인태 등과 연대해 야권통합의 중재자 역할을 했다. '통추회의'의 중재로 불가능할 것 같았던 야권통합에 다시 한번 물꼬가 트였다. 1990년 7월 17일, 평민당의 김대중 총재와 민주당의 이기택 총재가 단독회담을 가졌다. 그 후 김대중, 이기택, 통추회의의 김관석 목사가 3자회담을 열어 통합 결의를 재확인하고 통합 달성을 약속했다. 이 자리에서 3인은 각각 5인의 대표를 내세워 통합 협의를 할 것을 결의했다.

이 자리에서 평민당은 '선통합 후협상'을, 민주당은 '선협상 후통합'을 내세우면서 결국 협상이 결렬되었다. 이에 김대중은 초조해지기 시작했다. 결국 김대중은 8월 15일 광복절 기념사에서 "통합이 된다면 내가 이기택 총재 밑으로 들어갈 수도 있다"고 말해 당권까지도 양보하겠다는 제스처를 취했다. 그리고 10월 들어 김대중이 '지방선거 실시' 등의 이유로 단식투쟁에 들어가자 야권통합의 목소리는 더 이상 나오지 않게 되었다. 그러나 거대 여당의 독주와 민주화를 위해 통합하라는 국민과 재야세력의 요구가 강해지기 시작했다.

1990년 11월, 민주당 총재 이기택은 통합 실패의 책임을 지고 총재직을 사퇴했다. 이를 계기로 야권통합의 움직임은 새로운 국면을 맞이한 듯했다. 그러나 통추회의의 중재로 곧 성사될 것 같았던 야권통합이 계속해서 미루어지고 김대중의 단식, 이기택의 총재직 사퇴 등으로 여기저기서 '통합 회의론'이 고개를 들자, 통추회의도 분열하게 되었다. 김관석, 이우정, 오충일, 신계륜 등 통추회의를 처음 만든 인사들이 모여 '신민주연합'을 만들었고 이부영, 고영구, 여익구, 유인태, 이강철, 박계동, 김부겸, 원해영 등 재야인사들은 '민주연합'을 만들었다.

야권통합은 더욱 불가능할 것 같았다. '신민주연합'은 '평민당'과 통합해 '신민당'을 만들고 '민주연합'은 민주당과 통합해 '민주당'을 만드니 다시 돌고 돌아 통합은 제자리로 돌아오고 말았다. 야권세력은 통합도 하지 못하고 시간만 허비한 꼴이 된 것이다. 이로써 야권통합은 완전히 물 건너간 것처럼 보였다. 신민당과 민주당은 끊임없이 물밑 접촉으로 통합에 노력했으나 당내 여러 사정 등으로 흐지부지되어 갔고, 일각에선 이렇게 가다가 결국 분열한 채로 총선과 대선을 맞는 게 아니냐는 회의론이 나왔다. 이후 반전의 계기가 나타났는데, 그것은 바로 최초의 지방선거였다(이동형, 2011).

야권의 통합

1990년 3당 합당은 '호남 고립'이라는 지역주의의 색이 매우 짙게 나타난 정계개편이었다. 노태우의 대구-경북과 김영삼의 부산-경남, 김종필의 대전-충남-충북이 호남을 둘러싸고 고립시킨 모양새였다. 김대중으로서는 이러한 구조를 깨야 했다. 이 틀을 깨지 않는 한 다음 대선은 물론이고 그다음도 마찬가지로 민자당이 계속 정권을 잡을 게 당연하다고 생각했기 때문이다.

김대중은 단식투쟁을 벌여 풀뿌리 민주주의인 지방자치제를 기어이 성공시켰다. 자치단체장을 뽑는 최초의 선거가 1991년 6월 20일 실시되었다. 야당은 김대중이 단식투쟁까지 벌이면서 쟁취한 지방자치제 선거에서 승리 또는 선전을 예상했다. 그러나 막상 뚜껑을 열어보니 야당인 신민당과 민주당은 참패하고 말았다. 야권은 다시 한번 민자당의 위력을 실감하고 1년 앞으로 다가온 대선에 자신감을 잃기 시작했다. 따라서 선거에 이기기 위해서는 다시 한번 야권통합을 할 필요가 있었다.

김대중과 이기택의
민주당으로의 통합 장면
(출처: 중앙일보, 2015. 3. 24.)

　　이런 상황에서 국민은 김영삼의 3당 합당 때 민자당으로 가지 않
고 남은 소위 '꼬마 민주당' 의원들에게 높은 지지를 보였다. 꼬마 민
주당의 거의 모든 의원이 경상도 출신이고 재야의 깨끗한 중립 지역
거물들까지 가세했기 때문이다. 이기택, 노무현, 김정길 등 김대중의
호남 색깔을 배제할 수 있는 경상도 출신의 명망 있는 의원들도 존재
했다. 이 꼬마 민주당은 김대중에게 구세주 같은 존재였다. 김대중은
민주당에 다시금 구애를 시작했다. 정치 9단 김대중은 손해를 감수하
더라도 야권통합을 할 수밖에 없었다.

　　협상과 결렬 그리고 다시 협상과 결렬의 지루한 공방 끝에 1991
년 9월 16일, 신민당과 민주당은 통합에 성공했다. 통합당명은 '민주
당'으로 하고 공동대표의원에는 김대중과 이기택이 임명되었다. 통합
은 김대중이 민주당의 요구를 대부분 수용함으로써 이루어졌다. 김대
중은 야권이 통합되고 나서 당내 경선을 통해 무난히 대통령 후보로
선출되었다(이동형, 2011).

정주영의 출마

정주영의 바람

대통령 선거는 국회의원 선거와 달리 '조직'보다 '바람'이 대세를 좌우한다. 국회의원 선거는 몇만 표 싸움이므로 누가 많이 조직 표를 확보하느냐가 중요하지만, 몇십만 표에서 몇백만 표 차이로 당락이 결정되는 대통령 선거에서는 국민의 마음을 사로잡는 '바람몰이'가 대세다. 조직이 약했던 정주영 후보의 지지율이 18%까지 상승한 이유는 바로 초기에 불었던 바람 때문이었다. 정주영 후보의 지지가 상승하자 김영삼 후보는 큰 타격을 받았다. 정주영 후보가 김영삼 후보 표를 잠식하므로 김대중 후보가 어부지리를 얻을 가능성이 컸다. 더구나 민자당에서 김영삼과 대권 경쟁을 벌이던 이종찬이 정주영의 국민당에 가세하면서 1992년 대선은 한치 앞을 내다볼 수 없는 안개 정국이 되었다(우종창, 2011).

유세 초반엔 정주영 바람이 대단했다. 경제를 가장 많이 안다는

'경제 대통령'을 내세운 데다가 '아파트를 반값에 공급한다'는 공약이 당시 집이 없던 서민층에 깊숙이 파고들었다. 특히 대구-경북에서도 정주영 바람이 만만치 않게 불고 있었다. 당시 대구-경북 지역은 김영삼에 의해 대구-경북세력이 소외되었다는 인식이 있었기 때문이다.

김영삼에게 후보사퇴 요구

정주영은 정치에 뛰어들기 전에는 김영삼과 절친한 사이였다. 그의 아들 정몽준은 "아버지께서 1987년의 대통령 선거 당시 가족들에게 '김영삼을 찍는 게 좋겠다'고 권유했을 정도였다"고 공개하기도 했다.

그러나 정주영은 국회정상화를 위해 김영삼과 만난 자리에서 난데없는 후보사퇴 문제를 거론함으로써 분위기를 험악하게 만들었다. 정주영은 김영삼과 회동한 다음날 기자간담회를 열어 두 사람 사이에 오간 대화내용을 공개하면서 자신이 먼저 김영삼에게 후보를 양보할 것을 요구했다고 밝혔다.

정주영은 김영삼에게 "국민이 경제를 잘 아는 대통령을 원하고 김 대표는 경제를 잘 모르는 데다 지금 공부해도 늦었으니 이번에는 나에게 양보해달라"고 제의했다. 이에 대해 김영삼은 "지금 내 위치에서 어떻게 후보를 그만두느냐? 절대 안 된다. 그런 얘기는 꺼내지도 말라"고 불쾌하게 대꾸했다는 내용이었다. 정당의 후보 대 후보로서 만난 자리에서 느닷없이 상대방에게 후보를 사퇴하라고 요구한 것은 어떻게 보면 상식을 벗어난 행동이었지만 정주영은 개의치 않았다(허영섭, 1993).

정주영을 만나는
김영삼
(출처: 서울신문, 2015.
11. 22.)

국민당이 이러한 대화내용을 자세히 공개한 것은 역시 정주영 후
보 사퇴설을 의식했기 때문이다. 두 후보가 만난 자리에서 먼저 후보
를 사퇴하라고 선제공격을 취함으로써 당시 항간에 떠돌던 정주영의
막판 후보 사퇴설이 전혀 근거가 없음을 확인시켜주려는 의도였다. 국
민당이 두 사람의 대화내용을 공개한 이후 정주영이 결국에는 후보를
사퇴할 것이라는 소문은 상당히 수그러들었지만, 이러한 소문은 그 뒤
선거 직전까지도 계속되었다.

그러나 정주영은 실제로 김영삼이 민자당 안에서 후보 문제로 옥
신각신하던 무렵 김영삼이 끝내 후보로 선출되지 못할 경우 그를 국
민당의 후보로 영입하는 문제를 심각하게 검토했던 것으로 전해졌다.
이를테면 '킹'이냐, '킹메이커'냐의 갈림길에서 상당히 고민했다는 얘
기다.

당시 국민당 관계자들은 정주영이 간혹 지나가는 말투로 "김영삼
이 우리 당에 들어오면 부산·경남 지역 책임이나 맡기자"고 말했다
고 했다. 이 두 사람이 만나 후보 양보 문제를 거론한 것 자체가 이들
의 정치 성향이나 지지기반이 비슷하다는 점을 나타낸 것이었으며, 바

로 이 점이 정주영으로서는 뛰어넘을 수 없는 최대 걸림돌이 되었다. 결국 정주영이 선거과정을 통틀어 계속 바람을 일으켰고, 비록 당선까지는 어려웠다 하더라도 득표율이 총선 때의 수준을 벗어나지 못했던 데는 이러한 이유가 있었다.

정주영의 반발

김대중과 정주영은 야권공조를 위해 단독회담을 가졌다. 회의는 야권공조를 논의하는 도중에 정주영이 "이봐"라는 반말을 사용함으로써 깨지고 말았다. 이날 김대중은 단체장선거의 연내 실시를 관철하기 위해 민주당과 국민당이 공동투쟁하자는 의견을 제시했고, 정주영도 이에 공감을 표시하면서 3당 대표회담을 열어 이에 대한 입장을 밝히자고 제안했다.

이에 김대중이 다시 3당 대표 회동에 앞서 두 사람이 단체장선거를 위해 공조한다는 내용을 언론에 발표하거나 합의각서를 만들 것을 수정 제안해 서로 그렇게 하기로 동의했는데, 문제는 바로 그 뒤에 일어났다.

당 3역을 배석시킨 가운데 회담을 속개한 자리에서 김대중이 앞서의 약속대로 공조체제를 못 박는 합의각서 작성을 요구하자, 정주영은 표정을 바꾼 채 "합의한 바 없다"고 잡아떼면서 "무조건 3당 대표 회담을 열자"는 입장만 내세운 것이다. 단번에 회의장 분위기는 험악해졌다. 이에 김대중이 어처구니없다는 듯이 "분명히 아까 동의해놓고 그런 일이 없다고 할 수 있느냐?"고 따지자 정주영은 "아까는 당신

정주영과 악수하는
김대중
(출처: 연합뉴스사진)

이 유도하는 바람에 그렇게 됐는지 모르지만, 내가 언제 한다고 했느냐?"며 오히려 언성을 높였다.

　　배석했던 민주당 한광옥 사무총장이 "대표님, 우리도 정치인입니다. 그러시면 됩니까?"라고 항의했으나 정주영은 "이봐, 마음대로 해봐"라며 막무가내로 삿대질까지 해댔다. 결국 이날 회담은 두 사람이 흥분한 상태에서 악수도 하지 못한 채 헤어지고 말았다. 이때부터 국민은 정주영의 말투에 더욱 관심을 쏟았다. 아무렇게나 내뱉으면서도 순발력과 유머 감각을 갖춘 그의 말투는 강점이기도 했지만 약점으로 꼽힐 때가 더 많았다. 직관에서 우러나오는 넉살, 임기응변, 능청스러움을 지니고 있으면서도 정치인에게 필요한 논리적으로 다듬어진 세련된 말투는 아니었다(허영섭, 1993).

정주영은 국회 대표연설을 통해 국민당이 추구하는 '3대 새 정치' 구상을 밝히며 부정부패가 없는 깨끗한 정치, 새로운 경제도약을 약속하는 희망의 정치, 그리고 소모적 정쟁을 거부하는 실천적 정치의 세 가지를 약속했다. 특히 당면한 경제위기를 극복하고 국민에게 새로운 도약의 희망을 품게 하려면 경제정책에서 획기적이고 과감한 대수술을 감행해야 한다고 했다. 관주도의 경제를 민간주도의 자율경제로 전환하고 금융실명제, 토지공개념제를 조속히 실시할 것을 촉구했다.

국민당의 대통령 선거운동은 일찍부터 시작됐다. 7월에는 최고위원 김광일을 단장으로 하는 대선기획단을 발족시키고 매주 한 번씩 '광화문 토론회'와 '여성을 위한 시사강좌'를 열어 서서히 일반의 관심을 끌어나갔다. 정주영은 만일에 대비해 지구당마다 신체 건장한 청년 100명씩 행동대를 구성했다. 중앙당의 행동대는 1천 명으로 결성하도록 지시를 내렸다. 국민당의 선거운동은 기업홍보 방식을 선거운동에 적용시킨 독특한 방식으로 진행되었다.

현대 계열사 직원 상당수는 1992년 14대 총선에서 선거운동을 돕기 위해 국민당으로 옮겨왔는데, 그 인원이 대략 300명에 달했다. 총선이 끝난 직후 일부 직원들은 현대로 되돌아가기도 했으나 대통령 선거를 앞두고는 다시 지원체제가 강화되기 시작했다. 국민당은 이른바 '3대 국민운동실천 당원결의대회'라는 명칭의 당원대회를 시작으로 선거운동의 불을 붙여나갔다. 3대 국민운동이란 정주영이 국회 본회의에서 기조연설을 통해 밝힌 환경 · 지역 · 통일 운동을 의미하는 것이었다.

"바꾸자 온나라, 만들자 새나라"라는 슬로건 아래 행해진 당원결

정주영의 열정적인
대통령 유세 모습
(출처: 매일일보, 2013.
3. (9.)

의대회에서 국민당은 전국적으로 녹색 스카프 물결을 일으켰다. 정주
영 본인도 녹색 스카프를 착용했으며, 당원들도 모두 녹색 스카프를
두르고 행사에 참석했다. 총선 당시 톡톡히 재미를 보았던 '아파트 반
값' 공약은 대통령 선거에 와서는 좀 더 구체적인 형태로 나타났다. 중
소도시에서는 반값으로도 충분하며, 대도시에서는 비용을 더 낮춰 3분
의 1 가격으로도 아파트 건설이 가능하다는 것이었다(허영섭, 1993).

　그러나 정주영은 대중 앞에서 행한 유세연설에서 원대한 민족 장
래나 사회발전, 또는 숱하게 쌓여온 산업화의 모순을 해결할 개혁의
청사진을 제시하는 비전은 보여주지 못했다. 기대하고 있던 청중에게
정주영이 보여준 것은 공단지역에 문화전당을 건설한다든가, 주택 가
격을 현 시세의 3분의 2로 싸게 공급하겠다든가, 매년 100억 달러씩
무역흑자를 내도록 하겠다는 등 간단명료한 공약 몇 가지뿐이었다. 어
찌 보면 정치연설이랍시고 긴 말이 필요 없고, 솔깃한 공약만 제시하
면 그뿐이라는 정주영다운 단순한 논리였다. 다만 재벌총수가 아닌 정
당대표로서 정주영의 가시 돋친 비난은 청중에게 색다르게 다가왔다.
시종일관 현 정권을 '썩었다'고 꾸밈없이 직설적으로 공격하는 대담함

을 보여줬기 때문이다(정대수, 2009).

그러나 이 무렵 항간에 정주영에 대한 억측과 소문이 나돌면서 국민당은 일일이 해명하느라 적잖은 곤욕을 치러야 했다. 소문의 내용은 주로 나이로 인한 건강 문제와 여성편력이었으며, 돈에 얽힌 얘기도 자주 등장했다. 국민당은 이러한 소문들이 반대 진영에서 일부러 만들어 퍼뜨린 흑색선전이라고 간주하고 있었다. 건강 문제로는 북한산에 올라갔다가 넘어져 다른 사람에게 업혀 내려왔다느니, 수영하던 도중 졸도했다느니 하는 소문이 퍼지기도 했다. 심지어 오줌을 제대로 가리지 못해 항상 양복바지를 여벌로 갖고 다닌다는 악의적인 소문까지 퍼지고 있었다. 공개적인 유세에서조차 이와 비슷한 내용의 "정주영 후보가 기저귀를 차고 다닌다"는 흑색선전이 유포됐다.

정주영의 가장 큰 취약점 중의 하나는 현대라는 거대한 재벌기업을 배경으로 삼아 국민당을 창당했다는 점이었다. 현대가 직접적으로 선거운동에 개입했건, 하지 않았건 쉴 새 없이 금권정치 시비에서 벗어날 수 없었던 것도 바로 여기에 원인이 있었다. 그리고 실제로도 정주영은 말로는 "현대와 손을 끊었다"고 주장했지만, 현대와의 관계를 완전히 청산하지는 못했다. 현대 계열 사원의 대부분이 국민당원이었다는 점도 일단 시비의 대상에서 벗어나기 힘들었다. 물론 정주영은 이에 대해 "현대 직원들이 나라를 구하려고 집권 가능성이 많은 정당을 지원하는 것일 뿐"이라고 해명했지만, 그러한 해명을 곧이곧대로 받아들이려는 사람은 별로 없었다(허영섭, 1993).

박태준 파동

노태우 대통령이 선거중립을 표방하고 민자당을 탈당한 이후 박태준도 정계를 은퇴한다는 명목으로 탈당한 뒤 해외에 나가 있었다. 대통령 선거를 앞둔 시점에서 국민당의 가장 큰 숙제는 김영삼 대표와 결별을 선언하고 민자당에서 탈당한 박태준 의원을 영입하는 것이었다.

박태준은 3당 합당으로 민자당이 출범한 이래 명목상으로는 줄곧 최고위원을 맡아왔지만, 그간 당내에서 소홀한 대접을 받아온 데 대한 섭섭함이 있었다. 노태우 대통령 대신에 민정계 의원들의 관리를 맡아 이른바 대구-경북(TK)의 대부 역할을 해왔던 만큼 탈당에 앞서 자신에게 최소한의 언질도 주지 않은 데 대한 불만도 있었다.

12월 12일, 정주영은 여의도광장 유세에서 박태준 최고위원의 소망이 우리나라를 일본에 버금가는 경제대국을 만드는 것이라고 하면서 자신이 대통령이 된다면 박태준을 국무총리로 임명하겠다고 선언했다. 선거 전날인 12월 17일, 정주영은 박태준이 귀국해 국민당에 입당할 것이라고 발표했다. 느닷없는 발표에 모두 놀란 표정이었다. 그리고 한편으로는 설마 하면서도 대체로 이 발표를 기정사실로 받아들

정주영과 박태준의
만남 (출처: 프리미엄조선,
2015. 1. 19.)

이려는 듯한 분위기였다.

사실 여부는 당장 확인하기 어려운 상황이었지만, 국민당으로서는 선거가 코앞에 다가온 시점에서 최후이자 최대의 카드였다. 각종 여론조사를 토대로 지지율에서 월등히 앞선다고 판단해 느긋해하고 있던 민자당은 국민당의 이러한 발표소식을 전해 듣고 당황했다. 바로 다음날 아침부터 대권의 운명을 가름하는 투표가 시작되기 때문이었다. 민자당으로서는 머뭇거릴 틈이 없었다.

민자당은 즉시 반격을 가한다는 방침을 세우고 박태준으로부터 미리 받아놓은 편지를 공개하기로 했다. 박태준이 마음속으로 김영삼 후보를 지지하고 있다는 내용의 편지였다. 개인의 편지를 선거에 이용할 경우 쏟아질지도 모를 비난을 의식하지 않은 것은 아니었지만, 이것저것 따질 겨를이 없었다. 원본에서 개인적인 사연은 잘라내고 필요한 부분만 다시 짜 맞춰 공개하기로 했다. 부랴부랴 작업을 한 끝에 내놓은 박태준의 편지가 문장이 제대로 이어지지 않을뿐더러 뜻이 통하지 않았던 것은 이러한 이유 때문이었다(허영섭, 1993).

巨山(김영삼의 호) 兄.

막바지에 얼마나 고생이 많습니까. 최후의 일각까지 선전하십시오. 반드시 승리하실 것입니다. 저의 주변에서 괴롭히는 사람들도 더러 있습니다만 광양에서 확인한 우정을 기본적으로 해 행동규범을 정하고 일본, 중국, 월남과의 경제협력에 노력하고 있습니다.

건강에 유념하시고 건승을 빌며.

박태준 弟.

여의도 유세

대선 일주일 전 여의도광장에서 국민당의 유세가 열렸다. 국민당은 이 날의 유세를 통해 수도권 지역에서 마지막 돌풍을 일으킴으로써 대세를 단번에 역전시킨다는 작전을 세워놓고 있었다. 실제로 이 유세는 선거기간을 통틀어 국민당이 가장 많은 청중을 동원한 집회이기도 했다. 그만큼 당시 여의도집회는 수도권은 물론 전국의 판세를 결정하는 데 중요한 역할을 하게 될 것으로 예상되었다.

1987년 제13대 대선에서 노태우 후보가 김영삼, 김대중에게 승리를 거둘 수 있었던 이유 중 하나는 여의도집회를 통한 '세 과시'에 성공했기 때문이다. 이 같이 여의도 유세는 상징적 의미를 지니고 있었다. 그러나 1992년 대선은 과거와 달랐다.

국민당이 여의도에서 유세를 갖는다고 서둘러 발표했지만, 민자당과 민주당은 마치 '해볼 테면 해봐라'라는 식이었다. 오히려 서로 약속이라도 한 듯 "수도권 지역에서는 대규모 청중이 동원되는 유세를 열지 않겠다"고 발표했다. 대형 집회를 개최하게 되면 교통난을 부추겨 서울 곳곳의 도로망이 꽉꽉 막히게 됨으로써 시민에게 불편을 준다는 이유였다.

여의도집회에서 승부수를 띄우겠다고 잔뜩 벼르던 국민당 지도부는 상대방들이 한발씩 물러서자 오히려 김이 빠질 수밖에 없었다. 선거 막판에 당연히 한 번은 열어야 하는 것으로 인식됐던 여의도집회였지만, 양대 정당이 "열지 않겠다"고 선언하고 나서자 국민당은 뭔가 머쓱해진 분위기였다. 거꾸로 여론의 눈치를 살펴야 하는 입장으로 바뀌었다.

그러나 민자당과 민주당이 여의도집회를 하지 않겠다고 한 데는

정주영의 대통령 선거 유세 장면 (출처: 뉴스웍스, 2015. 11. 25.)

다른 이유가 있었다. 당시 국민당이 여의도 유세에서 무엇인가 한방 터뜨림으로써 막판 기세를 올리기로 한다는 소문이 떠돌고 있었기 때문이다. 여기에 잘못 대응하다가는 국민당의 전략에 말려들어갈 소지가 많다고 판단했다. 당시 시중에 퍼지고 있던 소문 중 가장 위력적인 것은 국민당의 정치자금에 대한 폭탄선언이었다. 정주영이 김영삼, 김대중 두 사람에 대한 정치자금 제공내역을 폭로할 것이라는 소문이었다. 이미 "정주영이 양김 두 사람에게 얼마씩을 주었다더라" 하는 식으로 근거도 없는 풍문까지 떠돌아 다니고 있었다.

더욱이 정주영은 10년간 전경련 회장을 지냈으므로 자신이 전달한 정치자금 말고도 다른 재벌기업들이 제공한 부분에 대해서도 소상히 파악하고 있을 것으로 짐작되었다. 따라서 이러한 소문이 사실이라면 파문은 분명히 작지 않을 것으로 여겨졌다.

정주영이 정치자금에 대한 폭탄선언을 할 것이라는 소문은 전혀 틀린 얘기는 아니었다. 실제로 여의도집회를 앞두고 몇 차례 열린 국민당 대책회의에서는 이 문제에 대해 구체적인 논의가 있었다. 일부 당직자들은 이러한 폭로전으로 선거를 치를 경우 오히려 유권자의 마음을 불안하게 만들어 부정적인 효과가 더 많을 수도 있다고 우려를 나타냈다. 1992년 1월 초 국민당 창당 기자회견에서 정주영이 청와대에 대한 정치자금 헌납사실을 폭로했을 당시 일반 여론이 반드시 호의적이지만은 않았다는 점도 거론됐다. 결국 이러한 논의과정을 거친 끝에 국민당은 '깜짝 폭탄선언'을 자제키로 최종 결론을 내렸다.

물론 정치자금 문제 외에도 3조 원에 이르는 정주영의 개인재산을 털어 농어촌 부채를 완전히 탕감해주거나 중소기업을 지원해준다는 등의 막판 선언이 있을 것이라는 소문도 나돌았지만, 모두 논의로만 그쳤다. 국민당이 폭탄선언을 터뜨릴 것이라는 소문이 퍼지면서 민자당과 민주당은 겉으로는 태연한 듯했지만 속으로는 신경을 곤두세우고 있었다(허영섭, 1993).

흑색선전

선거유세가 벌어지자 의외로 정주영 후보가 선전하기 시작했다. 양김에게 지쳐 있던 많은 관망파들의 시선이 대거 정주영에게 쏠리고 있었다. 그런 현상은 수도권, 대구-경북(TK), 충청지역에서 뚜렷하게 드러났다. 김영삼이나 민자당에서는 당황할 수밖에 없었다. 김대중의 지지층은 상당히 견고한 데 반해, 정주영 후보가 보수 성향의 표를 계속 잠식할 경우, 승패를 전혀 예측할 수 없었기 때문이다. 따라서 국민당과 현대에 대한 노골적인 견제와 탄압이 시작되었다. 민자당은 지역감정을 이용하기 시작했다. 당시 대구-경북을 중심으로 '반김대중, 비 김영삼' 유권자를 향해 "정주영을 찍으면 김대중이 대통령 된다"는 선전 · 홍보전을 편 것이었다.

1992년 11월 28일자 〈조선일보〉는 "정주영 변수"라는 칼럼을 통해 흑색선전을 했다. "판세를 가름할 뇌관, 이번 선거의 뇌관은 정주영 후보가 쥔 꼴이 됐다. 그가 만약 굉장히 많이 득표하면 그는 이 나라의 대통령이 된다. 반면에 그가 적당히 많이 득표할 경우에는 김영삼을 떨어뜨리고 김대중을 당선시킬 것이다. 만약에 경기, 충청, 경북 일부, 서울 일부 유권자가 정주영에게 적당히 많이 표를 줄 경우엔 대통령으로는 김대중이 당선될 확률이 높아진다. 수치로 이런 사람들이 지금 40% 가까이 된다는 이야기다. 이들은 과연 마음을 어떻게 정할 것인가?", "우리 유권자는 아예 공약에 너무 신경 쓰지 않는 게 나을 것 같다. 흔히들 정책 대결과 공약 위주로 선거판을 만들자고 하는데, 공약이야 그 누구의 것인들 나쁜 것이 어디 있는가. 40% 안팎의 미정 표 유권자는 이제 정주영 변수가 작용하는 3자 대결 구도에서 자신의 선택을 좁혀가야 한다. 정주영에게 굉장히 많은 표를 허락함으로써 그를 당선시킬 것인가, 또는 그에게 적당히 많은 표가 가게 함으로써 김대중을 당선되게 할 것인가, 아니면 그에게 아주 조금만 표를 줌으로써 김영삼을 당선시킬 것인가?"라고 한 것이다(박철언, 2005).

현대중공업 비자금 사건

대통령 선거를 불과 보름 앞두고 정주영 후보에게 찬물을 끼얹은 대

사건이 발생했다. 현대중공업 경리부 여직원이 1992년 12월 5일 양심선언을 통해 "현대중공업의 선박 수출대금 330억 원이 국민당 선거자금으로 지원되었다"고 폭로한 것이다.

폭로 즉시 경찰은 현대중공업을 압수수색하고 경리장부 일체를 가져갔다. 그리고 사장과 전무 등 현대중공업 관계자 5명과 정주영 대표특보 등 국민당 관계자 3명을 지명수배했다. 선거를 코앞에 두고 국민당은 쑥대밭이 되었고, 정주영과 국민당은 치명적인 타격을 입었다. 기세를 높여가던 국민당의 선거운동이 이때부터 한풀 꺾이게 되었다.

이에 대해 정주영은 그 돈이 자신이 소유한 현대 계열사의 주식을 처분해 마련한 돈이라고 항변했다. 하지만 어떤 주식을 어떻게 처분했는지에 대해서는 정확히 밝히지 못했다. 더구나 바로 그 며칠 전의 관훈클럽 토론회에서는 "이번 선거를 위해 주식을 판 일이 없다"고 밝혔던 터였으므로 이러한 해명 자체가 그를 더욱 궁색한 처지로 몰아넣었다.

이러한 양심선언은 재벌 총수인 정주영 후보가 자기 돈으로 대통령 선거를 치르는 것으로 알고 있던 국민에게 대단한 실망감을 안겨 줬다. 정주영의 바람은 서서히 수그러들었다. 12월 11일에는 국민당 측에서 부산지역 기관장들이 '초원복집'이라는 음식점에서 가진 선거대책 모임을 불법적으로 도청한 녹취록을 공개하면서 여론은 더욱 악화되었다.

5

김영삼의 승리

승리의 요인: 부산 복집 사건

한국정치를 논의할 때 '지역'을 떼어놓기란 거의 불가능하다. 갖가지 크고 작은 선거에서 지역정서는 늘 핵심적인 요소로 작용했기 때문이다. 특히 정치권 전체가 죽느냐 사느냐를 두고 대결을 벌이는 대통령 선거에서는 지역에 의존하는 것이 더욱 두드러졌다. 이 같은 지역정서가 가장 잘 나타난 것이 이른바 '초원복국집 사건'이었다.

대선을 코앞에 둔 1992년 12월 11일, 부산 지역 기관장들이 초원복집에 모였다. 이날 모임은 '김영삼을 대통령으로 만들기 위한 부산 지역 기관장들의 대책회의'였다. 이를 주선한 사람은 김기춘 전 법무부 장관으로, 이날 모인 사람들은 김영삼 후보의 당선을 위해 지역감정에 불을 지르자고 다짐했다.

대선을 사흘 앞두고 국민당의 김동길 선거대책위원장은 긴급기자회견을 열고 충격적인 사실을 폭로했다. 부산 남구 대연동 초원복국

부산 초원복국 (출처: 서울경제, 2017. 4. 6.)

집에서 김기춘 전 법무부 장관의 주선으로 모인 부산지역 기관장들이 당시 여당인 민자당의 김영삼 후보를 위해 지역감정 조장 방안 등을 모의했다는 것이다. 김 위원장은 이들의 대화 내용을 담은 녹음테이프를 증거물로 제시했다. '복국집 대책회의' 참석자로는 의장 격인 김기춘 전 장관을 비롯해 부산시장, 부산지검장, 부산경찰청장, 안기부 부산지부장, 기무사 부산지역 책임자(기무사 부대장) 등 부산지역 주요 기관장들이 포함되어 있었다(이철승, 2012).

이 자리에서는 김영삼을 당선시키기 위해 정주영 후보에 대한 비방 유포와 함께 지역감정을 부추기고 언론사 간부들을 회유·매수하며, 상공회의소 등 민간단체들을 이용해 유세장 인력 동원에 나서야 한다는 등의 이야기들이 오갔다. 지역감정 선동의 극치를 나타낸 것이다.

이 녹음테이프에는 "이제 중립내각이 나와 마음대로 못해서 답답해 죽겠다. 믿을 곳은 부산·경남이 똘똘 뭉치는 것밖에 방법이 없다"는 김기춘 전 장관의 목소리와 "정주영의 표를 10% 미만으로 떨어뜨려야 한다"는 부산시장의 목소리, 그리고 "우리는 지역감정이 좀 일어나야 한다"는 교육감의 목소리가 담겨 있었다. 또 "나는 (부재자) 투표에서 중립을 못 지키겠다. 이제 저는 마음대로 해도 돼요. 장관님하고는 다릅니다"라는 기무사 부대장의 목소리도 들렸다(박철언, 2005).

이 자리에서 김 전 장관은 "당신들이야 노골적으로 (선거운동을) 해도 괜찮다. 우리 검찰에서도 양해할 것이고, 경찰청장도 양해……"라며 사실상 불법선거운동을 지시했고, 부산경찰청장은 "양해라뇨. 제가 더 떠듭니다"라고 화답했다. 모임에서 여러 번 나온 "우리가 남이가?"라는 말은 지역감정을 조장하는 상징어가 됐다.

국민당 측은 이 폭로를 계기로 김영삼 후보의 추락을 기대했다. 부산지역 고위 공직자들이 선거에 개입한 증거가 명백히 드러났고, 지역감정 조장 발언까지 녹취가 된 터라 결코 국민당에 불리하지 않았다. 김영삼은 부산 복집사건을 모 기관의 정치공작이라고 몰아붙였다. 김영삼은 눈이 펑펑 내리는 서울의 명동 거리에서 지나가는 사람들에게 일일이 정치공작이라는 내용이 담긴 전단을 나누어주기도 했다. 민주당과 국민당은 지역감정 조장 관권선거를 격렬하게 규탄하면서 총공세에 나섰다. 선거정국에 회오리가 일면서 김영삼 캠프는 궁지에 몰리게 되었다. 처음에는 야당 후보들이 큰 호기를 맞은 것처럼 사태가 진행되었다.

그러나 시간이 지날수록 초원복집 사건은 뜻밖의 방향으로 흘러갔다. 김영삼을 적극적으로 지지하고 있던 언론에서 김영삼 측의 관권선거, 지역감정 선동을 문제 삼기보다는 이들의 대화를 비밀리에 녹음한 행위 자체의 도덕성을 문제 삼고 나왔다. 지역감정 조장과 불법선거보다는 도청행위의 불법성과 부도덕성이 쟁점으로 떠오른 것이다. 〈조선일보〉에서는 초원복집 사건의 본질이라고 할 수 있는 권력기관의 불법선거 개입은 제쳐두고 오히려 사건을 폭로한 국민당 관계자의 불법도청만 집중적으로 부각해 비난했다. 특히 12월 18일 선거당일 아침 사설까지 동원해 국민당의 행태를 정보정치로 몰아세우며 맹폭격을 퍼부었다. 또 초원복집 사건은 김영삼 후보를 음해하려는 공작이라는 요지의 기사를 주요 톱뉴스로 다뤘다. 김영삼 후보가 이번 사건의 최대 피해자라는 식의 보도를 내보내기도 했다.

거대 언론들의 보도에 힘입은 탓인지 유권자의 심리도 이상한 방향으로 흘러갔다. 영남 표가 결집하며 '김영삼 구하기'에 나선 것이다. 사태가 이렇게 엉뚱하게 흘러가자 사실상 김대중이 최대 피해자가 됐다. 김영삼 표를 잠식해주리라 기대한 국민당의 정주영 후보 지지가 가라앉은 데다 영남 표까지 똘똘 뭉치게 된 셈이니 최악의 상황이 된 것이다. 선거 막바지에 벌어진 사태라 이에 대응할 시간적 여유도 없었다(박호재, 2009).

초원복집 폭로로 김영삼 후보의 지지율이 급락하면 제1야당의 김대중 후보가 당선될지도 모른다는 위기감이 지역감정을 자극했다. 영남지역의 표는 무섭게 결집했고, 결국 김영삼 후보가 대통령에 당선됐다.

김영삼은 997만 표로 804만 표를 얻은 김대중을 누르고 무난하게 대통령에 당선되었다. 김영삼은 영남에서 80%에 가까운 지지를 받아 김대중보다 474만 표를 더 얻었다. 김대중은 호남에서 김영삼보다 281만 표밖에 더 얻지 못했으므로 그 차이로 떨어진 것이라는 주장도 나왔다. 정주영이 388만 표를 얻었는데, 만약 정주영이 출마하지 않았다면 이 표가 누구한테 갔는지가 관심을 끌기도 했다.

초원복집 사건을 계기로 "권력은 복국집에서 나온다"라는 말이 유행했고, 당초 예상을 벗어나 엉뚱한 결과가 나오는 현상을 가리켜 '초원복국집 효과'라는 신조어가 등장하기도 했다. 복국집 회동을 주도한 김기춘은 대통령선거법 위반혐의로, 복국집 도청을 주도한 정몽준은 범인 은닉혐의 등으로 각각 불구속 기소됐다(이청승, 2012).

김대중의 패인

1992년 대통령 선거 역시 금권선거였다. 언론에서는 민자당이 5천억 원을 썼을 것이라는 지적이 있었으나, 그보다 더 많은 비용이 들어간 것으로 추산했다. 지역주의 다음으로 금권선거가 큰 문제가 되었다. 대선에서 김대중은 TV 공개토론을 요구했다. 그것은 시기적으로 적절한 제의였으나 김영삼으로서는 받아들이기 어려웠다. 김영삼은 김대중이 자신보다 훨씬 말을 잘하고 여러 가지로 많이 알고 있다는 점에 항상 두려움을 갖고 있었다. 그렇기에 다른 것도 아니고 대통령 선거에서 자신의 약점을 송두리째 드러낼 수 있는 TV 공개토론에 절대 응할 리 없었다(서중석, 2008).

김대중의 패인은 호남의 유권자 수가 영남에 비해 적었기 때문이다. 그러나 선거 전략에도 문제가 있었다. 김대중은 처음에 자신의 이미지를 개선하기 위해 '부드러운 남자'와 '중도우파'를 부르짖었지만, 나중에 진보 쪽의 표가 달아난다는 얘기가 나오자 마지막에는 '전대협(전국대학생협의회)과 정책 제휴'를 하겠다고 돌아섰다. 즉, 중도와 진보 사이를 왔다 갔다 하다가 결국 양쪽 표를 다 놓친 것이 결정적 패인이었다는 지적이 많았다(이만섭, 2004).

북풍도 패인의 하나였다. 1992년 10월 6일, 국가안전기획부는 돌연 '남한조선노동당사건'이라는 것을 발표했다. 안기부의 발표에 따르면 어마어마한 규모의 공안사건이었다. 조선노동당 정치국 후보위원이며 권력서열 22위인 리선실이 남파돼 10여 년 동안이나 잠복하며 10여 명에 이르는 간첩망을 운영했다는 것이다. 특히 김대중에게 치명적이었던 것은 북한이 이들에게 "대선에서 민주당 후보인 김대중을 지지하라"는 지령을 내렸다는 내용이었다. 민주당 인사 다수가 이 간

첨단에 연루됐다는 내용도 덧붙여졌다. 간첩단 사건은 노골적으로 김대중과 연결되었다. 안기부의 발표는 당연히 반공이데올로기에 젖어 있는 보수층 유권자를 크게 자극할 수밖에 없었다. 안정을 도모하는 중산층까지 이에 동요했다. 보수를 아우르고 중간계층의 지지를 끌어모으려고 고안됐던 '뉴 DJ 플랜'이 일순간 와르르 무너져 내린 셈이다 (박호재, 2009).

전국연합(전국진보연합)은 범민주 후보로 김대중을 추대하고 지지하기로 확정했다. 이에 민자당은 기다렸다는 듯이 김대중의 색깔이 의심스럽다면서 김대중 후보가 마침내 본색을 드러냈다고 맹공을 퍼부었다. 김대중 후보를 당선시키라는 김일성 지령설 등이 공공연하게 떠돌아다녔고, 민자당은 그것을 증명이라도 하려는 듯이 북한 인공기를 배경으로 김대중 후보의 모습을 담아 전국 방방곡곡에 뿌려댔다.

1992년 선거는 정부 수립 이후 처음으로 민주 대 반민주의 격돌 양상으로 선거가 전개되지 않았다. 비록 '북풍'과 '지역감정 조장' 등 독재정권 시절과 같은 관권선거가 난무했다는 약점이 있었지만, 비교적 무난하게 치러진 선거였다. 김영삼의 당선은 군사정권의 종결을 선언했다는 데 의미가 있었다. 김영삼 정권의 출범 초기 지지율이 대선 투표 지지율의 2배를 넘어서는 90%에 임박했던 것도 바로 국민이 '군사정권의 종결'이라는 의미를 부여한 것에 힘입은 바 컸다. 이러한 파격적인 지지율은 김대중에게 표를 던졌던 대다수 호남인까지 김영삼의 당선을 의미심장한 역사의 순간으로 인정했다는 증거였다.

6

그 이후

김영삼은 대통령 재임 기간 중 금융실명제(1993)를 도입하고, 차명 부정 계좌를 단속 및 처벌했으며, 지방자치제를 전면적으로 실시했다. 대한민국 임시정부 법통 명문화 등 역사 바로 세우기 정책의 일환으로 옛 조선총독부 건물을 폭파하여 철거했고, 국군 내 사조직인 하나회를 척결했다. 또한 전두환 · 노태우 두 전직 대통령의 비자금을 수사하여 처벌했고, 군사반란과 5 · 17 쿠데타 및 5 · 18 민주화운동 진압의 책임을 물어 군사정권 관계자들을 사법처리했다.

1996년 말 신한국당은 야당의 반대에도 노동법을 단독으로 처리하여 노동계의 거센 반발과 저항을 불러왔다. 1996년 12월 26일, 노동법과 안기부법을 전격적으로 날치기 통과시켰다. 정부 여당의 노동법 개정안은 '복수 노조 허용'과 '정리해고'를 골자로 한 것이었는데, 노사 양쪽 중 어느 측으로부터도 환영받지 못한 설익은 상태였다. 노동법이 무리하게 날치기 통과되자 나라 안이 소용돌이쳤다. 1997년 새해 벽두부터 노동계가 들고일어나 총파업에 들어갔다. 김영삼 대통령의 임기가 1년 남짓밖에 남지 않은 상황에서 정부 여당은 이미 무기력 상태에 빠졌다.

1997년 초에 터져나온 한보비리 사건은 김영삼 정권에 큰 타격을 입혔다. 문민정권의 실세라던 홍인길, 황병태, 정재철 의원, 김우석 내무장관 등 정·관계 실세들이 한보로부터 뇌물을 받은 것으로 드러나 대거 구속되었고, 야당에서도 김대중 총재의 최측근인 권노갑 의원이 구속되었다. 홍인길 의원의 입에서 "나는 깃털에 불과하다"는 말이 나왔고, 이에 따라 '몸통'이 누구냐에 온 국민의 관심이 쏠렸다. 한보 사태의 여파는 결국 김영삼의 차남 김현철에게까지 미쳤다. 김현철은 '소통령'으로 불릴 정도로 정책·인사에 개입하여 파워가 막강했다. 국정운영에 대한 보고를 김영삼에게 직접 했으며, 개인 사무실을 내고 실무진을 구성하여 광화문 팀을 운영했다. 소위 '김현철 사건'은 그렇잖아도 4월 대란설, 5월 대란설 등 다가오는 경제 위기에 불안해하던 국민의 분노를 일으켰다. 결국 "아들의 잘못은 아비의 책임"이라는 김영삼의 사과담화와 한보사태 TV 청문회를 거쳐 김현철이 구속되기에 이르렀다(김병문, 2012).

김영삼의 차남인 김현철의 국정개입 및 재계유착 의혹 등으로 김영삼 정권의 권위가 추락되고 권력 누수현상이 급속화되었다. 급기야 김영삼은 집권당의 대통령 후보 선출 과정에서 중립이라는 명분으로 자신의 영향력을 제대로 행사할 수 없었다.

특히 임기 말 외환관리의 잘못으로 대외신인도가 추락하면서 결국 한국경제를 IMF 관리체제에 빠뜨림으로써 그의 민주화 세력에 대한 도덕성마저 추락하게 되었다. 1997년 외환위기의 시발점은 1월 23일 발생한 한보철강의 부도였다. 한보철강 부도는 정치적으로 상당한 파장을 가져왔지만, 국민경제가 위기로 치달을 정도의 파장은 아니었다.

그러나 대기업들의 연이은 도
산으로 경제위기가 심화되었다.
특히 기아자동차의 부도는 국내
외적으로 큰 파장을 불러왔다.
기아자동차의 도산은 국내 어느
기업도 더 이상 부도로부터 안
전할 수 없다는 불안감을 가져
왔다. 따라서 외국인 투자가 및
투자기관들이 한국의 국제신인
도를 의심하게 되었다.

대국민 사죄를 하는 김영삼 대통령
(출처: 조선일보, 2015. 12. 2.)

　　대기업의 연이은 도산으로
은행 및 종합금융사들의 부실은
더욱 깊어졌다. 단기로 조달한 외화를 장기로 동남아시아에 투자한 종
금사들은 7월의 태국 금융위기와 8월의 인도네시아 경제위기가 촉발
되면서 부실기관으로 전락했다. 또한 10월에 발생한 홍콩 증권시장의
주가폭락은 사태를 더욱 악화시켰다. 홍콩 사태를 계기로 외국 금융기
관과 투자가들은 본격적으로 투자자금을 회수하기 시작했다.
　　외국 투자기관들의 자금 회수가 시작된 가운데 국책은행들마저
신용등급이 하락하면서 해외차입이 사실상 불가능해졌다. 따라서 외
환시장에서는 극심한 달러 부족 현상이 나타났다. 가용 외환 보유고는
10월 말 223억 달러에서 11월 말 73억 달러로 급락했다. 환율을 방어
하기 위해 정부는 11월 한 달 동안 150억 달러를 쏟아부었지만, 환율
폭등과 외환 고갈을 막을 수는 없었다. 이에 따라 정부는 하는 수 없이
11월 21일 공식적으로 국제통화기금(IMF)에 구제금융을 요청하게 되
었다(김병문, 2012).

김영삼은 IMF 위기를 불러온 대통령으로 인식되었고 그의 인기는 한없이 떨어졌다. 대통령 퇴임 이후에도 김대중 정부와 노무현 정부에 대한 정책을 비판하면서 끊임없이 정치적 활동을 하려 했다. 김대중이 위독하다는 소식을 들은 김영삼은 연세대학교 세브란스병원을 방문해 문안했다. 자신과 김대중 전 대통령의 관계를 "세계에서 유례가 없는 특수관계"라는 말로 회고했다. 또한 "우리가 6대(국회)부터 동지적인 관계에 있었고 오랜 동지관계도 있었지만, 경쟁관계에 있었거든요. 애증이 교차하는 겁니다"라고 말했다. 그리고 이희호 여사에게 "세상에는 기적도 있다"며 최선을 다해 달라며 위로했다. 이후 김영삼은 2015년 고열과 혈액감염 증세로 사망했다.

김대중은 1992년 12월 18일 치러진 대통령 선거에서 190만여 표차이로 김영삼에게 패했다. 그는 선거 결과에 승복하며 정계 은퇴 성명을 발표했다. 1993년 1월 영국으로 출국하여 케임브리지 대학교 객원교수로 활동하다가 1993년 7월 귀국하여 아태재단을 설립했다. 3당합당이라는 태생적 한계와 김영삼 정부의 실정으로 김대중은 정계복귀를 할 수 있었다. 1995년 6월 27일 실시된 지방선거의 결과는 민자당이 참패했다. 민자당은 지방선거에서 15명의 시·도 지사 중 5명을 당선시키는 데 그쳤고, 시장·군수·구청장 선거와 시·도 의원 선거에서도 야당인 민주당에 뒤졌다. 전통적으로 여당세력이 강한 대구-경북과 강원에서의 부진은 이 지역에서의 반민자당 정서가 얼마나 심각하고 광범위하게 확산해 있는지를 보여주었다.

1995년 6월 27일 실시된 지방선거에서 민주당이 수도권을 장악하는 등 대승을 거두자 김대중의 정계복귀는 더더욱 구체화되었다. 1995년 7월 18일, 김대중은 정계복귀를 선언했고, 민주당 탈당파들과 함께 새정치국민회의를 창당했다. 이후 1996년 제15대 국회의원 선거에서 새정치국민회의 비례대표 14번으로 출마했으나 13번까지만 당선되어 낙선했다. 더구나 새정치국민회의가 79석밖에 얻지 못하는 참패를 당하자 차기 대권 가도에 적신호가 켜지게 되었다. 따라서 호남 고립 구도를 깨기 위해 김종필의 자유민주연합(자민련)과 연합하는 방안을 모색했다. 김대중은 자민련 김종필과의 단일화를 추진하여 국민회의의 대통령 후보가 되었다. 김대중의 대선 상대는 신한국당의 이회창 후보였다. 당시 이회창 후보의 지지율은 50%에 육박하면서 소위 대세론이 힘을 얻고 있었다.

그러나 야당의 끊임없는 이회창 후보 아들 병역 기피 의혹 제기로 인해 이회창 후보의 지지율이 크게 추락한 데 이어, 이인제 후보가 경선불복과 함께 독자출마를 강행하면서 여권은 분열을 맞게 되었다.

1997년 10월 7일, 김대중은 또다시 위기를 맞이하게 되었다. 당시 신한국당의 강삼재 의원이 비자금 사건을 폭로했다. 1991년 초에 노태우 대통령으로부터 20억 원+α를 받았다는 폭로였다. 이에 김대중과 국민회의는 날조라고 반박하며 위기를 모면하려 했으나 신한국당은 비자금 계좌까지 공개하며 김대중 후보를 압박했고, 급기야 신한국당이 김대중 후보를 고발했다. 그러나 당시 검찰은 정국의 혼란을 우려해서 비자금 수사를 대선 이후로 미룬다고 발표했다. 이후 김영삼 대통령과 가진 영수회담에서 김대중 후보는 김영삼 대통령이 대선에서 중립적인 태도를 보이는 것에 대해 긍정적인 평가를 보였다.

1997년 11월 3일, 국민회의는 내각제 개헌을 약속하며 자민련의 총재였던 김종필, 박태준과 후보 단일화에 합의했다. 신한국당도 이에 대항해 당명을 '한나라당'으로 개명했고, 3김 시대 청산을 내세웠다. 이후 12월 18일까지 이회창, 김대중, 이인제 세 후보 간에 치열한 공방전이 계속되었고, TV 토론을 통해 서로 간 치열한 대결 양상을 보였

김대중 대통령의
취임식 모습
(출처: 대통령기록관)

다. 1997년 12월 18일, 제15대 대통령 선거 개표 결과 김대중 후보가
10,326,275표(40.3%)를 획득해 9,935,718표(38.7%)를 획득한 이회창 후
보를 39만여 표 차로 간신히 누르고 제15대 대통령으로 당선되었다.

충청남도 논산 출신의 이인제가 경기도지사직을 사퇴하면서 대
통령 선거에 나서 김영삼 대통령의 근거지라고 할 수 있는 부산·경
남을 중심으로 하여 4,925,591표(19.2%)를 얻어 김대중 대통령이 당선
되는 데 결정적인 공헌을 했다. 이후 이인제는 김대중 대통령이 창당
한 새천년민주당에 입당하여 최고위원직을 맡게 되었고, 2002년 대통
령 경선 당시에는 이른바 '효자론'(1997년 대통령 선거에서 김대중 대통령 당
선의 일등공신)을 내세워 자기가 차기 대통령 후보가 되어야 한다고 했
지만, 국민경선에서 노풍 열풍을 일으킨 노무현 후보에게 패배하고 중
도 사퇴하면서 노무현 후보에 대해 색깔론을 제기한 것이 계기가 되
어 새천년민주당을 탈당했다.

김대중은 대통령 재임 중에 국난극복의 일환으로 IMF를 극복했
다. 금융개혁, 기업 구조조정, 노동개혁, 공공개혁 등 4대 개혁에 중점

을 두고 새로운 국가발전 모델의 기초를 구축하려 했다. 또한 전쟁을 억제하고 남북관계 개선을 위한 대북정책에 초점을 두고 햇볕정책에 심혈을 기울였다. 2000년 6월 역사적인 남북정상회담을 성사시키고 6·15 남북공동성명을 통해 한반도 평화의 정착에 대한 노력으로 최초로 노벨평화상을 수상했다(김병문, 2012).

남북정상회담 중 평양 순안공항에서 만난 김대중 대통령과 김정일 국방위원장
(출처: 국가기록원)

김대중은 상대적으로 높은 도덕적 우위를 바탕으로 정권을 확보했다. 과거 민주화 투쟁에 대한 헌신과 도덕성을 강조해온 김대중은 집권 초기 IMF를 잘 극복해가면서 어느 정도 국민으로부터 신뢰를 받았다. 그러나 1999년 6월 온 나라를 떠들썩하게 만든 고급 옷 로비 사건*은 김대중 정부의 도덕성에 치명적인 타격을 주게 되었다.

사건의 진실성 여부를 떠나 당시 이 사건은 법무부 장관인 김태정의 부인 연정희를 보호하려는 목적에서 검찰의 축소·은폐 혐의가

---

* 고급 옷 로비 사건의 주역은 신동아그룹 최순영 회장의 부인 이형자, 강인덕 전 통일부장관의 부인 배정숙, 강남 라스포사 사장 정일순이었다. 이형자는 남편인 최순영 회장이 외화밀반출 혐의로 구속되려는 상황에 처하자 이를 모면하기 위해 정·관계 인사들에게 접근했다. 이 과정에서 고급 옷 로비 사건이 터졌다. 이형자는 로비를 위해 김대중 대통령 부인인 이희호가 다니는 의상실인 라스포사의 정일순 사장을 통해 이희호에게 접근하기 위해 적극적으로 로비를 벌인 것으로 알려졌다. 이 과정에서 배정숙이 중개인이 되어 이형자에게 당시 검찰총장인 김태정의 부인 연정희를 소개했다. 이형자는 연정희에게 고급 옷을 로비로 제공했다.

있었다. 이에 분노한 국민과 여론의 압박으로 검찰은 다시 수사를 하게 되나 불신이 높아지자 결국 청문회를 실시했다. 이후 특검을 통해 이들 부인의 로비 의혹이 밝혀졌다. 이 과정에서 청와대는 진실을 밝히기보다는 김태정 법무장관을 보호하려는 행동을 취하게 되고, 김대중 대통령은 언론이 '마녀 사냥'식으로 몰아간다고 비난했다. 진실을 호도하고 여론을 무시하려는 태도는 결국 국민의 분노를 자아내게 되었고, 결국 국민의 정부에 대한 신뢰성에 커다란 타격을 주었다. 옷 로비 사건은 결국 어느 면에서 대단한 사건이 아닐 수 있었음에도 도덕성에 흠집을 내는 것이 두려웠던 국민의 정부가 진실을 호도하고 은폐하려는 행동이 사건 자체를 커다란 정치적 이슈로 만들었다.

2000년 10월, 이른바 '정현준 게이트'가 불거진 이래 '진승현 게이트', '이용호 게이트', '윤태식 게이트' 등으로 이어지는 대형 금융비리 의혹사건으로 정국은 혼란에 빠졌고, 결국은 대통령의 아들들이 비리의혹사건에 연루되어 수사를 받는 상황에까지 이르렀다. 김대중은 임기 3년을 넘길 무렵부터 이 같은 의혹사건들과 여당 내의 반발 등으로 인해 급격히 힘을 잃어갔다. 김대중은 2002년 6월 21일 아들의 구속과 관련하여 대국민 사과를 발표했다. 결국 수평적 정권교체를 통해 어렵게 정권을 획득했고 남북관계에서 획기적인 평화 무드를 조성했던 김대중 정부도 마지막에는 측근들과 아들들이 부정부패에 연루되면서 도덕성에 흠집이 가게 되었다.

대통령직 퇴임 직후인 2003년에는 동교동 사저 옆에 김대중도서관을 개관했다. 김대중도서관에는 생전 유품과 저서 등을 비롯한 많은 관련 자료들이 보관·전시되었다. 2009년 7월 13일, 흡인성 폐렴 증세로 세브란스병원에 입원했다. 초기엔 병세가 호전되기도 했으나 점차 악화되어 결국 2009년 8월 18일 사망했다.

제4장 노무현과 이회창

노무현은 누구인가?

노무현은 1946년 경남 김해시 진영읍에서 4km쯤 떨어진 봉하마을에서 농부인 아버지 노판석 씨와 어머니 이순례 씨 사이에서 3남 2녀 중 막내로 태어났다. 노무현은 중학교를 졸업할 때까지 이곳에서 살았으며, 막내인 데다가 재주도 많아서 집안의 사랑을 받으며 자라났다. 초등학교에 들어간 이후 가난으로 인한 열등감에 시달리기도 했지만, 공부도 잘하고 성격도 명랑한 편이었다.

학교생활은 결석이 많았고 평탄하지는 못했다. 5~6학년 기록부에는 병 때문에 결석했다고 적혀 있는데, 그 이유는 한 달에 한두 번씩 위궤양으로 아버지의 등에 업혀 병원에 실려 갔기 때문이다.

가난은 어린 노무현에게 넘을 수 없는 벽이었고 때론 탈선도 낳았다. 후에 노무현은 "가난은 사람을 비굴하게 만들고 때론 거짓말을 하게도 한다. 나만은 가난에서 벗어나야겠다는 생각과 모두가 가난하지 않은 세상을 만들고 싶은 막연한 꿈을 품었다"고 회고했다. 5학년 때는 선생님의 권유로 출마해 전교회장에 당선되기도 했다. 중학교를 졸업한 뒤에는 어려운 가정 형편에 장학금을 받기 위해 부산상고에 진학했다.

고등학교 시절 노무현은 많은 방황을 했다. 친구들과 어울려 술과 담배를 배웠고, 머리를 깎지 않으려 시험기간에 도망도 쳐봤다. 고등학교 2학년 중간고사 기간, 기성회비를 내지 않은 사람은 학교에 오지 말라는 선생님의 말씀에 등교를 포기했다. 선생님은 겁을 주려고 한 소리에 진짜로 등교를 하지 않자 "왜 곧이곧대로만 듣느냐?"며 노무현을 야단쳤다. 또, 노무현은 하숙집에서 나와 친구 집에서 잘 수 있었는데도 일부러 추운 교실바닥에서 자기도 했다.

노무현이 가장 어려웠던 시절은 고등학교를 갓 졸업하고 취직했을 때였다. 새 옷을 살 돈이 없던 노무현은 운동화에 교복을 입고 출근했다. 그 모습을 본 회사 간부가 교복 좀 벗고 다니라고 주의를 주었다. 이후 교복바지에 축 늘어진 친구의 스웨터를 빌려 입고 출근했는데, 결국 이 차림이 겨울 내내 그의 유일한 출근복이 되었다. 노무현은 졸업 이후 농업협동조합의 입사시험에 응시했으나 낙방하고, 한 어망 제조업체에 취직했다. 그러나 최저생계비에도 못 미치는 임금과 발등을 다쳐도 치료비조차 주지 않는 고용주의 비정함에 실망해 그만두었다.

노무현은 회사를 그만둔 뒤에 고향으로 돌아가 사법고시 공부를 시작했다. 1966년 10월 고졸 출신에게 응시자격이 주어지는 '사법 및 행정요원 예비시험'에 합격한 것을 시작으로 사법고시를 준비하기 시작했고, 책값을 벌기 위해 울산에서 막노동도 했다. 사법시험을 준비하던 도중인 1968년 육군에 입대했고, 전방 을지부대에서 복무한 뒤 1971년 상병으로 만기제대 했다.

사법시험을 준비하던 기간 중 어린 시절부터 알고 지낸 고향 사람이자 권오석의 둘째딸 권양숙과 연애를 시작했다. 노무현은 권양숙과 연애하면서 결혼을 결심하게 됐지만, 권양숙의 아버지는 과거에 좌익운동을 하다가 형을 선고받고 복역 중 사망했다. 집안에서는 노무현의 앞길을 망칠까 봐 걱정되어 결혼을 반대했다. 당시에는 연좌제에 걸리면 사법고시에 합격해도 판·검사 임용이 안 되던 시기였기 때문이다.

노무현은 사법시험에 세 번 실패했지만, 결국 1975년 제17회 사법고시에 합격했다. 사법고시에 합격하고 나서 2년간의 연수원생활을 거친 후 1977년 대전지방법원 판사로 임용되었고, 그 후 1978년 변호사를 시작했다. 노무현은 세무·회계 전문 변호사로 명성을 쌓았으며, 주로 조세 및 회계사건 등을 통해 높은 수임료를 받았다. 당시 평범한 동료 변호사들처럼 지역의 경제인과 어울리며 요트를 즐기는 등 풍요롭고 자유로운 생활을 했다.

변호사 생활을 하던 노무현에게 1981년 있었던 '부림 사건' 은 인권변호사의 길을 걷게 되는 계기가 되었다. 민청학련 사건 변론으로 이름이 높았던 김광일 변호사가 1981년 부림 사건의 변호에 참여하라고 노무현에게 권유했고, 이를 수락함으로써 본격적인 인권 변호사 활동을 시작하게 되었다.

1982년에는 부산 미국문화원 방화 사건의 변론에 참여했고, 1984년 부산 공해문제연구소 이사를 거쳐 1985년에는 부산 민주시민협의회 상임위원장을 맡게 되면서 시민운동에 발을 들여놓았다. 1986년부터는 변호사 일을 거의 그만두다시피 하고 재야운동에 힘썼다. 노무현은 자신의 사무실에 노동법률상담소를 열기도 했으며, 1987년에는 민주헌법쟁취 국민운동본부 부산본부 상임 집행위원장을 맡아 6월 민주화운동에 앞장서며 민주화운동의 주역이 되었다. 이때 사람들은 그를 '부산민주화운동의 야전사령관'이라고 불렀다.

재야운동가로 이름을 날리던 노무현은 당시 통일민주당 총재이던 김영삼에게 발탁되어 그의 부탁을 받고 1988년 제13대 총선에 출마해 정치에 입문했다. 그는 부산 동구에서 통일민주당 후보로 국회의원에 당선되었다. 노무현은 국회 노동위원회에서 활발한 활동을 벌여 이해찬, 이상수 의원과 함께 '노동위원회의 3총사'로 불렸다.

이후 노무현은 5공 청문회에서 일약 스타정치인으로 떠오르게 되었다. 요리조리 핵심을 피하며 국회의원들을 우롱하던 증인들을 명쾌한 논리와 달변으로 꼼짝 못하게 꾸짖는 노무현에게 국민은 새로운 정치의 가능성을 느꼈다. 정주영 현대그룹 회장의 증인 심문 과정에서 자리에서 벌떡 일어나 "니네들 자식 데려다가 죽이란 말이야! 춥고 배고프고 힘없는 노동자들 말고 당신들 자식들 데려다가 현장에서 죽이면서 이 나라의 경제를 발전시키란 말이야!"라고 소리쳤던 노무현의 일화는 유명했다. 또, 죄가 없다고 주장하는 전두환 전 대통령에게 명패를 던지는 등의 행동으로 국민의 관심을 받게 되었으며 그를 대중정치인으로 만들어주는 하나의 사건이 되기도 했다.

노무현은 1990년 여소야대를 뒤엎기 위해 '3당 합당'을 하려는 움직임이 있자 이

---

* 금지된 서적을 읽고 독서 토론회를 했다는 이유로 학생들을 고문해 공산당이라는 허위자백을 받은 사건

에 반대하며 당에 잔류해 민주당 창당의 주역이 되었다. 1992년 통합민주당 소속으로 부산 동구에 다시 출마했지만, 지역주의의 벽을 넘지 못하고 아쉽게 낙선했다. 1996년 선거에서 민주당의 간판후보로 종로구에서 출마했으나, 역시 당선되지 못했다. 다만 1997년 11월 김대중의 새정치국민회의에 입당해 부총재로서 다음 대선에서 국민의 정부가 출범하는 데 큰 역할을 했다.

1998년에 있었던 종로구 보궐선거에 출마한 노무현은 재선 국회의원이 되었다. 이어 2000년 제16대 국회의원 선거에서 '지역감정 타파'라는 명분을 내세워 주변 사람이 거의 모두 반대했음에도 안전한 서울 종로를 버리고 부산 북·강서을 출마를 결심했다. 그러나 지역주의에 의해 또다시 희생물이 되어야 했다. 이때부터 '바보 노무현'이라는 말이 나왔다.

노무현은 총선 패배 뒤 "부산 시민이 야속하고 원망스럽지 않은 것은 아니지만, 한마디로 부산 시민을 비난하는 데는 동의하기 어렵다. 지역주의가 어디 부산만의 문제인가?"라는 글을 썼다.

노무현은 비록 당선에는 실패했지만 많은 사람의 지지를 받았다. 이 사람들을 중심으로 우리나라 최초의 정치적 팬클럽인 '노무현을 사랑하는 모임(노사모)'이 만들어졌다. 노사모는 이후 노무현이 대통령에 당선되는 데 큰 역할을 했다(김병문, 2012).

이회창은 누구인가?

이회창은 1935년 황해도 서흥에서 검사 출신인 이홍규와 김사순의 4남 1녀 중 둘째 아들로 태어났다. 아버지의 발령지에 따라 이주해 서너 살 땐 전라남도 장흥군에서 살았다. 유년기의 이회창은 말수가 적고 얌전한 아이였다. 유년기에 그의 부모는 외가가 있는 광주로 이주해 광주 서석초등학교를 졸업했다. 초등학교 5학년 때 '중학입학자격 검정시험'에 응시해 합격했으며, 졸업 후 광주시 광주서중학교에 합격했으나 법관이던 아버지 이홍규가 청주시로 발령되어 충청북도 청주중학교로 전학 갔다. 그 뒤 다시 경기중학교로 전학 갔다.

6·25전쟁 직전 경기중학교 4학년에 재학하고 있을 때 서울지방검찰청 검사였던 아버지 이홍규가 '남로당원을 무혐의로 풀어줬다'는 이유로 자유당 간부로부터 좌경·용공으로 몰려서 고초를 겪었으나, 장면의 후원으로 위기를 모면할 수 있었다. 경기중학교 졸업 후 경기고등학교에 입학했다. 내내 상위권 성적을 유지했으며, 졸업 후에는 서울대학교 법과대학 법학과에 입학했다.

학구파였던 이회창은 학창시절 내내 학업에 정진했고, 동시에 사법시험을 준비했다. 서울대학교 법대 재학 중인 1957년 제8회 사법시험에 합격했고, 1957년 6월 공군 장교로 임관, 공군본부 법무감사관실 법무관을 지내고 1960년 공군 예비역 대위로 예편했으며, 제대 후에는 법관으로 임용되었다.

1960년 초 이회창은 서울지방법원 판사를 시작으로 법관 생활을 시작했다. 법관 시절 개인 이미지 관리에 신경을 쓴다는 비판도 있었으나, 실력이 있고 자세도 발라서 소장 법관들의 큰 신뢰를 얻었다. 이후 1965~70년 서울고등법원 판사, 1971~73년 사법연수원 교수, 1973~75년 서울민사지방법원 부장판사, 1976~81년 서울고등법원 부장판사 등을 역임했다. 이때 그는 판사로 임용된 노무현을 만났는데, 둘은 뒷날 대통령 선거에서 라이벌로 맞붙는 악연이 되었다.

1981년, 이회창은 최연소 대법원 판사로 임명되었다. 법관으로 재직하면서 정권의 입맛과 배치되는 소수의견으로 유명했으며, 법관 재직 중 권부와 타협하지 않아 '대쪽판사'라는 별칭이 붙기도 했다. 또, 주류 법관치고는 소수의견도 자주 냈고, 군사정권의 사사로운 청탁을 거절해 요주의 인물이 되기도 했다.

이회창은 전두환 정권의 기피인물로 지목되어 1986년 4월 대법관직을 연임하지 못하고 퇴임했다. 그 뒤 제6공화국이 출범하면서 1988년 7월 복직, 대법원 대법관에 임명되었으며 동시에 중앙선거관리위원장에 임명되어 선관위원장을 겸임했다. 1988년 실시된 국회의원 선거에서는 갖가지 불법선거 사실을 고발하면서 김영삼 민주당 총재와 노태우 대통령에게 경고 서한을 보내고 스스로 사표를 제출하기도 했다. 그 뒤 변호사 사무소를 열어 변호사 활동을 했다.

1993년 3월, 이회창은 김영삼의 문민정부 출범 직후 감사원장에 임명되었다. 감사원장 취임 초 이회창은 성역으로 일컬어지던 청와대 비서실이나 국방부의 율곡 사업, 평화의 댐에 대한 감사를 강행하며 전두환 · 노태우 전직 대통령 등에 대한 서면조사를 했다.

1993년 12월, 이회창은 국무총리에 임명되었다. 보통 대통령의 측근이나 정권의 실세가 아닌 임명직 총리의 경우 정권의 얼굴마담이나 방탄조끼 역할을 수행하는 것이 보통이었으나, 이회창은 자신에게 주어진 법적 권한을 적극적으로 활용해 강력한 총리로 직무를 수행하려 했다. '법치'를 내세우던 그는 국무총리 재직 중 당시 김영삼의 최측근이자 권력의 2인자였던 내무부 장관 최형우를 면전에서 거침없이 호통을 쳐서 유명해지기도 했다. 또 총리의 권한을 행사하려고 노력하다가 김영삼 대통령과도 수시로 충돌했다. 이를 부담스러워한 김영삼 대통령은 이회창을 사임 형식으로 해임하려

했다. 이회창은 해임이 예상되자 "법적 권한도 행사하지 못하는 허수아비 총리는 안 한다"며 국무총리 취임 127일 만인 1994년 4월 사표를 냈다. 이러한 행동들로 '대쪽'이라는 별명을 국민에게 각인시켰으며 당시 국민에게 큰 인기를 끌게 되었다.

그 뒤 변호사사무소를 개업해 활동하다가 1996년 1월, 김영삼 대통령이 이회창을 신한국당에 영입해 1997년 3월에는 신한국당 대표최고위원에 임명했다. 이후 이회창은 군사정권 출신 인사들의 지지를 얻었는데, 이는 상대적으로 한나라당 내 민주계가 그를 부정적으로 바라보는 원인이 되었다.

1997년 신한국당 내 경선을 거쳐 대통령 후보가 된 이회창은 야당인 국민회의가 폭로한 아들의 병역비리 공방으로 지지율이 하락하자 보수세력의 연합과 국민적인 지지를 얻기 위해 김영삼 대통령에게 전두환·노태우 두 전직 대통령의 사면을 요구했다. 당시 김영삼 대통령은 이회창의 요구에 "국민적인 공감대가 형성돼야 된다"며 요구를 들어주지 않았다. 이회창이 전두환·노태우의 사면을 적극적으로 요구한 이유는 경쟁자인 김대중의 전두환·노태우 사면론을 무력화하기 위함이었다.

악화된 국내 경제상황과 흉흉한 민심, 기아자동차 부도사태 등으로 신한국당의 지지도는 최악이었고 여당인 이회창의 지지율도 경쟁자인 김대중에게 크게 뒤졌다. 더구나 이인제가 경선 패배에 승복하지 못하고 독자출마를 강행하면서 신한국당은 어려운 국면에 처하게 되었다. 이를 타개하기 위해 신한국당은 김대중 후보의 670억 비자금 사건을 폭로했다. 김대중 후보의 비자금 공방이 계속되는 가운데 수사가 시작되었으나, 검찰은 대선 이후로 유보한다고 발표했다. 검찰이 수사를 중지하자 이회창은 재수사를 요구했고, 김영삼 대통령의 잘못이 크다며 김영삼의 탈당을 요구했다. 결국 김영삼 대통령은 11월 7일 신한국당을 탈당했다.

이인제가 한나라당의 경선결과에 불복하여 국민신당을 만들어 탈당하고, 김영삼의 최측근이던 서석재 등도 신한국당을 탈당해 이인제의 국민신당에 입당하면서 이회창은 타격을 입었다. 이후 김대중은 자유민주연합 김종필과 연대해 DJP연대를 했고, 김영삼 정부 말기의 IMF 구제금융 사태가 언론에 집중적으로 부각되면서 이회창은 1997년 대선에서 김대중에게 패하고 말았다. 그 후 이회창은 IMF 구제금융사건과 계속되는 지지율 하락을 극복하기 위해 당명을 신한국당에서 한나라당으로 바꿨다.

김대중이 제15대 대통령으로 취임한 1998년 당시, 한나라당은 원내 과반 의석을 보유한 제1당이었다. 한나라당은 이를 이용해 김대중 대통령이 추진하려는 햇볕정책과 김종필 총리 임명안 및 각종 정책에 대해 계속해서 반대했다. 2000년 국회의원 총선거에서 한나라당은 수도권에서는 패배했지만 원내 제1당의 지위는 유지했다.

이회창은 2001년 말 제16대 대통령 선거에 공식 출마를 선언했다. 비록 부정적인 이미지도 있었지만 2002년 대통령 선거 직전에도 이회창의 대쪽 같은 이미지, 흔들리는 한나라당을 수호해낸 인물, 할 말은 하는 사람이라는 인식까지는 흔들리지 않았다. 민주당 내에서 무명이던 노무현의 등장 과정과 달리 이회창은 1997년 대선 때부터 실질적인 한나라당의 지도자였으며, 사실상 2002년 대선후보로 이미 내정된 상태였다 (위키백과).

시대적 배경

민주당의 정당 개혁

오랫동안 국민은 3김(김영삼, 김대중, 김종필) 정치로 대표되는 지역주의 정치, 보스정치, 계보정치 등 구태 정치에 환멸을 느껴 청산을 요구하고 있었다. 그러나 정치권은 3김의 힘에 눌려 정치개혁을 시작도 하지 못했다.

2001년 민주당 소장파들은 정치개혁을 위해 동교동계의 2선 퇴진, 쇄신운동, 김대중 대통령의 총재직 사퇴 등을 요구했으나 민주당은 이 문제로 진통을 겪고 있었다. 이러한 혼란은 지역주의와 보스정치, 계보정치를 청산하기 위한 불가피한 진통이었다.

그 혼란과 진통의 끝에서 민주당은 마침내 '당 발전과 쇄신을 위한 특별대책위원회'를 당의 공식 기구로 발족시켰다. 수많은 토론과 장시간 논의를 거쳐 마침내 공직 선거 후보 결정을 위한 '상향식 공천', 대통령의 당직 겸임 금지 제도화를 통한 '당정 분리', 일반 국민의 후보 선출권을 보장하는 '국민참여경선제'를 핵심으로 하는 획기적인 정당 개혁안을 마련했다.

개혁안의 주요 내용은 그때까지 당 총재와 측근들이 전권을 휘둘렀던 후보 공천권을 당원과 국민에게 돌려주는 것이었다. 이는 밀실 공천, 검은 공천 헌금, 막후 정치 거래 등 과거 3김 정치로 대표되는 보스정치 및 계보정치의 폐해를 청산할 수 있는 개혁이었다. 정치개혁 과정은 혼란스러웠지만, 국민은 오히려 민주당의 정치개혁에 대한 열정과 진정성을 인식할 수 있었다.

한나라당도 정치개혁에 대한 국민의 요구를 무시할 수 없었다. 한나라당 역시 '당의 화합과 발전을 위한 특별위원회'를 구성해 정치개혁안을 만들어냈다. 그 과정에서 별다른 혼란도 없었고 내용으로만 보면 민주당의 개혁안과 비슷했다. 그러나 국민은 한나라당 개혁안의 진정성을 믿지 않았다. 대선후보 선출을 위한 한나라당의 '국민경선제'마저 이회창 총재를 대선후보로 추대하기 위한 형식적인 절차에 불과하다고 생각했다. 국민은 당헌·당규에 인쇄된 정치개혁안이 중요한 것이 아니라 누가 지역주의에 기초를 둔 보스정치·계보정치를 청산하느냐에 관심을 가지고 냉정하게 평가하고 있었다(김영환, 2006).

민주당의 재집권을 위해서는 새로운 시도가 필요했다. 1997년 대선 승리를 안겨준 호남-충청 연합 정권을 재창출하기 위해 충청 출신인 이인제 후보를 현실적인 후보 대안으로 내세웠다. 하지만 이인제 대세론에도 호남·충청 연합은 재보궐선거에서 계속적으로 패배했고, 여론조사에서도 이인제는 이회창에게 한 번도 이기지 못했다. 이인제의 승리 가능성은 희박해 보였다. 호남·충청 연합은 더욱더 강고해진 영남 지역주의에 의해 힘을 잃고 있었다.

이회창의 대세론

제1당인 한나라당의 후보는 1997년 15대 대선에서 김대중에게 1.6% 차이로 패배한 이회창 후보였다. 15대 대선 시기에 처음 정치권에 입문한 이회창은 청렴·강직 등을 자신의 정치적 이미지로 만들었고, 어느 정도 호응도 받았다. 그러나 현장 정치 활동과 16대 대선에서 재기를 노리는 과정을 거치면서 그의 이런 이미지는 많이 퇴색되었다. 더구나 이회창 후보의 호화빌라 논란, 그리고 15대 대선에서도 거론된 두 아들의 병역면제 논란이 다시 불거지면서 이회창은 더욱 큰 타격을 받았다(김만흠, 2006).

2002년 대통령 선거는 초반부터 혼란한 양상을 보였다. 선두주자는 단연 한나라당 이회창 후보였으나, 한나라당 내부는 복잡하게 흘러가고 있었다. 박근혜 의원이 갑자기 한나라당을 탈당하고 강삼제 의원도 한나라당 부총재를 사퇴했다. 이어 홍사덕 의원은 서울시장 경선 불출마를 선언했고, 김덕룡 의원은 탈당 예고 기자회견을 가졌다.

야당인 민주당의 경우에는 대통령 후보 경선에서 김근태·유종근 후보가 사퇴하고 이인제 후보가 선두를 지키는 가운데 노무현·한화갑 후보가 그 뒤를 쫓는 양상으로 진행되고 있었다. 박근혜 의원이 탈당하기 전만 해도 2002년 대선은 이회창-이인제 양이 구도였다. 이회창-이인제 양이 구도에서 이인제 후보는 필패 카드였다. 그러나 박근혜 의원의 탈당은 영남 표를 동요시켰다.

박근혜 의원의 탈당으로 영남 출신인 노무현은 상대적으로 이득을 얻게 되었다. 그동안 패배주의에 젖어 있던 민주당도 살아날 발판을 마련하는 계기가 된 것이다. 박근혜가 탈당한 이후 실시된 여론조사에서 이회창 후보의 지지율은 떨어지고 민주당 후보와의 격차도

이인제와 이회창
(출처: 중앙일보, 2011. 9. 9.)

5% 안으로 좁혀진 것으로 나타났다. 만약 영남 출신인 노무현이 민주당 후보가 된다면 그 결과를 예측하기 어렵게 되었다(우종창, 2011).

　이회창 후보는 귀족적 · 엘리트적 · 보수적 이미지인 데 반해, 노무현 후보는 서민적 · 대중적 · 진보적 이미지였다. 이회창 후보의 지지기반은 주로 50대 이상의 세대였고, 노무현 후보는 20대와 30대에서 우세를 보였다. 만약 박근혜 후보가 신당을 창당해 3파전이 된다면 득실 면에서 이회창 후보가 손해라고 판단되었다. 그러나 선거전에 돌입하기 전까지는 누가 봐도 이회창이 당선된다고 확신했다. "앉아서도 되고 누워서도 된다"고 할 정도였다(서중석, 2008).

　이회창은 당을 완전히 자신의 친정체제로 굳히고 김대중 정권에 대한 정치투쟁을 지속하면서 강력한 리더십을 발휘하고 있었다. 하지만 지나친 독선과 반대파에 대한 포용력 부족으로 비주류와의 마찰이 끊이지 않고 있었다. 또한 지나치게 대권에만 눈이 멀어 제대로 된 정책을 제시하지 못하고 정부의 발목잡기와 정치투쟁만 지속한다는 비판이 있었다. 3김과는 다른 신선함을 기대했는데 시간이 흐르면서 3김 정치와 별로 다를 게 없다는 여론이 형성되고 있었다. 더구나 지난 15대 대선에서는 아들의 병역비리 문제가 발목을 잡더니 이번 대선에서는 부친이 일제강점기 때 검찰에서 서기로 근무한 경력으로 친일파 출신이라는 사실이 터져 나와 또다시 곤욕을 치렀다(채수명, 2002).

노무현의 혁명

노무현의 대선출마

노무현이 대선출마를 염두에 둔 것은 15대 대선 때부터였다. 그러나 문재인을 비롯한 측근들이 아직은 시기상조라 해서 출마를 보류했다. 그러던 노무현이 대선 출마 의사를 밝힌 것은 15대 대선 때 여당 경선에 불복하고 탈당해서 독자적으로 나온 이인제 후보의 출마를 보고 난 이후였다. "그런 반칙을 용납해서는 안 된다"며 대통령 후보로 출마하겠다고 한 것이다. 갑작스런 출마는 자칫 돌출적 행동으로 보일 수도 있었다. '청문회 스타'와 '원칙'이라는 좋은 이미지가 있었지만, '명패 던지기'와 '의원직 사퇴'로 인해 돌출 이미지가 있는 것도 사실이었다. 그는 주변 사람들의 반대의견을 받아들이면서도 대권의 뜻을 가지고 착실히 준비해왔다(김삼웅, 2012).

노무현은 2000년 4월 16대 총선에서 당선 가능성이 높았던 종로구 공천을 고사하고, "지역주의 벽을 넘겠다"는 의지를 표명하면서 부

5공 청문회에서 비리를 규탄하며 항의하는
청문회 스타 노무현 (출처: 한겨레, 2017. 11. 2.)

산 북·강서을 지역구에서 새천년민주당 후보로 출마했으나 결국 낙선했다. 측근들은 서울 종로에서 출마해야 한다며 부산행을 말렸지만, 기어이 부산에서 출마해 낙선의 고배를 들었다.

노무현은 험지로 내려가 떨어졌고, 그로 인해 오히려 엄청난 성원을 받으면서 '국가 지도자'로서의 기대감을 높였다. 그에게로 향한 안타까움에 '노사모(노무현을 사랑하는 모임)'가 만들어졌고, 이는 훗날 노무현의 중요한 정치적 자산이 되었다.

노사모는 노무현에게 새로운 희망과 용기를 주었다. 노무현은 "패배의 고통이 나의 영혼을 갉아먹고 있을 때 사람들은 '당선보다 아름다운 패배', '바보 노무현을 위한 변명' 등의 수식어로 나를 위로해주었다"고 했다. 노무현은 총선 패배의 충격에서 벗어날 즈음 김대중 정부의 해양수산부 장관에 발탁되었다. 변방의 정치인에서 비로소 정부기관의 수장으로서 국정운영 전반을 보고 배울 수 있게 되었다. 그는 그것이 "말할 수 없이 큰 축복"이었다고 했다.

노무현은 장관에 취임하면서 권위주의의 탈을 벗어던졌다. 상하 간의 격의 없는 수평적 토론문화를 확산시키고 공정한 인사평가 시스템을 만들었다. 국정운영의 일부를 담당하면서 폭넓은 경험을 쌓았고, 낮은 자세의 리더십으로 공직사회에 새바람을 불러일으켰다.

노무현이 취임할 무렵 해양수산부는 침울한 분위기에 휩싸여 있

해양수산부 장관
시절 국무회의에서
보고하는 노무현
(출처: 동아일보, 2003.
4. 23.)

었고 직원들은 허탈감에 빠져 있었다. 한일어업협정을 둘러싼 국민적
비판과 두 차례에 걸친 조직 축소 때문이었다. 노무현은 취임사에서
직원들에게 "여러분에게 쏟아지는 매는 제가 대신 맞을 테니 자신 있
게 일해 달라"고 당부했다. 해양수산부 직원들은 노무현이 장관으로
오자 '힘센 장관'이 온다며 기대를 걸었고, 노무현은 기대 이상으로 일
을 잘했다는 평가를 받았다. 그가 퇴임할 때 그를 향한 박수가 오랫동
안 끊이지 않았으며, 직원들은 떠나는 그를 '우리 장관'이라고 불러 아
쉬운 마음을 나타낼 정도였다.

　짧은 기간이었지만 노무현에게 장관 재임은 나중에 대통령이 되
는 데 큰 경험과 기회가 되었다. 국무위원으로서 국정 전반에 걸쳐 식
견을 넓힐 수 있었고 조직 관리와 개선, 타 부처와의 업무협조 관계 등
을 살필 수 있었기 때문이다. 그는 "나중에 대통령이 되었을 때 내세웠
던 국정운영의 기본원칙들을 해양수산부에서 다듬었다"고 했다(김삼
웅, 2012).

　노무현이 대선 출마를 결심하고 기자간담회를 가졌을 때 그 자리
에 현직 국회의원은 한 명도 없었다. 다른 대선후보들은 다들 자기 계

파의 현역 의원들과 함께 세를 과시했지만 노무현은 혼자였다. 하지만 정치부 기자가 꼽은 호감도나 자질 면에서는 오히려 이회창보다 선호도가 높았다. 노무현이 대통령 후보 출마를 선언한 직후인 2002년 2월 15일, 시사평론가 유시민은 3시간 30분 동안 '인간 노무현'을 인터뷰했다. 이 인터뷰를 통해 노무현의 진면목을 알게 된 이후 노무현의 열성 지지자가 된 유시민은 인터뷰 소감에서 노무현을 "참 씩씩한 사람"이라고 했다. 유시민은 "노무현은 참 씩씩한 사람이다. 경선캠프에 현역 의원이 한 명도 없고, 여론조사 지지에서 이인제 고문에게 제법 뒤떨어져 있는데도 자기가 틀림없이 민주당 후보가 될 것이라고 큰소리를 친다. 그런데 '걱정 없는 소년'처럼 보이던 노무현도 학력 문제가 나오자 안색이 어두워지고 목소리가 약간 나직해졌다. 왜 그렇지 않겠는가. 내로라하는 신문사와 방송사 고위직에 잘 아는 친구나 한 다리 건너 알 만한 사람이 하나도 없는 사람이 국민 지지 하나만 믿고 후보 경선을 치른다고 생각해보라. 누군들 속이 타지 않겠는가?"라고 밝혔다.

대선후보 경선은 결코 만만한 도전이 아니었다. 본선에만 간다면 청년, 학생, 노동자, 도시 서민의 높은 지지를 받을 수 있을 것으로 기대한다지만, 우선 당내 경선이 어려웠다. 어디를 둘러봐도 자신을 지지하는 세력이 없어 보였다. 당내 유력 계보 출신, 군사독재시대 민주화운동을 이끈 쟁쟁한 투사들, 개인적으로 유명세를 가진 인사들이 속속 대선후보 경선 대열에 합류했다.

당시 민주당의 가장 강력한 대선후보였던 이인제의 지지도는 한나라당의 이회창에 비해 계속 10%가 넘는 열세를 보이고 있었다. 따라서 파격적인 변화가 필요했으며, 고육지책으로 제시된 것이 국민경선제였다. 민주당의 선거목표는 이회창의 당선 저지였다. 2002년 초까지 민주당은 당내에서 누가 후보가 되는 것이 향후 정권장악에 도움이 되는가를 생각할 겨를조차 없는 실정이었다.

이인제 대세론을 지탱한 큰 축은 동교동의 맏형격인 권노갑의 지지였다. 그러나 각종 부정부패 게이트가 터지면서 호남에서 권노갑에 대한 반감과 거부감이 예상 외로 커졌다. 이것이 이인제 후보의 발목을 잡게 되었고, 박근혜 의원의 탈당으로 인해 한나라당 분열이 맞물리면서 노무현 후보가 상승세를 타게 되었다.

부산 출신인 노무현 후보는 반김대중·반호남 정서를 극복할 수 있을 뿐 아니라 부산 지역의 이회창 후보 표를 잠식할 잠재력을 갖고 있었다. 따라서 이회창-이인제 대결보다는 이회창-노무현 대결이 민주당의 정권 재창출에 용이할 것이라는 인식이 확산되었다. 또한 노무현 후보는 호남에서 상당히 인기가 높았다. 과거 시국사건 재판 때 호남 재야인사들을 위해 무료 변론을 많이 했기 때문이다. 그 당시 도움을 받았던 재야인사들이 시민운동단체 등에서 활동하고 있었는데, 이들이 노무현 지지에 앞장서게 되었다(우종창, 2011).

광주에서의 승리

노무현이 대선후보 출마를 선언하고 당내 경선에 뛰어들자 맨 먼저 천정배 의원이 지지를 선언했다. 변호사 출신인 그는 재야 시절부터 노무현의 활동을 지켜봐왔다. 천정배의 지지 선언은 뒷날 노무현이 "내 선거 캠프에도 국회의원이 생겼다"고 했을 만큼 노무현 캠프에 큰 힘이 되고 용기를 주었다. 천정배는 당시의 시대정신을 '개혁'이라 전제하고, 개혁의 실천자로 노무현을 꼽았다.

천정배는 노무현이 온갖 불이익에도 지역감정이라는 큰 벽을 정면으로 돌파해왔다고 평가하면서 "동서화합을 위한 그의 헌신과 희생이 마침내 결실을 맺는 날, 그날은 우리 정치가 새로운 차원으로 도약하는 하나의 큰 분수령으로 기록될 것"이라고 주장했다. 그리고 "지금 우리는 어렵게 성취해온 성과를 기반으로 한 번 더 도약하느냐, 아니면 또다시 특권의식에 젖은 기득권세력에게 정권을 내주고 마느냐의 기로에 서 있다. 노무현 고문이 우리의 희망으로 다가서고 있는 것은 이 과제를 짊어지고 갈 더없이 적합한 인물이기 때문일 것"이라고 지지를 호소했다.

민주당 대통령 후보 경선은 2002년 3월 9일 제주도를 시작으로 대장정에 들어갔다. 16부작 정치드라마로 불린 국민경선제는 제주를 필두로 전국 16개 시도를 돌면서 당원(50%)과 국민(50%)이 직접 투표하는 방식으로 진행됐다. 국민경선제에는 노무현을 비롯해 김근태, 김중권, 유종근, 이인제, 정동영, 한화갑 등이 후보로 출마해 새천년민주당의 제16대 대통령 선거 후보로 적합한지를 놓고 승부를 겨뤘다(강승규, 2008).

경선 직전의 대세는 단연 이인제 후보였다. 민주당의 최대세력인 동교동계도 이인제를 밀었다. 1997년 대선 당시 '이인제의 존재'로 인해 김대중이 이회창을 꺾고 당선될 수 있었다는 이유로 호남을 비롯한 일부 민주당 진영에서도 '보은의 의미'에서 이인제를 지지한 것이다.

대회 1회전이라고 할 수 있는 제주에서 한화갑 후보가 의외의 1위를 차지하고 노무현은 3위를 했다. 두 번째 울산에서는 부산 출신인 노무현이 가볍게 1위를 했다. 노풍(노무현의 바람)을 본격적인 태풍으로 변화시킨 것은 3월 16일 광주지역 경선이었다. 부산의 노무현이 광주

노무현을 지지하는
노사모와 함께한
노무현
(출처: 동아일보, 2017.
1. 29.)

에서 당당히 득표 1위로 승리한 것이다. 당내 지지율 1위를 달리고 있
던 이인제와 호남 지역에 정치적 기반을 두고 있는 한화갑을 모두 밀
어낸 대이변의 승리였다. 노무현은 연단에 서서 자신의 승리가 "광주
의 승리, 민주당의 승리, 한국 민주주의 승리로 이어질 수 있게 하겠
다"면서 감격적인 반응을 보였다. 1위 노무현 후보가 얻은 표는 595표
(득표율 37.9%)였고, 2위 이인제 후보가 얻은 표는 491표(31.3%)였다. 차
이는 겨우 104표였다. 다음날이 이인제 후보의 텃밭이라고 할 수 있는
대전 지역 경선이었던 것을 감안하면 광주의 104표는 정말 작은 차이
일 뿐이었다. 실질적으로도 이인제 후보는 대전 지역 경선에서 유효투
표의 57.5%에 달하는 894표를 획득하며 압도적인 1위를 기록했고 그
때까지의 누적 표수에서도 1,778표(39.4%)를 획득, 누적 표수 1,237표
(27.4%)에 그친 노무현 후보를 542표차로 따돌리며 1위로 올라섰다.

그러나 산술적으로는 7만 표 중 104표에 불과한 이 작은 차이가
1년 넘게 지켜온 민주당의 이인제 대세론을 무너뜨리면서 노풍을 현
실적 대안으로 만들었고 민주당 지지자들에게 민주당 대선후보는 노
무현 후보라고 결정짓게 만들었다.

광주 경선에서 벌어진 이 작은 차이가 중요했던 이유는 정당의 목표는 정치개혁이 아니라 집권이었기 때문이다. 민주당 국민경선은 국민 후보가 아니라 대선에서 승리할 수 있는 민주당 후보를 뽑는 선거였다. 전통적인 민주당원들의 입장에서 보면 정치개혁도, 국민경선제도 다시 한번 국민에게 선택받아 집권하겠다는 절박한 심정의 반영이었다. 광주에서의 노무현의 승리는 바로 민주당 지지자들에게 재집권의 희망을 보여주는 계기가 되었다(김영환, 2006).

영남후보론

정치개혁을 바라는 국민이 지역주의에 기반을 둔 구태 정치에 피곤해하며 청산을 갈망하고 있었다면, 전통적인 민주당 지지자들은 2000년 4·13 총선 이후 한 번도 승리하지 못하는 데 피곤함을 느끼고 있었다. 영남 지역주의가 존재하는 한 민주당이 재집권할 가능성이 없다는 데 절망하고 있었다.

최초로 민주당 경선이 시작된 제주에서부터 노무현은 "이회창 총재를 꺾기 위해서는 영남 출신이 후보가 돼야 한다. 내가 대통령 후보가 되면 영남 표 30% 이상을 끌어와 이회창 대세론을 흔들 수 있다"며 자신의 영남후보론을 분명히 했다.

민주당 소장파 의원들을 중심으로 한 쇄신연대는 민주당 쇄신 운동을 벌여 제왕적 총재직 폐지와 당정 분리, 상향식 공천, 국민경선이라는 성과를 거두었다. 그러나 국민경선과 대표최고위원 경선 시기를 두고 다시 당의 주류와 첨예하게 대립했다.

당시 당의 주류 대부분은 암묵적으로 이인제 대세론에 동조하고 있었다. 주류 측은 당의 얼굴 없이 6·13 지방선거에서 승리하기 어렵다는 것을 표면적인 이유로 내세우며 6·13 지방선거 전 한 차례의 전당대회로 후보와 당 대표를 결정짓자는 조기전당대회론을 주장했다. 그러나 그 이면에는 이인제 대세론을 조기에 현실화시키겠다는 의도가 숨어 있었다.

이에 대해 쇄신연대 측은 누가 대선후보가 되느냐가 중요한 것이 아니라 당 개혁과 정치개혁이 중요하다며 지방선거 전에 최고위원과 대표최고위원을 선출해 당 개혁을 마무리하고, 대선후보는 지방선거 후 선출하자는 2단계 전당대회론을 주장했다. 이러한 주장의 배경에는 조기 확정된 대선후보가 중심이 되어 이끈 지방선거에서 패배하면 대선후보는 치명적 상처를 입을 수밖에 없고, 이는 대선 패배로 이어질 수 있다는 현실적 우려 때문이었다.

당시 대선후보 중 유일하게 쇄신연대 멤버였던 김근태는 2단계 전당대회론을 강력하게 주장하고 있었고, 쇄신연대와 우호적 관계를 형성했던 한화갑과 다른 대선후보들 대부분이 2단계 전당대회론에 동조하고 있었다. 그러나 쇄신운동과도 일정한 거리를 두었던 노무현 후보는 자신이 대선후보가 되면 6·13 지방선거에서 부산·영남·울산 중 한 곳에서 승리할 수 있다며 조기전당대회론을 지지했다.

당시 민주당 대선후보들의 대중 지지도는 1위 이인제, 2위 노무현 후보였다. 즉 대선후보 1, 2위가 조기전당대회에 찬성하고 있었다. 이런 분위기에서 민주당 당무위원회는 1월 7일 표결 없이 만장일치로 조기전당대회를 통과시켰다. 이미 그때부터 노무현 후보는 민주당 내 쇄신운동과 일정한 거리를 두면서 전통적인 호남 민주당원들의 지지를 획득하기 위한 영남후보론을 준비하고 있었다(김영환, 2006).

노무현의 경선 승리

노무현은 이인제의 대세론 대신 노무현의 대안론을 확산시키며 지지율을 급상승시켰다. 이인제의 텃밭인 대전·충청권과 경기도 경선(정동영 후보 1위)을 제외한 거의 전 지역을 석권했다. 충남 경선에서 이인제는 총 투표수 1,958표 가운데 73.7%인 1,432표를 득표해 노무현과 격차를 벌렸다. 그러나 이인제의 불안은 시간이 갈수록 계속됐다. 이인제가 강세인 지역 선거가 거의 다 끝나가고 있었던 반면, 노무현의 강세 지역은 아직 남았고 '노무현 바람'이 꺼지지 않았으니 초조한 것은 당연했다.

이에 이인제는 '보이지 않는 손' 운운하며 음모론을 주장했다. 결과적으로 이 음모론은 이인제 자신에게 치명타를 입히고 말았다. 최초의 음모론을 제기한 사람은 엄밀히 말하면 이인제가 아니었다. 음모론을 처음 퍼뜨린 장본인은 언론이었는데, 이인제는 경선이 자신에게 불리하게 돌아가자 이 음모론이 그럴듯하게 들렸다.

음모론이 나온 배경은 김근태가 노무현을 지지하며 사퇴했고, 유종근에 이어 '리틀 DJ'라 불리는 한화갑마저 사퇴하자, 보수 언론에서 광주의 승리에 이은 '노무현 바람'은 '김심(김대중의 속마음)'이 작용한 게 아니냐는 의혹을 제기했다. 결국 이인제는 이 음모론에 대한 청와대의 입장을 밝히라고 요구했고, 이인제가 민주당 후보로 나오기를 내심 바랐던 보수 언론은 이 사실을 대서특필했다. 즉 최초 음모론을 제기한 장본인은 보수 언론이었고, 이를 이인제가 받아서 이의를 제기했다. 다시 보수 언론이 이를 대서특필하며 의혹을 부풀린 것이다. 보수 언론은 "무언가 '보이지 않는 손'이 민주당 경선에 개입하고 있다"는 주장을 하고 싶었던 것이다.

노무현 후보와
이인제 후보의
어색한 만남
(출처: 동아일보, 2014.
7. 12.)

　결과적으로 이는 이인제에게 악수(惡手)였다. 아무리 힘이 없어진
대통령이지만 민주당원들에게 김대중의 존재 자체는 아직도 대단한
데, 그런 김대중을 이인제가 건드린 것이다. 김대중은 총재직도 버리
고 탈당까지 준비 중이었는데, 보수 언론을 등에 업고 "당신 노무현 지
지하지?"라며 공개적으로 몰아붙인 꼴이 되었다. 김대중의 복심이라
고 할 수 있는 민주당 동교동계 의원들은 처음부터 이인제를 지지했
다. 이인제는 동교동계 의원들의 지지를 바탕으로 '이인제 대세론'을
내세웠다. 그런데 광주 경선에서 지고 경선 판도가 자신에게 불리하게
돌아가자 그제야 음모론을 내세운다는 건 앞뒤 이치가 맞지 않았다.
　음모론과 역풍으로 상황은 뒤죽박죽이었지만, 여전히 1위는 이인
제였고 다음 경선이 있을 강원도는 이인제의 강세 지역이었다. 그러나
춘천에서 치러진 강원 경선의 결과는 또 한 번 국민의 예상을 뒤엎었
다. 이인제가 1위를 하리라는 경선 전의 예상과는 달리, 뚜껑을 열어
보니 노무현이 근소한 표 차이로 이인제를 눌렀다. 강원 경선에서 노
무현은 이인제 진영이 제시한 음모론을 거세게 반박하며 역공을 펼쳤
다. "음모론은 광주 시민과 국민을 모욕하는 일이다. 한나라당이 들고
나와도 시원찮을 일을 당내 후보가 들고 나오는 것은 판을 깨고 자살

골을 넣겠다고 당원을 협박하는 것 아니냐? 한 번도 용서하지 않는 우리 국민이 두 번 용서하겠느냐?"며 이인제의 아킬레스건인 경선 불복 문제를 또다시 건드렸다. 음모론을 제기하며 경선 판을 바꿔보려 했던 이인제 진영은 곤혹스러웠다.

'노풍'은 계속된 이인제 진영의 이념 공세에도 사그라지지 않았다. 오히려 이즈음 있었던 여론조사에서 노무현이 한나라당 이회창 총재를 이길 것으로 나타나면서 '노풍'은 미풍이 아니라 태풍으로 발전하고 있었다.

이인제는 다음 경선인 대구지역에 많은 기대를 걸었다. 대구는 전통적으로 보수층이 많이 살고 있었기 때문이다. 그러나 노무현 캠프도 나름 믿는 구석이 있었는데, 대구에서 강세를 보일 것이라 예측되던 김중권이 후보를 사퇴하면서 같은 영남후보인 자신에게 표가 오지 않을까 하는 바람이었다. 이 기대는 그대로 적중해 대구에서도 노무현이 1위를 차지했다. 그것도 그냥 승리가 아닌 60% 이상의 몰표를 얻은 완승이었다. 이로써 노무현은 종합 1위 자리를 탈환했다. 그리고 수도권 첫 경선 지역인 인천에서마저 1위를 한 노무현은 그다음에 있었던 세 차례의 경선에서 충북에서만 이인제에게 1위 자리를 내줬을 뿐, 경북과 전남에서 1위를 유지해 이인제와의 격차를 더 벌려놓았다. 거기다가 노무현의 정치적 고향인 부산에서의 경선을 앞둔 상황이었다. 격차가 더 벌어질 것은 불을 보듯 뻔했다. 사면초가에 빠진 이인제는 중대 결심을 하지 않을 수 없었고, 부산 경선 3일 전 전격적으로 후보를 사퇴했다. 이로써 2002년 민주당 대통령 후보는 노무현으로 사실상 판가름 났다(이동형, 2013).

병역 비리와 호화빌라 등의 흠결을 지닌 이회창과 경선 불복이라는 흠결을 지닌 이인제 양자의 대세론이 장기간 지속되면서 유권자의

민주당 경선에서
승리한 후 환호하는
노무현 후보
(출처: 조선일보, 2017.
3. 27.)

피로감은 누적되어가고 있었다. 이러한 상황에서 노무현 후보의 신선
하고 서민적인 이미지는 국민의 마음속에 새로운 대안으로 자리 잡게
되었다. 실제로 당시의 여론조사에서 노무현은 부산·경남에서 45%
대, 대구·경북에서는 35%대로 민주당 후보로서는 사상 유례를 찾아
볼 수 없는 지지율을 획득하고 있었다.

　여론조사에서의 잇단 상승, 광주에서의 극적인 승리, 빌라 파문
등으로 인한 이회창 후보 추락, 한나라당 내분 등이 상승작용을 일으
켰다. 민주당 대선후보 경선 과정은 정치개혁을 열망하는 국민이 열정
적으로 참여하면서 과정 자체가 드라마틱하게 전개되었다. 국민은 민
주당이 연출하는 '정치개혁 16부작 대하드라마'에 눈과 귀를 집중했
다. 반면에 이회창 후보를 옹립하기 위한 무미건조한 절차로 전락한
한나라당의 '국민경선'은 국민의 관심권에서 멀어져버렸다.

　민주당 국민경선은 민주당 후보를 선출하는 과정이었지만, 정치
개혁을 통해 새로운 정치를 갈망하던 국민은 민주당 대선 주자로 확
정되어가는 노무현 후보를 새로운 정치의 상징으로 받아들이면서 전
폭적인 지지를 보냈다. 이른바 '노풍'이었다.

반면 정치개혁이라는 알맹이가 빠져 있는 한나라당의 국민경선 후보 이회창에 대해 국민은 냉담했다. 이회창이 한나라당 국민경선에서 받았던 높은 지지는 오히려 구태 정치의 예로 간주되었다. 경선 과정에서 이회창 후보에게 새로운 지지를 보내준 국민은 없었다.

영남후보론과 개혁후보론

지역주의는 선거에서의 승리를 위한 가장 강력하고 현실적인 힘이었다. 노무현 후보는 '이 강력한 힘에 대항한 최초의 대중적이고 개혁적인 정치인'이라는 인식을 심어주었다. 정치인 노무현의 스타성 혹은 대중성은 이미 1988년 5공 청문회에서 확보되었다. 5공 청문회 이후 정치인 노무현은 많은 선거에서 실패했지만, 그의 존재 가치는 대중 속에서 사라지지 않았다. 1988년 이후 노무현은 대중 속에 지속적으로 각인된 몇 안 되는 정치인 중 한 사람이었다.

정치인 노무현 이미지의 중심은 개혁이었다. 개혁의 구체성은 영남 정치인으로서 영남 지역주의에 의존하지 않고 오히려 영남 지역주의에 맞서 지속적으로 투쟁함으로써 확보되었다. 지역주의가 강한 한국적 정치현실에서 이러한 그의 정치 행태는 비현실적으로 비칠 수밖에 없었고, 그의 이런 투쟁은 잘못된 현실에 타협하지 않는 정치인이라는 이미지를 더욱 견고하게 만들어주었다.

노무현 후보의 이런 경력과 이미지는 민주당 대선후보 경선에서 영남후보론과 개혁후보론이라는 두 개의 선거 어젠다로 혼합되면서 현실적인 힘을 발휘했다. 영남후보론이 영남 지역주의에 대항해 영남에서 경쟁력을 확보했다는 것을 증명함으로써 전통적인 민주당 지지자들의 재집권에 대한 현실적 갈증을 해결한 것이다. 한편, 개혁후보론은 새로운 정치질서에 대한 대중적 소망을 반영하면서 정치개혁에 대한 희망을 보여주는 것이었다.

노무현 후보는 영남후보론과 개혁후보론이라는 양날의 칼을 민주당 경선 과정에서 매우 유효적절하게 사용했다. 개혁성이라는 측면에서만 보면 노 후보를 앞선 김근태는 지역주의라는 현실적 벽에 부딪쳐 후보에서 사퇴해야 했다. 영남후보론을 무기로 경쟁하던 김중권은 민주당 정체성의 중요한 부분이던 개혁성이라는 벽을 넘어설 수 없었다.

영남후보론과 개혁후보론이라는 양날의 칼이 가장 크게 위력을 발휘한 부분은 바로 이인제의 몰락이었다. 1997년 김대중-김종필(DJP)로 대표되는 호남·충청 연합의 성공에는 이인제가 의도했든 의도하지 않았든 '이인제 효과'라고 이름 붙여진 영남 표의 분열이 존재하고 있었다. 전통적인 민주당 지지자들은 이인제에게 마음의 빚을 지고 있었지만, 동시에 "이인제 같은 존재가 없는 상황에서 또다시 호남·충청 연합이 성공할 수 있는가?"라는 회의도 느끼고 있었다. 또한 이인제는 새로운 정치를 갈망하던 국민에게는 경선 불복이라는 원죄를 가진 과거 구태의 정치인이었다.

노무현의 영남후보론은 영남 표의 일정 부분을 장악할 수 있다는 가능성을 보임으로써 전통적인 민주당 지지자들의 재집권에 대한 희망을 증폭시켰고, 개혁후보론은 전통적인 민주당 지지자들의 이인제에 대한 부채감을 상쇄시키면서 새로운 정치를 바라는 국민의 요구에도 부합할 수 있었다(김영환, 2006).

전통적인 민주당 지지자들은 호남이 지역적 소수라는 한계를 절감하고 있었다. 한화갑은 개인적 분투와 자질에도 호남이라는 한계를 넘어설 수 없었다. 결국 노무현이 지닌 영남후보론과 개혁후보론이라는 양날의 칼은 민주당 경선 후보 누구도 지니지 못했던 가장 강력하고도 효과적인 무기였다. 새로운 정치를 갈망했던 국민은 개혁 후보 노무현을 지지했고, 호남의 전통적인 민주당 지지자들도 영남 후보 노무현을 지지했다. 민주당원 50%와 일반 국민 50%로 구성된 민주당 국민참여경선은 그 둘을 담아낼 수 있는 유용한 틀이었다.

2002년 4월 27일, 노무현은 민주당 전당대회 대선후보 수락 연설에서 "불신과 분열의 시대를 넘는 개혁과 통합의 정치로 오는 대선에서 반드시 승리해 여러분께 바치겠다"며 3대 집권 청사진(정치개혁, 원칙과 신뢰, 국민통합)을 제시했다. 이어 "각종 게이트 사건은 대통령 주변 인물과 고위공직자들이 특권의식과 반칙의 문화를 버리지 않았기 때문에 생긴 일로 어두운 권력문화를 청산해야 한다"며 부패척결을 다짐하고 "특정지역이나 특정학교 출신들이 권력을 독점하는 일은 용납하지 않겠다"고 선언했다.

노무현 후보는 기회주의와 연고주의, 정실주의 문화에 깊이 젖어 있는 우리 사회의 낡은 관행을 걷어내고 원칙이 바로 선 사회를 만들겠으며, 지역통합의 정치를 실현해 어떤 지역도 차별받지 않고 소외당하는 일이 없도록 하겠다고 역설했다. 또 노사대립에 대해서는 "필요하면 직접 현장으로 달려가 노사화합을 이루는 대통령이 되겠다"고 말하고 남북관계에 대해서는 "한반도의 평화와 화해협력은 반드시 성공해야 한다. 김대중 대통령의 포용정책을 계승할 방침"임을 재확인하고, 경제정책으로 "이제 경제 성장과 분배의 정의를 조화시켜야 한다"고 주장했다.

변방의 정치인 노무현은 이제 한국 민주주의의 법통을 이어온 집권 민주당의 대선후보가 되었다. 그것도 '보스'에게 충성을 바친 대가로 얻은 자리가 아니라 당당하게 국민경선을 통해 후보가 된 것이다. 이것은 국민 외에 누구의 눈치도 보지 않고 자신의 신념을 국정에 실현할 수 있는 최초의 대선후보라는 의미이기도 했다.

국민은 노무현이 인맥 없는 사람, 패거리 정치를 하지 않은 사람이어서 선호했다. 그동안 정치가들이 능력이나 원칙에 따른 정치 행태를 보인 것이 아니라 끼리끼리 나눠 먹기 식의 정치를 했기 때문이다. 이러한 낡은 정치를 깨기 위해서는 가신과 학벌, 지역구도의 정치인이 아니라 노무현 같은 가신 없는 학벌과 지역구도에서 자유로운 후보에 주목할 필요가 있었다.

우여곡절 끝에 단일후보로 선출된 노무현은 부산의 첫 연설에서 "이제 제가 대통령이 되면 그것은 정권재창출이 아닙니다. 새로운 정권입니다. 제가 대통령이 되면 그것은 김대중 정권도 아니고 호남 정권도 아니고, 바로 노무현 정권이고 전국 정권이 될 것입니다. 측근정치, 가신정치, 계보정치가 없어질 것입니다. 이미 정치개혁은 시작됐습니다. 제가 어떻게 대통령 후보가 됐습니까. 저는 단 한 사람의 계보도 없습니다. 측근도 없습니다. 돈도 없습니다"라고 밝혔다.

노무현의 인기 하락

노무현 후보가 민주당 대선후보로 확정되자마자 노풍은 급속하게 쇠퇴의 길을 걷기 시작했다. 3월 초부터 불었던 노풍은 경선이 끝나자마자 단 2주 만에 신기루처럼 눈앞에서 사라지고 있었다. 노풍이 갑자기

김영삼을 방문한 노무현 후보
(출처: 조선일보, 2015. 11. 22.)

쇠퇴한 것은 김대중 아들들의 부정부패 문제가 일어난 것과 노무현이 김영삼을 방문했기 때문이다. 성급하게 김영삼을 찾아간 것이 결정적인 실책이었다. 물론 "부산, 울산, 경남 중 어느 한 곳에서라도 승리하지 못하면 재신임을 받겠다"고 선언했던 노무현 후보이기에 김영삼의 지원이 절실했을 것이고, 그래서 "부산시장 후보를 추천해 달라"는 말까지 했을 것이다. 그러나 김영삼을 방문한 이후 지지도는 추풍낙엽처럼 떨어졌다. 큰 정치를 위해 김대중과 김영삼의 화해를 통해 민주세력의 통합을 이루고, 당장 영남지역 선거에서 도움을 받기 위해서였겠지만, 국민이나 지지자들에게는 '원칙'의 일탈행위로 받아들여졌다. 국민은 청산을 바랐던 구태 정치의 상징, 즉 3김 정치에 굴복하는 모습으로 받아들였다.

전통적인 민주당 지지자들은 영남의 지지를 얻기 위해 민주당의 공천권을 김영삼에게 넘겨주는 것도 모자라 현직 한나라당 의원인 박종웅에게 부산시장 자리를 넘겨주려는 노무현을 보고 충격을 받았다. '영남 후보로 단숨에 영남 지역주의를 넘는다'는 영남후보론과 민주당의 정체성 사이에서 혼란을 느낀 것이다. 새로운 정치를 갈망하며 노무현을 지지했던 사람들은 구태 정치의 상징인 3김 중 한 사람에게 무릎을 꿇은 민주당 후보 노무현을 보면서 "노무현도 과거의 정치와 지역주의와 타협할 수밖에 없다"는 데 절망했다(김영환, 2006).

노무현은 지지층을 결집시키고 기세를 보여주기 위해 영남권에서 단체장을 하나라도 당선시키지 못하면 후보 재신임을 받겠다고 선언했다. 그리하여 노무현은 6·13 지방선거에 전력을 쏟아부었으나, 영남은 고사하고 호남을 제외한 수도권과 충청·강원 등 모든 곳에서 참패하고 말았다.

민주당 내의 분위기는 초상집을 방불케 했다. 지도부 인책론과 당 진로 문제 등을 놓고 계파 간에 내부 갈등이 첨예하게 대립했고, 비주류 일각에서는 대통령 후보 사퇴와 제3후보론까지 제기했다. 대선을 앞두고 지자체 선거의 참패를 노무현에게 물어 후보 사퇴 압력을 가한 것이다.

노무현은 재신임을 불사하는 결연한 자세로 지방선거를 지휘했으므로 내심 후보 재신임 문제는 없던 것으로 해주기를 기대했다. 그런데 당내에서는 지지율 하락을 이유로 후보를 교체하자는 움직임이 생겨났고 재신임 약속을 지키라는 요구도 나왔다. 그럴수록 노무현에 대한 지지율은 더 내려갔다.

운명의 여신은 여전히 노무현을 시험하고 있었다. 민주당은 대선을 코앞에 두고 실시된 8·8 재보선에서도 참패했다. 특정 당의 지지세가 강한 지역이야 그렇다 치고, 수도권 7곳 모두에서 압승한 한나라당은 국회 과반 의석을 넘김으로써 정국 주도권을 확보한 반면 민주당은 연이은 참패로 지리멸렬했다.

6·13 지방선거와 8·8 재보선 이후 노풍이 완전히 소멸되고 노무현 후보의 당선 가능성이 희박해지면서 갈등은 더욱 불거졌다. 대선에서 패배하더라도 노무현 후보를 중심으로 '개혁적 야당'을 하면 된

다는 주장과 노무현 후보를 배제하고 새로운 민주당 후보를 옹립해야 한다는 주장이 대립하면서 민주당의 분열은 가속화되었다.

　　노무현은 국민경선 효과로 인해 지지도 조사에서 한때 60%를 넘은 적도 있었다. 그러나 지지도가 점차 하락해 급기야 지지율이 10% 초반에 불과한 상황까지 나타났다. 이는 국민경선 효과의 거품이 사라진 결과였고, 노무현 후보에 대한 불안감이 반영된 것이다. 이로 인해 민주당 내부에서 노무현 후보로는 선거에서 승리하기 어렵다는 생각이 나타나기 시작했다. 더구나 또 다른 유력한 후보 중 한 사람인 '국민통합21'의 정몽준 후보의 등장으로 상황은 더욱 어려워졌다(김만흠, 2006).

　　국민경선에 주목한 국민은 노무현에 대한 지지를 점차 잃어갔고, 6·13 지방선거에서 민주당의 참패를 시작으로 다시 이회창 후보의 지지도가 노무현 후보를 앞서게 되었다. 이러한 추세가 계속되는 가운데 정몽준의 대선 출마선언은 노무현 후보의 지지도를 더욱 감소시키는 원인이 되었다. 노무현을 지지하던 젊은이들 중 일부가 정몽준 지지로 돌아서면서 이회창 후보보다는 노무현의 지지가 상대적으로 더욱 감소하게 된 것이다. 즉, 젊은 세대의 지지변화가 중요하게 작용한 부분이었다. 양자 구도에서 3자 구도로 바뀜에 따라 노 후보와 정 후보 간에는 단일화를 이루지 못하면 둘 중 누구도 선거에서 승리할 수 없다는 공감대가 형성되었다.

노무현 후보의 당선 가능성이 희박하다는 생각이 점차 확산되면서 당내에는 후보교체론과 정몽준 후보와의 단일화 문제 등으로 이견이 많아지고 내부 혼란이 극에 달했다. 김대중 정부의 인기도가 매우 낮은 상황에서 집권당으로서의 프리미엄은 오히려 부담이 되었다. 오히려 김대중 정부와 단절을 보일 수 있는 방안이 필요했다. 즉, 김대중 대통령과 이회창 후보까지 아울러 과거의 정치라고 규정하는 전략이 필요했다.

그러나 김대중 대통령을 직접적으로 비난해 단절을 꾀하는 것은 호남의 지지를 잃을 수 있다는 부담이 있었다. 민주당 후보로서 호남의 절대적 지지를 확보해야 하는 것은 너무도 당연한 일이었기에 호남의 정서를 건드리지 않으면서 김대중 정부와의 단절과 이회창 후보를 공격할 수 있는 가장 효율적인 선거 전략이 필요했다. 그리하여 '낡은 정치 청산'이라는 선거구호를 전면에 내세우게 되었다. 낡은 정치 청산 이후에는 새로운 정치에 대한 비전을 제시하는 방식으로 선거운동 전략을 모색했다(어수영, 2006).

결국 민주당은 적극적인 정치변화로 선거구도의 변화를 가져오는 것만이 선거에서 승리하는 유일한 방안이라는 판단을 내렸다. 이러한 전략은 국민의 정치변화에 대한 희망과 일치했고, 결국 민주당은 선거에서 승리를 이끌어냈다. 반면, 한나라당은 과거 정치 구조에서 벗어나지 못하고 기득권에 안주하고 있었다. 또한 민주당의 선거 전략에 대해 소극적으로 대응하면서 고정 지지층 이외에 부동층을 확보하는 데 실패했다.

노무현의 승부수: 후보 단일화

정몽준의 부각

노풍의 원인은 정치개혁에 대한 국민적 염원과 '영남 후보를 뽑아 지역주의를 넘어 재집권하겠다'는 전통적인 민주당 지지자들의 바람이 결합된 것이다. 그런데 노무현이 민주당 후보라는 기득권에 연연해 새로운 정치에 대한 비전을 보여주지 못하자 노무현을 지지했던 사람들은 노무현에 대한 지지를 철회하게 되었고 이에 노풍은 쇠퇴하기 시작했다. 뒤를 이어 재집권의 희망을 잃어버린 전통적인 민주당 지지자들이 이탈하면서 노풍의 쇠퇴는 더욱 가속화되었다.

민주당 노무현 후보가 승리하기 위해서는 노풍을 만들었던 지지자들이 다시 결집해야 하는 절박한 상황에 몰리고 있었다. 이런 상황에서 등장한 것이 바로 노무현-정몽준 간의 후보 단일화 신당론이었다.

대표적인 기업의 하나였던 현대의 2세 기업주이자 한국축구협회 회장인 정몽준은 2002년 월드컵축구대회의 열기를 배경으로 '국민통

합21'이라는 정당을 만들고 대통령 후보로 나설 것을 선언했다. 정몽준 역시 한때 지지율 1위를 기록하기도 했으나 이회창, 노무현, 정몽준 세 사람의 대결 구도에서는 이회창의 당선이 거의 확실시되었다. 노무현과 정몽준 후보는 경력 면에서 서로 대비되지만, 지지계층은 많이 중복되어 있었다. 이런 상황에서 두 후보의 동시 출마는 두 후보 모두에게 불리했다. 반면에 영남 지역 및 보수 계층의 지지를 안정적으로 받고 있는 이회창 후보는 유리했다.

이에 따라 노무현, 정몽준 두 후보의 단일화 필요성이 제기되었다. 노무현 후보 진영에서는 단일화 자체에 대한 반대도 있었고, 민주당 내에서는 정몽준 후보로 단일화를 선호하는 사람들도 일부 있었다. 그러나 당시 여론과 전문가들은 어쨌든 단일화 없이는 이회창 후보가 승리할 것이라고 판단했다(김만흠, 2006). 한국축구가 월드컵에서 4강까지 올라가는 신화를 창조하자 덩달아 정몽준의 인기가 급상승했다. 그 이전에도 정몽준은 대중의 관심을 받는 유력한 정치인 중 한 사람이었지만, 새로운 정치개혁을 갈망하며 노풍을 일으켰던 대중은 노무현이 아닌 정몽준을 새로운 대안으로 생각하며 지지를 보내기 시작했다.

새로운 정치를 바라는 세력들은 '현재의 민주당과 현재의 노무현으로는 안 된다'고 생각하고 있었다. 전통적인 민주당 지지층은 노무현으로의 재집권 가능성이 희박해짐에 따라 노무현에게서 멀어지고 있었기에 이 둘을 이탈 없이 다시 합쳐 승리를 이끌어내는 것이 관건이었다.

노무현에게서 떠난 대중은 노무현의 정치에 실망하고 있었지만 이회창을 지지하지도 않았다. 그들은 새로운 대안을 모색하고 있었고 그 모색은 정몽준에 대한 지지로 표현되었다. 견고한 지지세력이 없고 국민적 검증을 거치지 않은 정몽준의 지지율에는 일정한 거품이 있었다. 그 거품이 제거되면 노무현이 정몽준을 앞설 수 있다는 것은 명백했지만, 이회창-노무현-정몽준 3자가 대결하면 이회창이 승리하리라는 것 또한 명백했다.

그러나 대선 승리를 위한 마지막 남은 유일한 방법인 후보 단일화는 현실적인 필요성에도 쉽게 이루어지지 않았다. 노무현을 지지하는 사람들 중에는 정몽준을 거부하는 사람들이 있었고, 정몽준을 지지하는 사람들 중에는 민주당과 노무현을 거부하는 사람들도 있었다. 그러나 더 큰 이유는 노무현 진영과 정몽준 진영의 현실적 계산이 다른데 있었기 때문이다. 후보 단일화를 추진했던 세력들이 다양했고 일부의 순수하지 못한 의도를 가진 사람들도 있어서 후보 단일화를 가로막는 장벽으로 작용했다.

후보 단일화의 거부

후보 단일화가 본격적으로 논의되던 9월과 10월 이회창 · 정몽준 · 노

손잡은 노무현과
정몽준 후보
(출처: 조선일보, 2006.
11. 10.)

무현의 지지도는 이른바 2강 1약의 구도로 고착되고 있었다. 노무현 후보의 지지도는 17~22%대로 떨어진 반면 이회창과 정몽준의 지지도는 30%대였다. 노무현의 대선 경쟁력은 최하로 평가되었다. 그럼에도 노무현 후보를 지탱해준 것은 민주당 국민경선을 통해 선출되었다는 정통성이었다. 노무현 진영은 이러한 정통성을 주장하며 정몽준 후보의 정체성을 문제로 삼아 후보 단일화를 거부했다.

　　노무현은 '후보 단일화 불가' 입장을 재확인하면서 개혁 색채가 강한 선대위를 구성하고 정면 돌파한다는 입장이었다. 또한 "이회창 후보를 꺾기 위해서라면 정몽준 의원과도 손잡아야 하는 것 아니냐는 여론이 있는 것을 잘 알고 있다"며 "그러나 그것은 저의 길이 아니다"라고 단일화 불가 입장을 분명히 했다(김영환, 2006).

　　현실적 지지도가 하락할수록 노무현 후보 진영 내부에서는 "대선에 패해서 야당을 하더라도 후보 단일화는 없다"라는 목소리가 커지고 있었다. 물론 노 후보 진영 내부에서도 3자 대결 구도로는 필패한다는 인식에 동의하면서 후보 단일화를 진지하게 고민하기 시작하는 그룹이 있었다. 그러나 그 그룹 역시 당시의 후보 단일화론에 대해서는 부정적이었다.

　꾸준히 이회창이 선두를 달리고 정몽준이 한 차례 1위를 차지했다가 2위를 지켰다. 이때 노무현은 몇 차례 여론조사에서 3위를 벗어나지 못한 상태였다. 그런데 정몽준 후보의 지지율이 하락하기 시작했다. 3자 대결에서 지지율이 30%가 넘었을 때 그에게 주어진 기회를 제대로 살리지 못했기 때문이다. 깨끗한 이미지로 얻은 지지율 자체가 오히려 그의 발목을 잡았다. 현실 정치판에 들어온 이상 그의 정치적 행보가 모든 언론에 노출되었는데, 정몽준은 어떠한 정치적 모험이나 비전을 제시하지 못했다. 정치권의 공방전에 속수무책으로 당하면서 점점 지지율을 까먹은 정몽준은 정치적 위상에 타격을 받게 되었다.

노무현의 새로운 이변

민주당은 노무현 후보의 선거대책위원회와 후보 단일화 추진세력이 서로 대립하는 사실상의 분당에 돌입했다. 노무현을 반대하는 그룹은 '후보단일화추진협의회(후단협)'를 공식 출범시켜 독자 세력화를 선언했다. 이어 민주당 의원들의 집단 탈당이 이어졌고, 노무현의 지지율은 한때 10%대로 떨어졌다. 노무현의 낙마를 바라는 후단협은 노무현으로 후보 단일화가 되면 함께할 수 없다고 발언했고, 정몽준 지지의 속내를 감추지 않았다. 후단협은 정몽준에 대한 공개 지지를 밝혔다.

　11월 17일, 후보 단일화는 커다란 전환을 맞이했다. 김민석 전 의원이 민주당을 탈당해 최초로 정몽준 신당에 합류한 것이다. 그는 신당에 참여하면서 "민주 · 평화 · 개혁 세력의 후보 단일화를 통해 대선

다정할 때의 김민석과 노무현
(출처: 오마이뉴스, 2002. 10. 16.)

승리를 이루기 위한 현실적인 마지막 대안이라고 확신한다"면서 "후
보 단일화는 대선 막바지까지 계속 추진되어야 한다"고 주장했다. 그
러나 후보 단일화의 기초는 "국민통합, 정치개혁, 남북화해정책 지속
등 3대 과제를 중심으로 한 정책연합"이며 "신당과 정몽준 후보는 새
로운 시대의 흐름을 타고 반드시 승리할 것"임을 밝혀 실질적으로 정
몽준 후보 지지를 선언했다. 노무현에게는 절체절명의 위기였다(김영
환, 2006).

　　김민석의 신당 합류는 후보 단일화 과정에 타격을 주었다. 이 사
건을 계기로 대중은 후보 단일화가 실질적으로 정몽준 후보로 단일화
를 의도하는 것이 아닌가 의심하기 시작했다. 후보단일화협의회 소속
의원 11명이 무더기로 민주당을 탈당해 한나라당으로 옮겨갔다. 이윽
고 또 몇몇 의원이 뒤를 따랐다.

　　노무현은 큰 충격에 빠져 헤어나기 힘든 상태였다. 이회창의 지
지도가 40%를 넘는 상황에서 벌어진 사건이었다. 그런데 여기서 이변
이 일어났다. 갑자기 후원금이 쏟아지기 시작한 것이다. 수많은 시민
이 노무현 후보의 홈페이지에 접속해 10만 원 내외의 소액 후원금을

Remember1219 행사에 참석한 노무현 대통령 (출처 : e영상역사관)

보냈다. 하룻밤에 들어온 후원금만 해도 7,000만 원을 넘었고 다음 날은 1억 원을 넘겼다. 김민석 의원의 탈당사건이 노무현을 지지하던 사람들의 마음을 움직인 것이다. 이 사건으로 분위기가 반전되면서 노무현은 몇 달 만에 처음으로 지지율의 상승흐름을 탔다(노무현재단, 2010).

이와 같은 사건은 대통령 선거사상 유례가 없는 일이었다. 선거과정에서 정치인들 사이에 이합집산은 항상 있어왔지만, 국민이 특정 후보를 위해 성금을 보내고 집단으로 지지를 표시한 것은 처음 있는 일이었다.

노사모와 민주당 국민경선 자원봉사자들은 '국민후보 지키기 서명운동'에 이어 독자적으로 인터넷 정당인 '개혁국민정당'을 만들었다. 시사평론가로 유명세를 타던 유시민이 절필 선언을 하고 노무현 지지 활동의 선봉에 섰고, 영화배우 문성근 등 명사들도 참여했다. '개혁국민정당'은 인터넷 당원 투표를 통해 노무현을 지지하기로 결의했다. 노무현에게 이들의 지지 선언은 천군만마의 아군이 되었다. 당내

기반이 흔들리고, 여론조사에 서 지지율이 15%까지 추락한 위기상황에서 국민의 성금과 개혁국민정당의 지지 결의는 든든한 힘이 될 수밖에 없었다.

노무현은 개혁국민정당 발기인 대회에서 문성근의 감 동적이고 진솔한 연설에 눈물

2002년 노무현 대선 CF 1편, 노무현의 눈물

을 흘렸다. 험난한 정치역정을 사심 없이 걸어온 지난날을 알아주는 젊은 동지들의 결의에 감격한 것이다. 다른 정치인들의 연출된 눈물과 는 완전히 달라 보였다. 이 장면은 '노무현의 눈물'이라는 TV 광고로 제작되어 국민을 감동시켰다. 이 광고는 비틀스의 멤버 존 레넌의 〈이 메진(Imagine)〉을 배경음악으로 깔면서 시작됐다. 4분의 3이 어린이들 의 천진난만한 표정을 담은 스틸 사진으로 구성됐는데, 유일하게 움직 이는 영상은 노무현이 흘리는 눈물 한 줄기뿐이었다(남경완, 2004).

정몽준의 변화

정몽준은 후보 단일화에 소극적이었다. 국민의 뜻에 따라 언제든지 당 선 가능성이 높은 사람을 중심으로 단일화될 수 있다고 주장했다. 정 몽준 진영은 노무현의 지지도가 하락하고 민주당의 분열이 가속화되 고 있는 현실을 보면서 시간이 자신들의 편이라고 판단하고 있었다. 정몽준 진영은 지지도가 모든 것을 결정해줄 것이라고 믿고 있는 듯

보였다. 대중적 지지도가 이회창을 앞선다면 민주당 스스로 정몽준을 대선후보로 추대할 것이라고 믿고 있었다. 위험을 무릅쓰고 하나밖에 없는 후보 자리를 놓고 노무현과 경쟁할 이유가 없었던 것이다. 심지어 노무현이 전격적으로 'TV 토론과 국민경선을 통한 후보 단일화'를 제의했을 때도 정몽준은 노무현과의 단일화보다 박근혜와의 연대에 더 관심을 두고 있었다. 지지율을 높일 수 있다는 계산 때문이었다.

그러나 정몽준 진영의 이런 판단은 오판이었다. 대중은 지지 기반도, 정치적 세력도 미약하고 집권 후의 청사진도 준비되지 않은 정몽준에 대해 의구심을 갖기 시작했다. 따라서 지지율은 정체되어 미동도 하지 않았다. 그러다가 정몽준 후보와 박근혜 의원의 전격 회동이 무산되자 정몽준은 후보 단일화에 눈길을 돌리기 시작했다.

노무현의 후보 단일화 제의

노무현이 전격적으로 후보 단일화를 제의한 데는 민주당 내의 후보 단일화에 대한 압력도 중요한 원인이 되었다. 후보단일화협의회(후단협) 인사뿐만 아니라 노무현 후보 선대위 참여 인사를 제외한 거의 모든 민주당 인사들이 후보 단일화를 요구하고 있었기 때문이다. 11월 3일, 노무현 후보는 "이회창 한나라당 후보의 당선에 반대하는 국민적 압력 때문에 단일화 요구를 수용키로 했다"고 말했는데, 이때 '국민적 압력'은 민주당 내 후보 단일화 압력과 유사한 의미였다.

노무현 후보 지지층은 크게 20~30대와 전통적인 민주당 지지자들로 구성되어 있었다. 그런데 20~30대가 떠나면서 위기가 시작되었고, 호남 유권자들마저 빠져나가면서 후보교체론이 힘을 받는 상황까지 이어졌다. 노무현 후보에게는 10월 한 달이 죽느냐 사느냐를 가름하는 중요한 시기였다.

호남 유권자들이 노무현을 떠난 것은 노무현이 싫어서가 아니라 당선 가능성이 줄어들었기 때문이다. 그들은 노무현이 지지율을 높이지 않는 한 절대 먼저 움직이지 않았다. 반면 노무현은 무슨 수를 써서라도 한 달 안에 10% 이상 지지율을 올려야 회생할 수 있는 운명이었다. 노무현은 개혁성을 강화해 20~30대의 지지율을 회복하고 그 지지율을 바탕으로 재집권에 대한 열망을 갖고 있는 전통적인 민주당 지지층을 복원하는 '신노풍' 전략을 선택했다(김영환, 2006).

그러나 이 전략은 실패하고 있었다. 노무현의 지지율이 9월에 바닥을 친 후 조금씩 오르고 있었지만, 그것은 20대와 30대의 지지율 상승이 아니었다. 11월 초까지도 20대와 30대 지지도에서 정몽준은 노무현을 앞서고 있었다. 오히려 후보 단일화에 소극적인 행보를 보이던 정몽준과 노무현을 배제한 후단협의 행보에 대한 반응으로 전통적인 민주당 지지자들이 결집한 것이 노무현의 지지율 상승의 원인이었다. 정몽준에게 실망한 20대와 30대의 표는 오히려 부동층으로 빠지고 있었다.

2002년 11월 들어 노무현은 "원칙 없는 단일화에 반대한다는 뜻에는 변함이 없지만, 국민이 원한다면 단일화를 생각해볼 수 있을 것"이라면서 '국민경선 방식'의 단일화 방안을 제시했다. 정몽준 후보 측은 노무현의 제안에 반대하며 '대의원경선 방식'의 단일화 방안을 역제안했다. 겉으로는 "국민경선을 할 시간적 여유가 없다"는 이유를 내세웠지만, 속내는 대의원경선 방식이 정몽준 측에 더 유리해서였다. 국민경선이냐, 대의원경선이냐를 놓고 양측은 팽팽하게 대립했다(강

후보 단일화 협상
후 포장마차에서
러브샷하는 정몽준과
노무현 (출처: 조선일보,
2012. 11. 24.)

승규, 2008).

　이에 노무현 진영은 국민경선 실시가 물리적으로 어렵다는 점을 수용해 여론조사 방식의 경선을 새롭게 제안했다. 마침 판세는 1강(이회창) 2중(노무현-정몽준)의 구도로 바뀌고 있었다. 정몽준 진영도 더는 단일화 방안을 놓고 입씨름을 벌일 만한 상황이 아니었다. 노무현과 정몽준은 밤늦게 직접 만나 단일화 협상에 나섰고, 포장마차에서 '러브샷'으로 소주잔을 들며 여론조사 방식의 노무현-정몽준 단일화 협상 타결을 맺었다.

단일화 성공

여론조사 방식에 합의한 이후에도 협상단의 여론조사 내용 유출이 문제가 되어 또다시 난관에 부딪혔다. 그러다가 11월 22일에야 극적으로 합의가 이루어졌다. 공식 후보등록 직전의 여론조사 방식이라는 특이한 방법을 통해 우여곡절 끝에 노무현이 단일후보가 되었다. 정몽준은 결과에 승복했다. 몇 차례의 고비와 위기를 겪으면서 천신만고 끝에 얻어낸 '단일후보'였다. 단일화 가능성이 제기되면서 상승하기 시작한 노무현에 대한 지지는 단일화가 이루어지면서 1위로 올라섰다.

후보 단일화 이후 노무현 후보의 지지도가 약 8%가량 늘어난 데 비해 이회창 후보는 5%가량 감소했다. 따라서 후보 단일화 이후 두 후보 사이의 선두가 뒤바뀌는 결과를 낳았고, 노무현의 선두는 여러 가지 사건에도 불구하고 선거결과로까지 이어졌다. 따라서 대선결과에 가장 큰 영향을 미친 요인을 한 가지만 꼽는다면 노무현-정몽준 후보 단일화라고 볼 수 있었다.

민주당과 국민통합21은 후보 단일화의 정신에 따라 5년 동안 국정 동반자로서 정권을 함께 운영하기로 합의했다. 국민통합과 정치개혁을 추진하기로 서로 합의했으나, 원칙적이고 추상적인 합의에 불과했다. 정몽준은 권력분점을 확실하게 보장받으려고 했다. 국무총리, 국정원장 등 이른바 4대 권력기관장을 포함한 내각의 절반, 그리고 정부 산하단체와 공기업 기관장 절반의 인사권을 요구했다. 이것을 말이 아니라 문서로 확실히 보장해 달라고 했다.

선거를 닷새 앞둔 12월 14일, 부산에서 첫 공동유세가 있었다. 정몽준은 노무현과 함께 연설하되 연단에는 두 사람만 앉기로 하는 조건으로 유세장에 나왔다. 단상에는 노무현, 정몽준 이외에도 정동영 의원이 함께 나왔다. 그러자 국민통합21 관계자들 사이에서 정동영 의원을 의식한 듯 "누가 누구와 단일화한 것이냐?"라는 불만이 터져 나왔다(김병문, 2012).

선거운동 마지막 날인 12월 17일, 서울 명동 합동유세 자리에서 문제가 터졌다. 단상에 오르면서 청중 쪽에서 '다음 대통령은 정몽준'이라고 적힌 피켓을 본 노무현은 즉흥적으로 "국민통합21에서 온 분 같은데 속도위반하지 마시라"면서 "추미애, 정동영 의원 같은 좋은 정치인 몇이 있으니 경쟁할 수도 있다"는 취지의 발언을 했다.

노무현은 "제 주변에는 개혁적인 인사들이 많이 있습니다. '대찬 여자' 추미애 의원이 있습니다. 제가 새로운 정치 하지 않고 약간의 기득권에 만족하고 어물어물하면 제 멱살을 잡아 흔들 우리의 여성 지도자 추미애 의원이 있습니다. 또 국민경선을 끝까지 지켜주시고 제가 벼랑 끝에 떨어져 도저히 가망 없었던 순간에도 제 등을 받치면서 저를 지켜주었던 정동영 최고위원도 있습니다. 여러분은 행복하십니다. 한 사람밖에 없으면 얼마나 걱정되겠습니까? 몇 사람이 있으니 경쟁하면서 점점 더 잘하려고 하지 않겠습니까? 이들은 정몽준 대표와 함께 원칙을 더 잘 지키려고, 좀 더 능력 있는 지도자가 되려고, 국민 여러분께 더 잘 봉사하는 지도자가 되려고 경쟁할 것입니다"라고 말했다(오경환, 2003).

현장 취재기자들은 이를 "후보 단일화를 했다고 해서 다음 대선 후보가 무조건 정몽준이 되는 것이 아니라 나름 잠재후보들과 마땅히 경쟁해야 한다"는 말로 해석했다. 사실 노무현은 정동영 최고의원 등에게 '덕담'을 하느라 했던 발언인데, 이것이 정몽준의 심기를 건드리게 되리라고는 상상하지 못했다.

이날 저녁 정몽준 측은 갑자기 기자회견을 열어 단일화 철회를 선언했다. 선거를 불과 몇 시간 앞둔 시점에서 청천벽력과도 같은 말

대통령 선거 유세에서 정동영(좌), 정몽준(우)과 함께한 노무현 후보
(출처: 시사IN, 2008. 3. 24.)

이었다. 정몽준 측은 단일화 철회 이유를 서울 명동 합동유세에서 "미국과 북한이 싸우면 우리가 말린다"는 표현을 썼기 때문이라고 주장했다. 미국은 한국의 우방인데 이 표현은 양당 간에 합의된 정책 공조 정신에 어긋나는 부적절한 발언이라고 주장했다. 후보 단일화 원칙의 큰 정신은 정책 공조와 상호 존중인데, 합동유세에서 이 같은 원칙이 지켜지지 않았다고 주장했다(이동형, 2013).

정몽준 측의 설명에 대다수 국민은 의아해했다. 당장 내일이 대통령 선거인데, 이런 문제로 '단일화 합의'를 깬다는 것 자체가 이해가 안 됐다. 이런 이유는 명분상에 불과하고 진짜 이유는 따로 있을 것이라는 주장이 나왔다. 그중 가장 설득력 있는 주장은 정몽준이 차기 대통령 보장이 불확실하고 노무현이 당선 후 공동정부를 보장하지 않을 거라는 위기감 때문이라는 지적이었다.

정몽준은 서울 명동 유세에서 감정이 폭발한 것으로 알려졌다.

민주당 인사들로 채워진 유세 단상에서 소외감을 느끼던 정몽준은 유세 막바지에 노무현이 "제가 당선되면 재벌개혁을 할 건데 밀어주실 거죠?"라고 한 발언에 크게 분노했다고 한다.

또한 정몽준이 제안한 '권력배분안'에 대해 노무현이 최종 서명을 하지 않았다는 것도 하나의 중요한 이유였다. 정몽준 측은 막후협상을 통해 국무총리, 국정원장과 국방, 외무, 법무, 통일장관 등 정부의 핵심인 여섯 자리를 반드시 포함한 각료 50%를 요구했다. 그러나 아무리 공동정부라도 노무현 측으로서는 수긍할 수 없는 내용이었다. 또 확실한 총리의 내각 제청권과 정부산하단체 및 국영기업체 등 정부가 임명권을 가지고 있는 자리의 50%도 요구한 것으로 알려졌다. 그러나 노무현은 김대중-김종필(DJP)연합을 뛰어넘는 이러한 권력배분에 단호하게 거절하며 "나는 처음부터 실패할 게 뻔한 대통령이 되기보다는 실패한 후보가 되는 쪽을 택하겠다. 밀약을 해놓고도 없다고 하는 거짓말을 할 수 없다"고 말했다(오경환, 2003).

서로 신뢰하면서 정권을 공동운영하는 것은 단일화 정신에 따라 받아들일 수 있지만, 국가권력을 물건 거래하듯 나눌 수는 없다는 것이었다. 한동안 줄다리기를 한 끝에 정몽준 측은 요구 수준을 낮췄다. 문서가 아니라 말로라도 후보가 약속하기를 요구했다. 그러나 노무현은 이마저 거절했다. 대통령은 글이나 말이나 마찬가지이므로 글로 써줄 수 없는 것은 말로도 약속할 수 없다는 이유였다. 선대위의 김원기 고문과 이해찬 의원이 자금과 조직이 약하므로 5% 남짓한 여론조사 우위를 선거 종반까지 유지하기 어렵다면서 일단 문서가 아닌 말로 하되 비공개로 약속해주면 어떻겠느냐고 조언했다. 그러나 노무현은 비밀리에 약속하는 것도 문제였고, 그것을 나중에 지키지 않으면 더 큰 문제가 될 것이라며 거절했다.

역풍

노무현은 정몽준 대표를 만나기 위해 정대철 선거대책위원장과 평창동 자택을 찾아가 한참을 기다렸으나 끝내 문은 열리지 않았다. 당시 정몽준 후보 집 문 밖에서 기다리는 노무현 후보의 모습이 영상을 타고 전국적으로 전해졌다. 〈조선일보〉 1면에 대문짝하게 "정몽준, 노무현을 버렸다"는 제목의 기사가 실려 투표일에 전국에 뿌려졌다. 하지만 조선일보의 의도와는 다르게 역풍이 몰아쳤다. 젊은이들이 휴대폰 통화와 문자 메시지를 통해 투표를 독려했다. 심지어 수많은 노무현 지지자들이 동네 아파트 단지를 돌면서 남의 집 현관에 놓인 조선일보를 몰래 치우곤 했다. 선거 당일 노인층의 투표가 많은 오전에는 이회창이 다소 앞섰으나 오후 3시부터 젊은 층이 투표장에 몰려들면서 역전되기 시작했다.

투표 전날 노무현은 이회창에게 7% 정도 앞서는 걸로 예상되었다. 이런 와중에 정몽준 후보가 단일화를 갑자기 깨버렸으니 민주당은 완전히 비상이 걸렸다. 노무현 후보는 정몽준을 설득하라는 주변의 권유에 계속 뻗대면서 "대통령 안 하면 될 거 아니냐"고 버텼다(윤여준·이상돈·이철희, 2014).

또, 당시 민노당의 권영길 후보가 출마했는데 표의 분산을 막기 위해 권영길 후보를 공격해야 한다는 의견이 많았다. 그러나 노무현 후보는 끝까지 이에 반대했는데, 이것이 나중에

노무현 지지철회 후 정몽준의 집을 찾은 노무현 후보 (출처: 조선일보, 2002. 12. 18.)

커다란 도움이 되었다. 정몽준의 단일화 파기 선언 이후 권영길 후보를 찍기로 했던 표들이 위기의식을 갖고 노무현 지지로 돌아선 것이다.

이회창과 한나라당의 자만심

만약 이회창이 후보 단일화 협상을 저지했다면 유리한 국면을 맞을 수 있었다. 정몽준은 한나라당이나 민주당의 대선후보가 될 가능성이 없는 상황에서 어느 쪽이든 협력관계를 구축할 필요가 있었다. 그러나 한나라당의 이회창은 정몽준과 협력관계를 받아들일 포용의 자세를 보여주지 못했다. 정몽준은 한나라당과의 협력이 불가능하다고 생각했다. 정몽준은 계속해서 한나라당에 자신을 적대시하지 말라는 신호를 보냈다. 그러나 이미 150명 이상의 의원을 포섭한 한나라당에서는 정몽준이 합류하거나 하지 않거나 이미 대선에서의 승리는 떼놓은 당상이라는 자만심이 팽배해 있었다.

만약 이회창이 좀 더 현명했다면, 정몽준을 끌어들였을 것이다. 물밑에서 접촉이 있었는지는 모르나 정몽준을 보수의 측면에 붙들어두지 못했다. 이회창은 너무 자만해 정몽준이 달아날 구멍을 만들어주지 않았다. 한나라당과의 대선협력이 불가능해지고 있는 상황에서 노무현의 후보 단일화 제의는 퇴로가 차단된 상태의 정몽준에게 피할 수 없는 선택이었다.

후보 단일화 협상의 타결은 노무현에게는 천운과도 같은 것이었다. 이를 통해 당내에서의 분란을 일사불란하게 수습할 수 있는 힘을 가지게 되었고, TV 토론 등을 통해 지지율을 상승시킬 수 있는 효과까지 기대할 수 있게 되었기 때문이다. 정몽준은 여론조사에서 지지 않을 것이라고 판단했다. 그러나 당시의 추세를 보면 노무현의 지지율이 상승세였고 정몽준의 지지율이 하락세였다. 노무현 측으로서는 정몽준의 단일화 선택이 '하늘이 도운' 것과 같은 결과였다(서프라이즈 검객들, 2003).

2002년도의 대선은 이회창 대세론이 줄곧 판을 지배하는 것처럼 보였지만, 사실 이회창이 정국 변화를 주도한 적은 한 번도 없었다. 그의 대세론은 오직 노풍이나 정풍 같은 외부 변수 요인이 약했을 때만 존재했을 뿐이다. 대선이 막판에 다다른 시점에서조차 정국의 주된 변수는 이회창이 아니라 노무현-정몽준 단일화였다.

4

노무현의 승인과 이회창의 패인

2002년 대선은 선거결과를 예측하기 어려운 박빙의 승부였다. 한나라 당 이회창 후보의 대세론이 유지되는 가운데, 민주당 노무현 후보는 정몽준과의 선거연대와 선거 직전 연대 파기 등으로 예측하기 어려운 상태로 치러진 선거였다. 선거 막바지에는 미군에 의한 여고생 사망사건이 반미감정을 촉발했고, 이것이 촛불시위로 연결되어 어수선한 사회 분위기마저 조성됐다. 이러한 분위기는 선거과정에서 한국사회를 이념적인 이분법, 즉 보수와 진보, 기득권세력과 개혁세력 등으로 양분화해갔다. 이러한 국민 편 가름 현상은 상대적으로 선거준비가 미비했던 노무현 후보에게 오히려 이득이 되었다.

미디어 활용

2002년 16대 대선은 선거운동 방식의 획기적인 변화를 가져왔다. 과거에는 정당, 후보자들이 선거홍보, 포스터, 신문이나 방송을 이용해 자신의 공약이나 정책을 일방적으로 유권자에게 전달하는 방식이 주로 이용되었으나, 이번 선거에서는 인터넷의 영향력이 새롭게 부각되었다(어수영, 2006).

노무현이 대통령 후보로서 정치적인 도전을 시도할 당시 한국 정치는 미디어 정치시대에 접어들었다. 전통적인 언론 매체뿐만 아니라 인터넷으로 대표되는 온라인 매체가 미디어정치를 주도하게 되었다. 이 과정에서 '청문회 스타', '원칙과 상식', '바보 노무현' 등 대중의 인기를 끌 수 있는 브랜드 네임을 부각시킴으로써 노무현의 장점을 부각시킨 미디어 효과를 톡톡히 보았다. 여기에 김대중 아들들의 부패를 비롯한 측근과 정부 고관들의 부패 문제는 변화와 개혁을 부르짖는 노무현이 새로운 대안으로 등장할 수 있는 계기가 되었다. 부패에 실망한 국민의 개혁욕구를 자극할 수 있는 인물로 부각된 것이다.

노무현 후보의 선대본부는 선거 환경이 급변하고 있음을 잘 이해하고 있었다. 과거의 조직과 인력동원 중심의 선거운동은 미디어와 인터넷, 정책 중심의 선거운동으로 급격하게 변화하고 있었다. 새로운 정치를 지향한 노무현은 새로운 선거 방식의 필요성을 이해하고 이를 위해 노력했지만, 구태에서 벗어나지 못한 한나라당은 과거의 선거 방식에서 벗어나지 못했다.

노무현 후보 선대본부는 인터넷을 통해 국민과의 상호 소통을 만들고 이를 자발적 참여로 이끌어내는 최초의 선거운동을 전개했다. 인터넷상의 자발성이 가장 극적으로 나타난 것은 정몽준 후보의 지지철회가 있었던 선거 당일인 12월 19일이었다. 노사모는 물론 노무현의 지지자들은 일시 패닉 상태에 빠졌다. 그러한 상황에서도 〈오마이뉴스〉는 심야의 긴박했던 상황을 인터넷으로 중계했고, 방문자 수가 150만 명에 달했다고 발표했다.

패닉 상황에서 가장 먼저 정세를 판단하고 전열을 가다듬은 것은 개혁국민정당의 유시민 대표였다. 인터넷 정당이라는 깃발을 올리고 노무현 지지를 표명했던 그가 당 게시판에 올린 '정몽준 폭탄 후의 정세분석'은 바로 인터넷으로 퍼져나갔다. 유시민은 "두려움과 좌절감을 느낄 필요는 없다"고 독려하면서 우선 노무현 지지자들을 안심시키고 앞으로 해야 할 일들을 제시했다. 그것은 곧바로 행동지침이 되었다. 조선일보의 대대적인 기사에도 불구하고 20~30대는 인터넷을 통해 사건의 본질을 파악하고 투표장으로 결집했다(현무암, 2010).

노무현 후보의 표를 갉아먹는다고 여겨졌던 진보정당인 민주노동당 지지자들 일부도 노무현 지지로 돌아섰고, 지지자들은 전화와 메일로 지인들에게 다시 한번 지지를 호소했다. 공식 선거운동 기간이 끝나고 나서는 선거운동이 금지되어 있으므로 정몽준의 '지지철회' 전단이 붙어 있다는 정보가 들어오면, 각 지역에서 자발적으로 '순찰'에 나선다는 보고가 게시판에 속속 올라왔다. 투표가 시작되고 나서도 '노사모'의 손에서 휴대전화가 떨어진 일은 없었다. 결과적으로는 정몽준의 지지철회는 "정몽준, 노무현을 버리다"라는 회심의 사설을 게재한 조선일보의 도움에도 정세를 뒤집을 수는 없었다.

당시 20대와 30대는 우리 사회를 지배하는 권위주의와 엘리트주의에 염증을 느낀 세대였다. 노무현 후보는 젊은 세대에 친숙한 정보화 바람을 잘 이용해 친근감을 줬으며, 이회창 후보와 비교했을 때 '개혁적'이라는 인식을 심어주었다. 이것이 노무현이 승리한 요인이었다.

노란 스카프를 두르고 노란 풍선을 든 노사모 회원들의 열성적인 지원은 노무현에게 큰 힘이 되었다. 24시간 깨어 있는 인터넷은 돈과 조직이 없는 노무현 후보와 노사모의 힘을 무한대로 키워주는 선거운동장이 되었다.

감성코드에 호소

노무현의 선거대책본부는 일반 국민의 감성에 호소하는 전략을 사용했다. 원칙과 소신의 정치인, 장애물을 극복해나가는 강인한 의지와 돌파력의 소유자라는 노무현의 이미지를 부각시킨 것은 TV광고에서 노무현의 눈물 한 방울이었다. 그리고 '서민의 대변자'라는 이미지를 부각시킨 것은 자갈치 아줌마의 찬조 연설로 극대화되었다.

이에 반해 이회창의 선거대책본부는 우왕좌왕하고 있었다. 냉철하고 이성적인 이회창 후보의 이미지는 TV라는 매체에 어울리지 않았다. 미소를 지어보았지만 대중은 연출이라고 생각했다. 서민이 아닌 정치인의 찬조 출연에 국민은 식상해했다. 노무현과 이회창의 이미지는 '새로운 정치 대 낡은 정치'라는 슬로건으로 극대화되었다. 한나라당은 김대중 정부의 실정을 비판하는 네거티브한 이슈에 매달려 이회창이 그려나갈 효과적인 정책의 비전을 보여주지 못했다.

인간적인 면모와 감성을 자극하는 서민적인 이미지는 공통적으로 노무현이 '사람 냄새 나는 보통 사람들의 대표자'라는 인식을 심어주었다. 인터넷에서 노무현의 자필 사법시험 합격기나 아들의 아버지에 대한 회고담 등이 인기리에 널리 퍼지면서 그의 인간적인 면모는 더욱 부각되었다. 네티즌들은 19일 선거 당일에도 투표율이 저조하자 인터넷을 통해 선거 참여를 독려할 정도였다. 감성을 자극하는 애니메이션 TV 광고와 보통 서민이 참여한 TV 찬조연설 등은 노무현의 서민적인 이미지를 강조한 것이었다.

네거티브 선거 전략의 실패

한나라당이 네거티브적인 공세를 퍼부으면 여기에 대해 노무현 후보가 포지티브적으로 대응하는 양상을 보였다. 과거 대통령 선거전에서는 네거티브적 캠페인이 효과를 보았으나 2002년 대선에서는 오히려 포지티브가 네거티브를 전반적으로 누르는 양상을 보였다.

한나라당은 노무현 후보 장인의 빨치산 좌익 전력을 거론하면서 좌우 색깔논쟁으로 선거 종반을 몰고 갔다. 장인의 좌익 활동을 문제 삼고 나서자, 노무현은 "그러면 나보고 아내를 버리란 말이냐?"는 식의 감성적 호소로 곤란한 상황을 정면 돌파했다. 이것은 노무현 후보 진영이 논리나 정책보다 정서적 접근이 더 효과적이라고 판단했기 때문이다. "그러면 나보고……"라는 말은 노무현의 위기돌파 방식을 보여주는 말이었고, 지지를 끌어올리는 방식이었다(김헌식, 2003).

용돈으로 회유해서라도 자녀들을 설득해 노무현 후보를 찍지 말고 이회창 후보를 찍도록 해야 한다는 아이디어마저 있었다. 조선일보는 선거일을 이틀 앞둔 17일자 신문에서 칼럼을 동원해 자녀설득론을 증폭시키려 애썼다. "딸에게"라는 제목의 칼럼에서 명시적으로 소위 부모세대가 지지하는 후보가 누구인지 밝히고 있지는 않지만, 그

칼럼을 읽는 사람은 누구나 그가 이회창 후보라는 점을 잘 알 수 있었다. 이 칼럼의 필자는 "유권자인 우리는 속마음을 꿰뚫어보고 그분들의 생각에 찍어야 한다"고 결론을 내리면서 이러한 권유는 살 날이 얼마 남지 않은 부모세대들을 위한 것이 아니라 바로 젊은 세대들을 위한 충정에서 비롯된 것이라고 밝혔다.

조선일보는 또한 마지막 TV토론이 끝난 이후 유권자들의 선택만 남았다는 요지의 사설을 통해 이번 TV 토론의 유일한 수확이라면 "교육과 의료, 국민연금 등 사회복지 분야에서 김대중 정권의 실정이 분명히 드러났다는 점"이라고 지적하고, "우리 국민의 삶의 질을 한 단계 향상시킬 수 있는 후보에게 표를 던져야 한다"며 이회창 후보 지지를 권유하고 있었다(서프라이즈 검객들, 2003).

국정원 도청파문

후보 단일화를 정권을 잡기 위한 야합이라고 비난하고 노무현 후보의 인기를 평가절하했던 한나라당은 선거 분위기를 주도하기 위해 김대중 정부에서 국가정보원이 여야 의원 및 언론사를 대상으로 전화도청을 했다는 문건을 공개했다. 한나라당은 김대중 정부의 도덕성에 문제를 제기해 이를 노무현 후보에 대한 부정적 이미지로 연결시키려는 비난선거운동을 의도했다.

그러나 이러한 한나라당의 의도는 결국 성공하지 못했다. 한나라당은 유권자가 가장 관심을 기울이고 있는 것이 무엇인지를 제대로 인식하고 있지 못했다. 국민은 한나라당의 폭로전에 대해 그 내용을 파악하기에 앞서 과거 정치에서 흔히 보였던 정치권의 이전투구라는 이미지를 느꼈던 것이다. 오히려 과거 정치의 부정적인 면을 다시 한 번 유권자에게 깨닫게 해주었다. 이러한 폭로정치로 인해 한나라당은 아직도 낡은 정치에서 벗어나지 못하고 있다는 평가를 받았다. 더구나 민주당이 같은 수준에서 폭로내용을 부정하거나 변명하는 데 주력하지 않고 비난선거운동을 자제하겠다는 세련된 대응을 하자 도청사건은 더 이상 주목받지 못했다(어수영, 2006).

유권자는 김대중 정부에 대한 평가보다는 보수 대 진보라는 구도하에서 선거의 의미를 파악하고 있었는데, 한나라당은 이를 간과하고 있었다. 이와 같은 부적절한 한나라당의 대응은 언론의 보도태도만 보아도 알 수 있었다. 언론의 기사보도를 보면 12월 3일 이후에는 도청사건에 대한 기사를 주요 기사로 다루고 있지 않았다. 12월 1일 이후 발생한 여중생 사망사고로 인한 촛불시위와 이를 계기로 등장한 SOFA 개정이라는 이슈에 묻혀버린 것이다.

이미 한물 간 '색깔론 공방'과 식상한 '김대중 양자론'을 다시 들고 나올 수밖에 없는 한나라당도 나름의 이유가 있었다. 대통령 후보 등록일 직전, 여러 언론사 지지도 조사에서 이회창 후보가 단일화된 노무현 후보에게 상당히 뒤진 것으로 나타났기 때문이다.

문제는 대통령 후보 등록일 이후에는 여론조사를 하더라도 공표가 금지된다는 점이었다. 유권자는 이 마지막 여론조사를 기억한 채 투표에 임하게 되므로 무엇인가 초반 기선제압이 필요한 상황이었다.

또한 부산 · 경남의 노무현 후보 지지율이 심상찮은 급등세를 보인 것도 이러한 폭로의 배경이 되었다. 노무현 후보가 영남을 대표하는 후보가 아니라 김대중 정권의 상속자라는 쪽으로 여론을 돌려야 할 필요가 있었으므로 김대중 양자론의 근거가 될 폭로자료를 서둘러

내놓은 것이다. 한나라당의 선거 전략은 노무현 후보를 호남 후보 속에 가두어두고 보수주의적 정서에 호소하는 색깔론에 바탕을 둔 것이었다(서프라이즈 검객들, 2003).

촛불시위와 SOFA 개정

노무현은 2002년 4월 민주당 대통령 후보로 선출되자마자 "나는 미국에 한 번도 안 갔는데 바빠서 안 갔다"며, "유감스럽게도 정통성 없는 지도자들이 반드시 미국의 정치적 승인을 받아야 하는 관계가 있어서 눈도장 찍고 절하고 돌아왔다. 지식인들도 미국이 곱지 않은 눈으로 보면 국정운영이 어렵다는 선입견을 가지고 있다. 그런 시대는 끝났다"고 비판했다.

한마디로 그는 대통령 후보들의 미국 방문을 '사진 찍으러 가는 것'에 불과하다고 비판했다. 야당과 보수언론의 거센 비판에도 노무현은 주장을 꺾지 않았다. 9월 11일 영남대 특강에서 "미국 안 갔다고 반미주의자인가? 또 반미주의자면 어떤가?"라고 도발적인 질문을 던져 다시 한번 파장을 불러일으켰다.

그러다가 2002년 6월, 경기도 동두천에서 여중생 효순·미선 양이 미군 장갑차에 깔려 사망한 사건이 일어났다. 이들의 억울한 죽음도 문제였지만, 미군 당국이 사건을 은폐하고 범인들을 무죄 판결하는 등 한국을 무시한 처사는 국민의 공분을 불러일으키기에 충분했다. 전국적으로 이에 항의하는 촛불시위가 일어나면서 '반미감정'이 증폭되었다. 이런 가운데 한나라당과 보수신문은 노무현이 대통령 후보로서

미군 장갑차에 희생된
미선 · 효선 양의 사진
(출처: 중앙일보, 2012. 6. 12.)

미국을 한 번도 다녀오지 않았다는 것은 필시 '반미주의자' 아니냐고
몰아붙였다. 이에 노무현은 "현안이 없는데 사진 찍기 위해 미국에 가
지는 않겠다"고 받아쳤다. 그러자 노무현을 '반미주의자'로 규정하고
공세의 수위를 높였다.

  '반미주의자'라는 낙인은 한국의 정치인들에게는 치명적인 사형
선고나 마찬가지였다. 그런데 노무현은 대수롭지 않다는 듯 빙그레 웃
으며 "반미면 어떻습니까?" 하고 말했다. 노무현의 일갈에 보수세력은
그만 할 말을 잊어버렸다.

  2002년 6월 발생한 미군 장갑차에 의한 여중생 2명의 사망사건
은 처음에는 국민의 관심을 끌지 못했다. 그러나 11월 20일, 미국 법정
의 배심원들에 의해 무죄판결이 내려지는 것을 계기로 국민의 분노가
거세지기 시작했다. 재판결과에 대한 항의는 계속되었고 민주사회를
위한 변호사모임은 이와 관련해 주한미군지위협정(SOFA)의 조속한 개
정을 촉구했다. 그리고 전국적인 대중집회로 이어져 11월 30일 광화
문 촛불시위를 시작으로 매주 주말에 여중생 추모 및 SOFA 개정요구
가 선거기간 동안 계속되었다.

미선 · 효선 양을 위한 촛불시위 (출처: 한겨레, 2014. 6. 12.)

　　불공정한 재판에 대한 항의와 SOFA 개정 요구는 상당히 큰 주목
을 받는 사안이었으나, 일부 반미시위의 성격을 띠고 있음에 따라 이
회창 후보와 노무현 후보는 명백하게 입장을 밝힐 처지가 못 되었다.
보수적으로 평가받는 이회창 후보의 입장에서 적극적으로 촛불시위
를 지지하는 것은 자신의 핵심 지지층인 보수 유권자의 의사와 달라
부담이 있었다. 한편, 노무현 후보의 입장에서는 급진적이라는 이미
지를 희석하기 위해 노력했으므로 반미구호의 한가운데 설 수는 없는
입장이었다. 1차 TV토론에서 권영길 후보가 다른 두 후보에게 SOFA
개정 요구에 서명하고 앞장서줄 것을 요구하자 이회창 후보는 물론
노무현 후보마저 신중론을 제시하면서 서명 약속을 회피했다(어수영,
2006).

　　이처럼 후보들이 모호한 입장을 취하고는 있었지만, 이 사안의

성격 자체가 진보성향의 노무현 후보에게 유리한 것이었다. 이회창 후보의 입장에서는 이 사안에 적극적인 지지를 표명하는 경우 고정 지지집단으로부터 비난을 받게 되지만 아울러 젊은 유권자들로부터 지지를 얻게 된다는 보장은 없었다. 따라서 이 사안을 계기로 지지를 확대할 수 있는 적극적 전략을 수립할 수 없었다. 한편, 노무현 후보는 반미 시위로 인해 젊은 유권자의 지지가 강화될 계기가 될 수 있지만, 반미를 우려하는 유권자들을 자극하지 않기 위해 이를 적극적으로 쟁점화하지는 않았다. 이와 같은 계산 속에서 두 후보의 입장은 원칙적인 대응 수준에 머무르고 있었으며, 사실상 이 사안을 통해 서로 간 차별성을 만들려 노력하지는 않았다.

행정수도 이전

12월 8일, 대전에서 노무현 후보가 행정수도를 충청권으로 이전하겠다는 공약을 발표했다. 노무현 후보는 선거를 열흘 앞두고 논쟁의 여지가 큰 행정수도 이전이라는 정책을 제시한 것이다.

　　12월 들어 여론조사에서 노무현 후보는 이회창 후보에게 약 3%가량 앞서고 있었지만, 한나라당의 주장처럼 숨은 한나라당 지지자 5%에 대한 불안과 아울러 실제 선거에서 연령별 투표율을 감안하면 선거에서 승리를 장담할 수 없는 입장이었다. 따라서 더욱 확실한 지지를 확보할 필요가 있었다. 지역주의의 영향이 적으며 부동층이 많은 것으로 알려진 충청권에 대한 적극적 선거 전략이 필요한 시점이었다. 문제는 '행정수도 이전'이라는 공약이 수도권에서 얼마만큼의 지지 감소를 가져오는가 하는 것이었다. 따라서 수도권의 충격을 완화하기 위해 현재 서울의 많은 문제점을 제시하고 수도권의 부동산 가격 하락 등의 충격이 절대 발생하지 않는다는 점을 강조했다.

행정수도 이전 관련 입장 표명을 하는 노무현 (출처: e영상역사관)

앞서 충청지역에 기반을 가지고 있던 김종필이 어떤 후보도 지지하지 않는다고 선언했고 이인제 후보의 영향력은 거의 나타나지 않는 상태에서 충청권으로의 행정수도 이전 공약은 충청권 유권자에게 상당한 매력으로 다가왔다. 노무현 후보는 선거결과 이회창 후보보다 충남에서 11%, 대전에서 15.3%, 그리고 충북에서 7.5% 앞섰다.

노무현의 행정수도를 충청도로 이전하자는 공약은 급조한 정책이었고 충청권 공략이라는 전략적 판단에 근거하고 있었지만, 정책적 이슈를 선점했다는 점에서는 효과적이었다.

한편 행정수도 이전에 대한 이회창 후보의 대응은 효율적이지 못했다. 이회창 후보 진영은 노무현 후보의 행정수도 이전 공약을 서울 천도론이라고 부정적으로 매도하면서 수도권의 집값 폭락, 경제 붕괴론으로 연결시켰다. 이회창은 행정수도 이전을 강력하게 반대하며 행정수도 이전으로 인해 수도권의 부동산 가격 폭락과 이전비용으로 경제적 위기가 올 것이라고 강조했다. 그러나 수도권 이전은 과거에 이회창 후보가 제시했던 공약이었다는 점이 밝혀지면서 설득력이 약화되었다. 결국 노무현 후보의 행정수도 이전에 대응해 한나라당은 최후의 선택을 했다. 행정수도 이전을 이슈화하여 최후의 역전을 도모하고자 과감하게 충청도를 포기한 것이다. 누구의 아이디어로 이루어진 것인지 알 수 없었지만, 이회창 후보는 돌아올 수 없는 강을 건너고 말았다.

1997년 대선에서 김대중 후보와 이회창 후보의 당락을 결정지은 것은 다름 아닌 충청도의 표심이었다. 두 사람의 전국 표차와 충청 지역에서 기록한 두 사람 간의 득표수 차이는 거의 정확히 일치했다. 이회창 후보로서는 충청도에서의 패배가 실로 분하고 안타까웠을 것이다.

5년간의 와신상담 끝에 대통령 선거에 재출마한 이회창 후보는 일찍부터 충청 표 다지기에 공을 들여왔다. 한나라당은 비난을 감수하면서도 민주당과 자민련을 탈당한 현역 의원들을 한나라당으로 영입했다. 김종필과는 불가근불가원의 관계를 유지했고, 이인제 의원과는 의도적으로 격렬한 대립각을 회피해왔다.

그럼에도 무정한 충청권의 표심은 이회창 후보가 아닌 정몽준 의원에게 쏠렸다. 노무현-정몽준 후보 단일화가 성사된 이후 정몽준 의원을 선호하던 유권자는 노무현 후보를 지지하기 시작했다. 한나라당으로서는 안타깝고 황당한 일이었다.

한나라당은 투표일이 얼마 남지 않은 시점에서 충청권 유권자가 이회창 후보를 외면하는 이유를 따질 계제가 아니었다. 각 마을을 돌며 장승이라도 붙잡고 절이라도 올려야 할 판이었다. 이 상황에서 이회창 후보는 충청도를 과감히 포기하는 결단을 내렸다. 어차피 남은 기간 동안 공들여봐야 소용이 없다는 판단을 한 것이다. 차라리 행정수도 이전을 물고 늘어져 수도권 지역을 공략하기로 전략을 바꾸었다.

충청권에서 밀려봐야 그 지역 인구가 얼마나 되겠냐고 가볍게 생각했던 것 같다. 그러나 포기하는 모양새가 너무 좋지 않았다. 그때까지 이회창 후보의 충청도 구애작전이 진실함이 없었다는 이미지만 주게 된 것이다. 충청도인은 자신들을 핫바지로 보냐며 강한 반발심을 보였다(서프라이즈 검객들, 2003).

노무현 후보는 득표를 극대화하기 위해 자신에게 유리한 지역주의를 이용함과 동시에 불리한 지역에서는 정책 중심으로 선거운동을 이끌어나갔다. 즉, 민주당의 텃밭인 호남에서는 반이회창 분위기를 유지하면서 영남에서는 지역주의를 희석시키고 다른 지역에서는 정책 이슈의 선점을 통해 지지의 확대를 가져왔다. 특히 충청지역이 승부처가 될 수 있다는 인식이 충청권에 대한 배려로 나타났다고 할 수 있다. 이러한 전략은 결국 선거에서 성공적이었다. 선거결과 영 · 호남 합계에서 노무현 후보는 450만 표로 이회창 후보의 487만 표에 육박해 지역주의의 불리함을 극복할 수 있었다(장훈 · 윤종빈, 2013).

11월 이후에도 정당지지도는 적게는 3%, 많게는 17%의 차이로 한나라당이 앞서고 있었는데, 후보 지지도에서는 노무현 후보가 앞서가고 있다는 것은 선거이슈와 후보자 이미지에서 노무현 후보가 월등히 앞서가고 있다는 것을 보여주는 것이었다.

한나라당은 정당지지도가 앞선 것을 이용해 민주당 현 정부의 실정을 강조했지만, 노무현 후보는 낡은 정치 대 새 정치라는 구도로 선거 분위기를 이끌어감으로써 한나라당의 선거전략보다 훨씬 효율적이었다는 것을 확인할 수 있었다.

지역구도의 약화

영남에서 김대중 전 대통령은 1997년 대선에서 48만여 표를 얻었지만, 노무현 후보는 82만여 표를 얻었다. 이는 노무현 후보가 영남 출신의 후보였기 때문이다. 호남을 지역 기반으로 한 민주당 후보임에도 노무현 후보는 영남에서 크게 선전했다. 노무현 후보가 국회의원 시절, 사실상 당선이 보장된 종로 지역을 버리고 부산에서 출마하는 등 끊임없이 지역구도 청산을 위해 매진했던 진정성도 득표력을 높이는 데 크게 한몫했다.

전통적으로 보수 텃밭인 충청에서도 노무현 후보가 이회창 후보보다 30만여 표를 더 얻었다. 충청 출신의 여당후보로서, 충청지역의 지지기반에 거의 올인하다시피 한 이회창 후보에 비해 영남 출신의 노무현 후보가 30만여 표를 더 얻어냈다는 것은 놀라운 일이었다. 그 이유는 지역균형발전을 간절히 원하는 충청권의 목소리를 정확히 읽어내고 행정수도 이전이라는 정책을 과감하게 채택했기 때문이다. 또한 93% 내외에 달하는 압도적인 지지를 보낸 호남 지역 유권자가 노무현 당선의 큰 요인이 되었다(김만흠, 2006).

김대중 정부 후반 집권 세력에 대한 실망도 컸지만, 한나라당 역시 사회의 새로운 변화를 수용하지 않은 채 반호남 정서에만 의존하는 지역구도에 안주했다. 특히 차기 대통령을 선출하는 선거에서 퇴임하는 김대중 대통령을 상대로 펼친 반김대중 전략은 부적절한 선거캠페인이었다.

그동안 김대중당이라고 할 수 있었던 민주당은 포스트 김대중 시대와 함께 영남 출신의 노무현 후보가 대통령 후보가 되면서 김대중당 또는 호남당으로서의 이미지가 약화될 수밖에 없었다. 물론 상대

후보인 이회창 진영은 김대중 양자론, 부패정권청산론 등을 캠페인으로 하면서 노무현 후보를 김대중당, 호남당과 연결시키려는 전략을 썼으나 그 효과는 제한적일 수밖에 없었다.

자발적인 선거운동 문화

노무현 후보가 우리나라 정치역사상 어떤 정치인도 누려보지 못했던 자발적 지원을 받을 수 있었던 것은 이들 386세대가 1987년 6월 민주화 대투쟁 때의 희망과 열정이 아직도 자신들의 가슴속에 살아있다는 것을 노무현을 통해 발견하고자 했기 때문이다.

온라인상에서 노무현에 대한 열정적 지지는 이전에 볼 수 없었던 한국 선거에서의 획기적인 사건이었다. 노무현에 대한 비방이 나오면 이를 신속하게 대응하는 방법이 나오고, 상대후보의 실책은 즉시 네티즌에게 전달되었다. 미국의 선거에서나 볼 수 있었던 상대측 캠페인과 미디어 전략에 신속히 대응해 선거운동을 유리하게 이끌어가는 '신속반응팀'의 역할을 선거캠프의 대책본부가 아니라 네티즌이 자발적으로 수행해냈다.

예를 들면 민주당이 찬조연설원으로 수산시장에서 일하는 극히 평범한 '자갈치 아지매'를 등장시켰을 때 허를 찔린 한나라당이 긴급히 투입한 '보통 수험생의 어머니'가 실은 의원 보좌관이었다는 사실은 인터넷을 통해 순식간에 퍼져나갔다. 한 네티즌이 인터넷상에 사진까지 첨부해 폭로했기 때문이다. 인터넷 게시판에서 모금과정과 득표작업의 감동적 에피소드는 홈페이지 방문자를 서서히 '노사모'의 회원으로 흡수해갔다. 노무현에게 유리한 외국신문 기사는 즉시 번역되어 유포되었다. 일반시민으로부터 모은 기부금은 가두에서의 모금, 희망 돼지 저금통과 희망티켓 등의 모금활동, 그리고 휴대전화와 신용카드를 이용하는 방법 등으로 70억 원을 훨씬 넘어섰다. 이와 같은 인터넷 네티즌의 자발적인 활동이 노무현에게는 커다란 힘이 되었고 선거운동에도 효과적이었다.

노무현은 대통령 선거에서 인터넷이 엄청난 역할을 한다는 것을 어느 정도 예상하고 있었다. 2001년 여름, 부산의 어느 개혁세력의 회합 자리에서 조선일보와의 정면승부를 우려하는 주위의 목소리에 대해 노무현은 다음과 같이 말했다.

"저에게는 인터넷이 있습니다. 조선일보의 어떤 부당한 공세도 인터넷으로 막을 수 있을 것입니다. 이미 인터넷의 영향력은 상상 이상으로 커졌습니다. 아마도 한국 정치사상 최초로 인터넷 선거의 진면목을 보시게 될 것입니다."(현무암, 2010)

네티즌은 온라인에 모든 것을 의존하지 않았다. 인터넷 게시판에서 점차 확대되어가는 노무현 후보의 우세 여론에 만족하지 않고 끝까지 한 통이라도 더 전화를 걸도록 호소했다. 결국 대통령선거에서 한나라당이 패한 것은 인터넷과 네티즌에 대한 적극적 대책에 실패했기 때문이다. 노사모의 강점은 인터넷을 선점해서 적극적으로 활용했다는 것만이 아니었다. 자발적 참가와 토론의 장을 보장하는 진실성에서 효과를 본 것이다. 노사모와 오마이뉴스 등의 인터넷 사이트는 대선조직을 대신해 지원자들의 구심점 역할을 수행했다. 자발적이고도 수평적인 네트워크를 만든 것이 승리의 요인이었다. 그들은 온라인과 오프라인이 결합된 새로운 정치문화를 탄생시켰다.

반면, 이회창의 홈페이지는 회원등록을 하지 않으면 글을 쓸 수 없었고 이회창 후보를 비판하는 목소리는 바로 삭제되었으며 접근이 차단되는 경우도 적지 않았다. 빈약한 글의 열람 수가 작위적으로 증가하거나, 같은 내용의 글이 다수의 아이디로 등록되어 있는 것도 네티즌의 추적에 의해 밝혀졌다.

새로운 선거자금 방식

노무현 후보의 승리 원인에는 선거법 강화와 선거관리의 공정성도 한 몫을 했다. 급격하게 후보로 부상한 노무현은 대세론을 등에 업고 착실하게 준비해온 이회창 후보에 비해 선거자금이나 조직 면에서 열세였다. 그러나 선거법은 금권선거, 관권선거 등을 차단하기 위해 엄청나게 강화되어왔으므로 선거자금과 조직이 상대적으로 열악했던 노무현 후보에게 유리하게 작용했다. 특히 선거자금이 없어서 서민이 기부하는 '돼지저금통'이 큰 힘이 되고 있다는 노무현 진영의 호소는 많은 유권자의 마음을 움직였다. 그리고 선거운동과정이 과열되지 않도록 중앙선관위는 여야를 초월해서 적절하게 선거관리의 공정성에 힘을 쏟았다. 중앙선거관리위원회의 공정한 관리는 국민의 신뢰를 받기에 충분했다. 또한 투·개표과정이 정확하고 신속했으므로 이회창 후보의 패배 인정이 빨리 진행되었고, 노무현 후보의 승리는 훨씬 안정감 있게 유권자에게 다가올 수 있었다.

희망돼지 저금통, 카드 결제, 휴대폰 모금, 희망 티켓 등 다양한 형식을 통해 기존의 선거자금 모금 방식을 뛰어넘은 개념이었다. 미디어선거, 인터넷선거로 진행된 모금행사는 정책선거의 원칙과 결합돼

희망돼지 저금통과 함께한
노무현 후보
(출처: 경향신문, 2004. 8. 3.)

국민 참여형 선거운동이라는 새로운 모델을 만들었다는 평을 받았다.
이회창의 '차떼기 트럭'*과 노무현의 '희망돼지 저금통'의 한판 승부가
된 것이다(김병문, 2012).

　　노무현의 대통령 당선은 한국사회의 구조로 보아 참으로 놀라운
현상이었다. 정당, 지역기반, 자금, 언론관계, 이념지향 등 어느 것 하
나 대선에 유리한 부분이 없었기 때문이다. 뜻밖의 선거 결과를 놓고
여러 해석이 나왔는데, 특히 "부모는 울고 자식들은 웃었다"며 청년세
대가 기성세대에 반기를 든 '세대혁명'으로 풀이한 대목이 눈길을 끌
었다. 사람들은 이구동성으로 "돈도 없고 계보 조직도 거느리지 못한
노무현의 당선은 과거 정치에서는 상상조차 하기 힘든 감동의 드라마
였다"고 했다.

---

*　　기업들이 선거자금을 몰래 현금으로 한나라당 자동차 트렁크에 실어준 사실

그 이후

대통령에 당선된 이후 노무현 대통령은 수많은 개혁정책에 힘을 쏟았다. 권력층에 만연해 있던 권위주의와 정경유착을 타파하고 기존 보수 정권이 하지 못했던 각종 개혁을 시행했다. 상속증여세의 포괄주의를 도입해 재벌 총수들의 탈세 여지를 좁힌 것, 재벌개혁 중 하나인 증권 관련 집단소송제 시행, 재벌기업들 사이의 담합에 대한 적발과 처벌도 강화했다. 노무현은 청와대 영향력 아래 있던 국정원, 검찰청, 경찰청, 국세청의 소위 4대 권력의 독립을 보장하려 했으며 국정을 분리하여 책임 국무총리와 책임 장관제를 도입했다. 또한 국회의 독립성 보장을 위해 국회의원의 공천권에 개입하지 않기 위해 당정을 분리하는 개혁적 정책에 노력했다. 그러나 부동산 투기 근절에 실패했다는 평가를 받았고, IMF 사태 이후 악화된 소득분배가 노무현 정권에서도 그다지 개선되지 못했다는 비판도 있었다. 2004년 무렵 공직선거 및 선거부정방지법이 정한 중립의무 및 헌법 위반을 이유로 야당으로부터 대한민국 헌정 사상 최초로 대통령직 재임 중 탄핵 소추를 당해 대통령 직무가 정지되었다. 하지만 탄핵을 주도했던 새천년민주당과 한나라당, 자유민주연합은 여론의 역풍에 휩싸여 제17대 총선에서 참패했고 얼마 후 헌법재판소에서 소추안을 기각하며 노무현은 다시 대통령 직무에 복귀했다.

노무현은 정계 입문 초기에 직설적인 화법으로 청문회 스타 자리에 오르기도 했으며, 서민적인 이미지로 대중적 지지를 받아 대통령에 당선될 수 있었다. 그러나 임기 중에는 "대통령 못 해먹겠다", "미국 엉덩이 뒤에 숨어서" 등 특유의 화법이 논란이 되며 보수 언론으로부터 비판을 받기도 했다. 보수 언론들은 노무현을 반미주의자이며 좌파로 규정하고 공격을 가했으나, 실제로 임기 중에 펼친 정책은 그러한 노선과는 거리가 멀었다. 오히려 진보 진영으로부터는 한미 FTA 추진과 이라크 파병 등 노무현 정부의 정책이 신자유주의 우파에 가깝다는 비난을 받기도 했다. 행정수도 이전과 혁신도시 등 지방 균형 발전을 추진했으나 세종특별자치시의 수도 이전은 헌법재판소에서 '관습헌법'이라는 이유로 위헌 결정을 내려 행정도시로 선회했다.

노무현은 2008년 2월 25일, 고향인 경상남도 김해 봉하마을로 귀향했다. 그는 퇴임 후 고향으로 내려간 첫 대통령으로 꼽혔다. 노무현의 귀향으로 김해시 봉하마을에 지지자 및 관광객의 발길이 끊이지 않아 관광지로 급부상했다. 노무현은 봉하마을 귀향 이후 관심을 갖고 오리쌀 농법과 화포천 정화, 생태숲 조성 등 친환경 · 친농촌 생태사업을 추진했다.

2009년 검찰의 정관계 로비 수사가 전방위로 확대되면서 노무현의 측근 세력들이 수사 대상에 오르게 되었고, 노무현과 개인적 친분이 있던 박연차로부터 노무현 일가가 금전을 수수했다는 포괄적 뇌물죄 혐의로 조사를 받았다.

퇴임 후 고향에서
자전거 타는 노무현
(출처: ⓒ영성역사관)

　이 같은 뇌물 수수 개입 의혹이 수면 위로 부상하면서 궁지에 몰
리게 되자, 노무현은 그해 5월 23일 자택 뒷산인 봉화산 부엉이바위에
서 투신자살했다. 노무현이 사망하면서 법무부는 노무현의 뇌물 수수
의혹에 대한 검찰 수사를 공소권 없음으로 종결시켰다. 노무현 사후
1주일 동안 봉하마을에는 전국에서 400만 명의 추모객의 발길이 이어
졌고, 장례는 국민장으로 치러졌다.

　노무현이 극단적인 선택을 한 것은 결벽증에 가까운 정치적 자산
이자 무기인 '도덕성'이 상처를 입었고, 검찰의 수사 내용이 실시간으
로 중계되면서 견디기 힘들 정도로 인간적인 모욕을 당했기 때문이라
는 평이 있었다. 이와 함께 노무현은 자신으로 인해 자신들의 참모와
가족들까지 고초를 당하고 있는 것에 대해 부담을 느낀 것으로 보였
다. 정권이 바뀌면 전 정권에 대한 '먼지털기식' 수사가 반복되는 현대
사의 비극이라 할 수 있었다(김병문, 2012).

　이회창은 대선이 끝난 이후 정계 은퇴를 공식 선언했다. 이회창
이 정계를 떠난 이후 그의 자리였던 한나라당 총재 자리는 서청원과
최병렬 그리고 박근혜로 이어졌다. 노무현의 당선 이후 한나라당은 원

내 제1당이라는 점을 이용하여 노무현 대통령의 여러 정책에 발목을 잡았다. 이에 한나라당에 대한 국민여론이 크게 악화했고, 노무현 대통령 탄핵 소추를 기점으로 원내 제2당이 되었다.

이렇게 한나라당이 위기에 빠진 상황에서 이회창은 한나라당에 관련된 발언을 하지 않고 자신의 개인 활동에 전념했다. 2006년 한나라당이 열린우리당의 실정과 여러 가지 측근 비리 사건을 틈타 지방 선거에서 대승했을 때도 어느 지역구에 출마한다거나 한나라당에 관련된 발언을 일체 삼갔다. 2007년 들어 박근혜와 이명박이 제17대 대선 행보를 시작했을 때, 이회창은 특정인을 지지하지도 않았다.

하지만 이명박이 한나라당의 2007년 대선후보로 선출된 이후, 이회창의 측근을 중심으로 이회창의 대선 출마 가능성에 대한 이야기가 집중 보도되었다. 이회창이 이명박 후보의 각종 비리 의혹 때문에 불안해하고 있으며, 자신과 비교적 정치 성향이 비슷한 박근혜를 끌어들여 대선판을 재편성할 것이라는 소문이 끊이지 않았다. 드디어 2007년 11월 7일, 이회창은 한나라당을 탈당하고 무소속으로 제17대 대통령 후보가 되었다.

이회창이 뒤늦게 11월에서야 세 번째 대선 출마를 결심하게 된 데는 여러 가지 의견이 있지만, 2002년 대선 이후 정치적 행보를 거의 하지 않았는데도 출마하지도 않은 자신의 지지도가 당시 범여권의 정동영 후보를 앞지르고 있었다는 점, 박근혜의 합류를 기대했다는 점, 이명박의 비리 혐의와 자신과 다른 정치 성향에 불만이 있었다는 점 등이 거론되었다. 실제로 이회창은 대선 출마를 선언한 후 대선 직전까지 박근혜의 합류를 기대했으며, 한나라당의 이명박 후보가 경제만 강조한다면서 비판했다.

이회창이 등장한 이후 50% 이상을 유지하던 이명박 후보의 지지율은 한때 30% 중반까지 떨어졌지만, 더 이상 특별한 돌풍을 일으키지 못한 채 통합민주신당의 정동영에게도 크게 뒤처진 15.1%의 지지율(3위)로 낙선했다.

2008년 2월 1일 충청도 지역을 중심으로 자유선진당을 창당했으며, 이후 자유선진당은 제18대 총선에서 충청도 지역 의석의 과반수를 차지하여 총 18명의 국회의원을 당선시켰다. 이회창은 2010년 6월의 재보궐 선거에서 패하자 이에 책임지고 대표직 사퇴를 발표했다. 2012년 5월 자유선진당을 탈당하고 새누리당 박근혜 후보 지지를 선언하고 새누리당에 입당했다가 2017년 1월 탈당했다.

제5장 박근혜와 문재인

박근혜는 누구인가?

박근혜는 1952년 2월 2일 대구광역시 중구 삼덕동에서 당시 육군본부 작전 · 교육국 작전차장 박정희 대령과 육영수의 딸로 태어났다. 어머니 육영수에게는 첫 아이였으나 아버지 박정희는 이혼 경력과 전처가 낳은 장녀 박재옥이 있었으므로 박정희에게는 차녀가 된다.

서울장충초등학교에 입학해 1964년 2월 졸업했으며, 가톨릭계 미션스쿨인 성심여자중학교를 거쳐 성심여자고등학교로 진학했고, 1970년 서강대학교 공과대학 전자공학과에 진학해 1974년에 졸업했다. 같은 해 프랑스 그르노블대학교에 입학했다.

프랑스 유학 중이던 1974년 8월 15일 광복절 기념행사에서 어머니 육영수가 재일 한국인 문세광의 저격으로 살해당했다는 소식을 듣고 급히 귀국했다. 육영수 사후 아버지 박정희는 재혼하지 않았으므로 대한민국의 영부인 역할을 대행해야 했다. 1975년부터는 박정희가 추진한 새마을운동에 참여했다. 이때 최태민이 그의 새마을사업에 참여한 것이 후일 문제가 되기도 했다. 이후 박근혜는 의전상의 영부인 권한대행으로서 아버지 박정희의 공식 행사와 해외 순방 등에 수행했고, 육영수 저격 사건 이듬해에 만들어진 육영수여사추모기념사업회 이사가 되었다.

1979년 10월 26일 아버지 박정희가 살해당하자 며칠 뒤 청와대를 떠나 동생들을 데리고 서울특별시 신당동 사저로 돌아갔다. 박정희 피격 당시 슬퍼하지 않고 침착하게 대응해 화제가 되기도 했다. 이때 전두환에게서 아버지 박정희가 남긴 통치 자금 6억 원을 수령했는데, 이 사실은 박근혜의 정계 입문 이후 문제가 되기도 했다. 1980년 한국문화재단 이사장을 지냈고, 1982년 육영재단 이사장, 1994년 정수장학회 이사장을 역임했다.

1982년 박근혜는 육영재단 이사장에 취임했고, 최태민도 육영재단에 합류했다. 이후 박근혜와 최태민은 함께 1989년 육영수를 추모하는 단체인 근화봉사단을 조직했고, 박정희와 육영수를 추모하는 월간 신문인 〈근화보〉도 발행했다. 1년 뒤인 1990년 9월 〈근화보〉는 15호를 마지막으로 폐간했고, 여동생인 박근영과의 육영재단 운영권 다툼이 시작되었다. 이때 박근혜의 여동생(박근영)과 남동생(박지만)은 최태민이 언니인 박근혜를 속이고 있으니 구해 달라며, 당시 대통령이던 노태우에게 A4용지 12장 분량의 편지를 보냈다.

이후 언론에 모습을 드러내지 않고 정치적 발언은 삼가며 육영재단과 정수장학회 일에 전념하다가 1998년 이회창의 권유로 정계에 입문했다. 1998년 4월 2일 한나라당의 후보로 대구광역시 달성군의 국회의원 보궐선거에서 당선되었다. 박정희 전 대통령의 딸이라는 점과 미혼 여성 정치인이라는 점 등으로 많은 주목을 받았다. 아버지인 박정희 전 대통령을 지지하는 보수 진영 및 영남, 어머니인 육영수의 고향인 충청 지역의 지지를 얻는 데 유리하게 작용했다.

이후 2000년 한나라당의 부총재로 선출되었지만, 2002년 2월 대통령 선거를 앞두고 이회창을 비판하며 한나라당에서 탈당했다. 이후 한국미래연합을 창당했으나 대선 전에 복귀했다. 2004년 3월 12일, 한나라당이 다수당(133석/273석)이던 제16대 국회에서 새천년민주당과 함께 노무현 대통령을 탄핵 소추했다. 박근혜도 당론에 따라 탄핵안 발의와 가결에 참여했다.

한나라당이 '역풍 위기'에 처했을때, 착실하게 당내에서 입지를 쌓고 있던 박근혜는 당 대표가 되었다. 2004년 제17대 총선에서 한나라당은 원내 제1당 자리는 내주었지만 121석을 차지해 예상 밖의 선전을 했다. '탄핵 역풍 위기'에서 박근혜가 한나라당을 구해낸 것이다. 당이 반성한다는 의미에서 천막당사를 만들고 국민에게 사죄하는 모습을 보여주었다. 쇼가 아니냐는 비난도 있었지만 천막당사는 한나라당을 구해낸

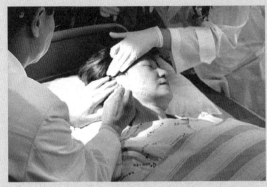

박근혜의 상징이 되었다. 이때부터 박근혜의 영향력이 커지기 시작하면서 잠재적 차기 대권 주자로 부상했다.

2005년 12월 여당인 열린우리당은 사립학교법 개정안을 직권상정해 처리했다. 당시 대표인 박근혜는 곧바로 장외 투쟁을 선언하고 거리로 나섰다. 당시 한나라당 내부에서조차 회의적인 시선이 많았다. 박근혜 대표는 장외 투쟁을 계속했고, 결국 여야는 한나라당의 장외 투쟁 3개월 만에 사학법 재개정 논의에 합의하게 되었다.

2006년 5월 20일 지방선거 유세 중 시민이 휘두른 문구용 칼에 피습당해 안면에 깊은 자상을 입었음에도 끝까지 당원들에게 선거 판세를 물어보는 모습을 보여 오히려 당 안팎에서 높은 지지를 얻는 계기가 되었다. 병원에서 수술을 받은 직후 박근혜가 "대전은요?"라고 선거 판세를 물어본 것이 알려지면서 판세가 바뀌어 선거에서 한나라당 후보가 역전승했다.

박근혜는 한나라당의 당권과 대권의 분리 방침에 따라 2007년 대선을 1년 남긴 2006년 6월 16일 대표직을 사퇴하고 대선 경쟁에 돌입했다. 박근혜의 가장 강력한 상대는 서울특별시장을 지냈으며, 그 과정에서 청계천 복원, 버스 노선 개편 등으로 인기를 끈 이명박이었다. 본격적인 대선 경선이 시작되고 박근혜는 이명박의 부패 비리 의혹을 집중 제기했다. 이 과정에서 BBK 주가 조작 사건 등이 처음으로 제기되기도 했다.

박근혜는 2007년 한나라당 대선 경선에 나와 '줄푸세'라는 정책을 내세웠다. '세금은 줄이고, 각종 규제는 풀고, 법 기강은 세운다'는 뜻으로 대통령후보 경선 시 주요 정책구호였다. 이 정책은 박근혜의 보수적인 성향을 보여주는 대표적 정책이라는 평가가 있다.

2007년 7월 검증 청문회를 받았다. 이때는 그동안 박근혜의 정계 입문 이후 제기되어온 각종 의혹이 모두 도마에 올랐다. 전두환 자금 6억 원 수수설 등 일부는 시인했으나 일부는 부정하거나 비판했다. 이를 두고 곤란한 질문에는 이리저리 답변을 피했다는 언론의 비판도 있었다.

박근혜는 한나라당 대선후보 경선에서 일반 당원, 대의원, 국민선거인단 경선에서 모두 승리했지만, 1표를 실제의 5표로 환산한 여론조사에서 뒤져 대선후보 경선에서 이명박에게 패했다. 표의 등가성 문제와 관련해 논란이 일었으나, 박근혜는 깨끗이 승복했다.

이명박이 대통령에 당선된 이후 한나라당에는 친이명박 계열과 친박근혜 계열의 갈등이 있었다. 2008년 총선에서 친이계의 이재오, 이방호 두 명은 적극적으로 이명박 계열의 정치인들을 후보로 내세우고, 공천에서 박근혜 계열의 정치인들을 대거 탈락시켰다. 박근혜는 이에 대해 공천의 공정성이 결여되어 있다고 수차례 비판했으나 공천 결과에는 변함이 없었다.

서청원, 홍사덕 등의 주도로 공천에서 탈락한 친박근혜계 정치인들이 대거 탈당해 친박연대를 창당하고, 다른 정치인들은 친박무소속연대를 결성했다. 대한민국 정당의 역사상 유례가 없는, 박근혜라는 개인의 이름을 정당명으로 사용한 정당이 친박연대였다. 박근혜는 이들과 행보를 같이하지는 않았지만 공천 결과에 대해 "나도 속고 국민도 속았다"는 강도 높은 비판과 함께 "살아서 돌아오라"는 발언을 통해 간접적인 지원을 했다.

박근혜는 2009년 이명박 정부가 세종시 수정 의견을 내자 반대했다. 그러나 이로 인해 한나라당의 친이계와 친박계의 계파 갈등이 더 확산되었다. 박근혜는 세종시는 국회가 국민과 충청도민에게 한 약속이라며 세종시 문제를 개인적인 정치 신념으로 폄하해선 안 된다고 말했다.

미국산 쇠고기 반대 촛불시위가 있었던 2008년 6월 박근혜는 "근본 대책이 나와야 한다"는 원론적인 얘기만 한 차례 한 뒤 줄곧 침묵을 지켰다. 박근혜는 2010년 하반

기부터 차기 대선 행보에 초점을 두고 움직이기 시작했다.

2011년 12월 9일 홍준표 한나라당 대표가 디도스 파문을 못 이기고 사퇴하자, 한나라당은 박근혜를 당 비상대책위원장으로 선출했다. 비상대책위원장 선출 후 박근혜는 한나라당에서 새누리당으로 당명을 변경했다.

불안한 당내외적인 상황에도 불구하고 2012년 4월 11일 제19대 총선에서 새누리당은 152석을 획득해 과반 1당을 유지했다. 대통령 후보 선출 방식 문제로 김문수 경기도지사와 정몽준 전 대표, 이재오 의원과 대립했고, 결국 정몽준 대표, 이재오 의원의 불출마 선언 속에 경선을 치렀다. 8월 중순 치러진 경선에서 박근혜는 압도적인 지지로 승리했다(위키백과).

문재인은 1953년 경상남도 거제군 거제면 명진리에서 아버지 문용형과 어머니 강한옥 사이에서 2남 3녀 중 장남으로 태어났다. 문용형은 함경남도 흥남 출신으로 해방 후 흥남시청에서 농업과장으로 근무하던 중 한국전쟁이 일어나자, 1950년 12월 23일 흥남 철수 작전 때 메러디스 빅토리호에 가족과 함께 몸을 싣고 남쪽으로 겨우 피난해 내려왔다. 아버지는 거제에 정착한 후 공무원 경력을 제시하며 거제도 포로수용소의 노무자로 일자리를 얻을 수 있었으나, 수입이 턱없이 부족하여 어머니는 달걀 행상을 해야 했다. 문재인의 부모는 자녀들의 교육을 생각해 부산으로 이사했으며, 남항초등학교에 다니던 시절, 가난 때문에 학교 바로 위의 '신선성당'에서 양동이를 들고 줄을 서서 정기적으로 배급을 타먹어야 했다.

1965년에 남항초등학교를 졸업한 문재인은 당시 명문이던 경남중학교에 입학했고, 1968년 중학교를 졸업한 후에는 경남고등학교에 수석 입학했다. 고교 시절 초반에는 학업에서 두각을 나타냈지만, 후반에는 극도로 가난한 자신의 처지에 낙망하여 술·담배에도 손을 대며 방황하다가 결국 대학 입시에 실패했다. 이후 경희대학교에 4년 전액 장학금을 받고 입학했다. 문재인은 경희대학교 법대 시절 총학생회 총무부장으로서 예비 검속에 걸린 총학생회장을 대신해 집회를 주도하다가 1975년 4월 11일 구속되어 서대문구치소에 수감되었다. 집회 및 시위에 관한 법률 위반으로 징역 8월에

집행유예 1년을 선고받고 대학에서도
제적당했다.

공수부대 시절의 문재인 (출처: 문재인 자서전.
《문재인의 운명》)

출소 후 신체검사도 받지 않은 상
태에서 강제로 군에 징집된 문재인은
1975년 8월 육군에 입대했고 특수전
사령부 예하 제1공수특전여단 제3특전
대대 대대본부 작전과에서 복무했다.
문재인은 특수 훈련에서의 우수한 평가
결과로 인해 특전사 복무 중 당시 특전
사령관 정병주와 공수여단장 전두환으
로부터 두 차례의 최우수 특전사 표창
을 수상하기도 했다.

전역한 후에는 경희대학교에 복학
해 1980년 복학생 대표로 전두환 정권에 항거하다가 5·18 광주민주화운동 하루 전
에 시행된 5·17 비상계엄 전국 확대 조치로 시행 당일 밤 형사 5~6명에 권총이 겨누
어진 채로 긴급 체포되었고 바로 청량리구치소에 수감되었다. 옥중에서 제22회 사법
시험에 합격하여 극적으로 풀려난 문재인은 사법연수원에 들어가 두각을 나타냈다. 사
법연수원 시험성적이 수석이었고 연수원 내 최고상인 법무부장관상도 수상했지만, 학
생운동 전력 때문에 성적이 차석으로 밀렸으며 희망하던 판사 임용도 이루어지지 않
았다.

이후 문재인은 대형 로펌의 영입 제의를 거절하고 고향인 부산으로 내려갔다. 그
곳에서 변호사 노무현을 만나 함께 합동법률사무소를 운영하며 오랫동안 인권변호사
생활을 했다. 또한 부산지방변호사회 인권위원장, 부산민주시민협의회 상임위원 등을
역임하고, 법무법인 부산에서 노무현과 인연을 맺은 것을 계기로 30년 가까이 가장 친
한 친구이자 최측근으로 활동했다. 노무현이 정계에 입문해 청문회 스타가 된 뒤에도
부산변호사협회 인권 위원장을 지내면서 인권변호사로 일했으며 부산 미국문화원 방
화사건, 동의대학교 사건 등 굵직한 시국사건을 변론했다.

네팔 산행에서의 문재인
(출처: 국민일보, 2018. 6. 3.)

1988년에는 김영삼으로부터 노무현, 김광일과 함께 국회의원 영입 제안을 받았지만, 문재인은 3명 중 유일하게 정치입문을 거절했으며, 정계입문을 결심한 노무현과 김광일은 국회의원에 당선되었다.

문재인은 참여정부 초대 대통령비서실 민정수석을 지냈으나, 녹내장과 고혈압 등 건강 악화로 1년 만에 청와대를 떠났다. 그러나 민정수석을 그만두고 네팔 산행 도중 연락이 두절된 상황에서 영자 신문을 통해 노무현 대통령의 탄핵 소식을 듣고 즉시 귀국해 변호인단을 꾸렸으며, 2005년 다시 청와대에 들어가 대통령비서실 시민사회수석, 민정수석, 정무특보를 거쳐 참여정부 마지막 대통령비서실장을 지냈다.

청와대 안에서 이정호 대통령비서실 시민사회수석, 이호철 대통령비서실 국정상황실장 등과 함께 PK 인맥을 대표했는데, '왕수석'으로 불리며 한나라당으로부터 "왕수석인 문재인 수석의 월권과 청와대의 시스템 경시로 인해 국정 원칙이 파괴됐다"는 비난을 받으며 2인자로 주목받기도 했다. 비서실장 시절 이해찬 국무총리가 부적절한 관계에 있는 인사들과 내기 골프를 쳤다는 소식을 듣고 고심하던 노무현 대통령에게 해임을 촉구했으며, 청와대에서 근무하던 시절 모든 직원에게 존댓말을 쓴 것으로 유명하기도 했다. 자신의 주장을 내세우기보다 다양한 의견을 듣고 상황을 명확하게 정리해내는 업무 스타일이었다.

또한 참여정부 들어 검사장으로 승진한 17명 중 문재인과 이호철 비서관의 경남고등학교 동문은 한 명도 없었는데, 두 사람은 아예 동창회에 얼굴을 비치지도 않았고,

고등학교 동창인 고위 공직자가 문재인의 방에 들렀다가 얼굴도 못 본 채 쫓겨난 적도 있으며, 또한 청와대 출입기자단과 단 한 차례의 식사나 환담 자리도 갖지 않았다고 한다. 노무현 전 대통령은 문재인에 대해 "노무현의 친구 문재인이 아니라 문재인의 친구 노무현이다. 내가 알고 있는 최고의 원칙주의자"라고 평가했다.

노무현 전 대통령 서거 이후 장례 절차와 관련한 모든 일을 도맡았으며, 이후 노무현재단 이사장을 역임했다. 그 후 2011년 8월 〈신동아〉 여론조사에서 '당신이 원하는 국회의원' 부문에서 지지율 1위를 차지했고, 2012년 4월 11일 대한민국 제19대 총선에서 부산 사상구에 출마해 국회의원에 당선되었다. 이후 민주통합당의 대선 예비주자의 한 사람으로 거론되다가 6월 초 출마를 결정하게 된다.

2012년 6월 17일 서대문 독립공원에서 "보통 사람이 중심이 된 정의로운 나라를 만들겠다"라고 대선 출마를 공식 선언했다. 슬로건은 "사람이 먼저다", 캠프명은 '담쟁이 캠프'로 정했다. 이후, 8월 25일부터 9월 16일까지 열린 국민참여경선에서 손학규, 김두관, 정세균과 겨루어 전국 순회경선 13회 전승을 거두며 민주통합당의 제18대 대통령 후보로 선출되었다(위키백과).

시대적 배경

일제강점기와 미군정시대에는 '민족독립'이, 빈곤시대에는 '산업화'가, 권위주의시대에는 '민주화'가 시대정신이었다고 말해지곤 한다. 시대정신에 근접한 후보들이 역대 대통령에 당선된 것을 볼 수 있기 때문이다. 제13대 대선 노태우 후보의 '보통사람', 제14대 대선 김영삼 후보의 '군정종식', 제15대 대선 김대중 후보의 '정권교체', 제16대 대선 노무현 후보의 '개혁', 제17대 대선 이명박 후보의 '경제' 등 당선자의 이념과 슬로건이 상대 후보보다 당시 시대정신에 더 가까웠다(이현출, 2012).

청년실업의 장기화로 기존 정치권에 환멸을 느낀 청년 세대들은 자신들의 아픔에 공감하고 소통하는 새로운 스타일의 정치지도자에게 매력을 느끼고 있었다. 2008년 미국에서 시작된 세계적 금융위기로 인해 시장경쟁에서 소외된 사회적 약자들은 월가(Wall Street)의 자본가들의 탐욕을 비난하며 시위를 일으켰다. 20세기 말부터 시작된 시장과 경쟁 중심의 신자유주의적 세계질서에 대한 저항이자 경쟁에서 소외된 사회적 약자를 국가가 보호해줄 것을 요구한 것이다. IMF 외환위기 이후 대기업의 부채수준이 개선된 것에 비해 가계 부채는 급속히 증가했고, 중소기업은 대기업의 하청업체로 전락했다. 청년들은 대학을 졸업한 후 일자리를 구하지 못하고 20대 태반이 백수생활을 하고 있으며, 자살률도 급증하고 있었다. 이런 문제점을 해결하기 위해 등장한 것이 바로 '경제민주화'라는 담론이었다(유현종, 2013).

유권자는 경제성장, 일자리 창출, 부패척결이 차기 정부에서 추진해야 할 우선과제라 생각했다. 그러나 이러한 경제정책을 추진하기 위해서는 경제계의 노력과 함께 정치권의 성숙한 모습이 없다면 불가능했다.

몸싸움 국회와 최루탄 국회 장면들이 언론에 보도되면서 정치에 대한 국민의 혐오와 불신은 가중되고 있었다. 근거 없는 허위 사실로 상대방을 깎아내리는 것이 아니라 상대에 대한 존중과 배려를 하는 통합과 협의의 정치를 원하는 시대였다. 경제성장, 경제적 약자 보호, 일자리 창출에 대한 희망과 함께 이를 실현하기 위해 요구되는 정치권의 변화된 모습을 기대하고 있었다.

2012년 당시의 유권자가 원했던 시대정신은 정치권의 쇄신과 정의로운 사회가 바탕이 되어 복지를 확대하고 경제민주화를 통해 경제적 약자에게 도움을 줌으로써 경제적 난국을 헤쳐나가고 위기를 극복하는 것이었다. 국민은 경제민주화, 공정(정의로운) 사회, 복지확대를 중요하게 생각했지만 사실은 무엇보다 실제적인 경제성장에 대한 희망이 가장 강했다. 경제성장이 가장 주목받았던 이유는 유럽의 재정위기, 미국의 높은 실업률, 중국의 경제성장 둔화로 인해 경제상황이 불안해지고 있는 한국사회의 현실 때문이었다. 즉, 실제로는 복지확대 및 경제민주화를 통한 경제위기 극복보다는 경제성장을 통한 경제위기 극복을 바라고 있었다. 경제성장은 당시의 잠재적인 시대정신으로 50~60대가 가장 선호하는 경제정책이었으며, 문재인보다는 박근혜가 경제성장을 더욱 추구하는 후보로 여겨졌다.

선거의 여왕 박근혜의 당내경선

2012년 4월, 19대 총선은 이명박 정부에 대한 심판 성격이 강했음에
도 국민은 민주통합당보다는 새누리당에 힘을 실어줬다. 선관위 디도
스 공격, 전당대회 돈봉투 사건, 이명박 대통령 측근 비리와 민간인 불
법사찰 논란 등 각종 악재가 겹쳐 90석도 못 얻을 것이라는 예상을 깨
고 새누리당은 과반수의 압승을 거뒀다. 그 결과 비상대책위원장을 맡
은 박근혜는 다시 한번 '선거의 여왕'이라는 칭송을 받으며 '대세론'을
굳힐 수 있었다.

　　당시 박근혜 비대위원장은 한나라당에서 새누리당으로 당명을
바꾸고, 당의 상징 색도 붉은색으로 바꿨다. 이는 혁명적인 발상이었
다. 남북분단 이래 보수세력은 정치적으로 중요한 때마다 색깔논쟁을
펼쳐왔다. 그런 보수세력이 좌파의 상징인 붉은색을 사용하기로 결정
한 것이다. 그뿐만 아니라 새누리당은 2012년 1월 30일 복지와 일자
리를 위해 새 정강·정책을 확정했다. 당시 비대위는 국민의 행복을
최우선으로 하는 '국민행복국가'를 비전과 목표로 제시했으며, 이를

유세하는 박근혜 (출처: 중앙일보, 2012. 12. 10.)

위해 복지와 일자리 정책을 최우선 순위로 내세웠다. 또한 경제민주화
도 실현하겠다고 약속했다. 박근혜 비대위원장은 "스스로 폐족(廢族)
이라고 말하는 친노세력들에게 정권을 맡길 수 있겠느냐?"라고 강도
높게 비판하기도 했다. 이런 전략을 통해 새누리당은 '이명박 정부 심
판'이라는 선거를 피해갈 수 있었다(유승찬, 2013).

　　새누리당의 대권후보 당내경선은 기존의 당헌·당규대로 당원,
대의원의 투표와 유권자 여론조사로 이루어진 것에 반해 민주당은 일
반 유권자의 참여를 통한 경선 형태로 이루어졌다. 새누리당의 당내경
선에서도 완전 국민참여경선으로 하자는 입장이 있었으나 당 지도부
는 이를 수용하지 않았고, 유력 후보들이 경선에 불참하면서 다소 김
빠진 경선이 되었다. 그 결과 박근혜 후보가 83.97%를 획득해 압도적
인 표차로 당선되었다. 민주당은 1차 예비경선과 결선투표를 포함한
2차 경선을 실시해 문재인 후보가 56.52%의 득표율로 민주당의 대통
령 후보로 확정되었다. 새누리당은 민주당에 비해 한 달 먼저 당내경
선을 치렀기에 박근혜 후보를 중심으로 정책행보에 집중할 수 있었다.

문재인 후보는 이보다 늦게 경선 후보로 확정되었고, 그 후에도 안철수 후보와의 단일화를 위해 노력하느라 자신의 정책에 더 집중할 수 없었다(유현종, 2013).

3

대선전 주요 이슈

유신 및 인혁당 관련 과거사 논쟁

새누리당은 박근혜 후보를 일찍이 대통령 후보로 확정하고 경제민주화 같은 새로운 정책을 발표함에 따라 경선 효과를 보고 있었다. 그러나 야권에서는 박근혜 후보의 아버지인 박정희 대통령의 유신선포로 민주주의가 후퇴하고 유신체제 하에서 재야인사들과 학생들을 인민혁명당(인혁당) 사건*으로 재판해 사형을 집행한 사실에 대한 공격

---

* 1960~70년대 중앙정보부가 "국가 변란을 목적으로 북한의 지령을 받는 지하조직을 결성했다"고 발표하여 다수의 혁신계 인사와 언론인, 교수, 학생 등이 검거된 사건이었다. 중앙정보부의 조사 과정에서 고문과 가혹행위로 사건의 실체가 과장되었다는 사실이 밝혀지면서 기소 과정에서 일선 검사들과 검찰 고위층 사이에 갈등이 빚어졌다. 1974년 4월 민청학련사건이 발생하면서 도예종 등 1964년 1차 인혁당 사건 관련자들을 구금하여 다시 수사했다. 5월 27일 검찰은 민청학련사건과 관련해 추가로 인혁당 재건위가 민청학련을 배후에서 조종했다고 발표했다. 재판부는 도예종·여정남 등 8명에 대해 내란 예비와 음모 등의 혐의를 추가하여 사형을 선고했다. 대법원에서 상고가 기각되어 판결이 확정된 지 18시간밖에 지나지 않은 1975년 4월 9일 서도원·김용원·이수병·우홍선·송상진·여정남·하재완·도예종 8명에 대한 사형이 서울구치소에서 집행되었다. 2007년과 2008년 사법부의 재심에서 판

1974년 인혁당 민청학련사건 재판 광경 (출처: 동아일보, 2005. 12. 8.)

을 시작했다. 민주화 이후 인혁당 사건 피해자는 대법원에 의해 무죄
로 판결이 나왔다. 박근혜 후보가 손석희의 〈시선집중〉 프로그램에 출
연해 유신시절의 인혁당 사건에 대해 "두 개의 판결"이라고 언급하고
역사의 판단에 맡긴다고 하자, 야당과 피해자 가족들은 박근혜 후보의
역사인식을 문제 삼았다. 이로 인해 박근혜 후보의 지지율은 하락하기
시작했는데, 결국 박근혜 후보가 유신과 인혁당과 관련된 과거사에 대
해 공개적으로 사과하게 되었다. 당 내부에서는 유신이 민주주의를 후
퇴시킨 것에 대해 반성이 필요하다는 의견이었으나 박근혜 후보가 개
인적으로 아버지를 비난하는 것은 우리나라의 전통적인 효(孝)의 관
점에서 쉽지만은 않았다. 야당에서는 이러한 사과에도 불구하고 진정
성이 없다고 하면서 공세를 강화했으나 일단 박근혜 후보의 직접적인
사과표명으로 국면은 일단락되어갔다(유현종, 2013).

련자 전원에게 무죄가 선고되었다.

경제민주화는 총선에서 새누리당과 민주당의 공약으로 제시되었지만, 구체적인 실행방법에서는 차이가 있었다. 새누리당은 대기업의 불법 하도급, 중소기업 업종 침해, 담합행위, 비정규직에 대한 차별 등 주로 공정한 시장경쟁을 해치는 행위를 규제하는 것을 중심으로 하고 재벌구조 개혁을 위한 출자총액제 부활, 순환출자 규제 등에서는 당내에서 이견이 있었다. 민주당은 공정한 시장경쟁을 해치는 행위 이외에 재벌 지배구조를 개혁하지 않고서는 경제민주화가 달성될 수 없다고 보고 출자총액제를 부활하고 문어발식 순환출자를 억제함으로써 소수의 지분으로 재벌기업을 상속하는 것을 규제하고자 했다. 통합진보당에서는 더 나아가 삼성을 쪼개어 천 개의 중소기업으로 나누겠다고 공약하기도 했다.

이러한 논쟁이 나타나게 된 배경은 IMF 외환위기 이후 신자유주의적 경제개혁에 있었다. 재벌의 부채는 축소되었지만 가계의 부채는 증가되어 부의 편중이 심화되고 재벌 2세들이 동네 빵집이나 유통업과 같이 서민이 주로 운영하는 골목상권도 침범함에 따라 가진 자들의 탐욕에 대한 비난의 목소리가 점차 높아져갔다. 여기서 구체적으로 경제민주화가 무엇인지에 대한 논란에 새누리당은 불공정한 경쟁으로 피해를 입은 약자를 보호한다는 소극적 프레임을 사용했다면, 민주통합당은 불공정한 경쟁의 원천으로서 재벌구조를 개혁하겠다는 적극적 프레임을 사용했다.

복지 및 일자리 논쟁

복지와 일자리는 새누리당과 민주통합당 모두 중점을 두고 추진한 공약이었다. 새누리당은 생애주기별 맞춤형 복지정책을 내놓으면서도 복지재원은 정부지출의 비효율적 부분을 줄여 60% 재원을 마련하고 세수확대로 40%를 충당해 매년 27조 원씩 135조 원을 마련하기로 했다. 민주당은 부자증세를 통해 재원을 마련하고 우리나라 복지예산을 경제협력개발기구(OECD) 평균 수준까지 높여야 한다고 주장했다.

의료복지에 대해 새누리당은 필요한 곳에 서비스가 제공되는 선별적 복지 프레임을 사용했다면, 민주당은 모두가 공평하게 서비스를 제공받는 보편적 복지 프레임을 사용했다. 그러나 재원 마련에서는 양자 모두 구체적이지 못하다는 비판을 받았다.

복지 및 일자리 논쟁은 공약의 재원 마련과 실현 가능성에 대해 더욱 심도 있는 검증이 이루어졌어야 함에도 충분한 검증 기회가 없었다. 60세까지 정년을 의무화하거나 복지재원 마련을 위한 증세에 대해 사회적 합의를 마련하는 것 또한 굉장히 어렵고도 중요한 문제임에도 충분한 논의가 없었다.

북방한계선 논쟁

안보분야에서의 핵심쟁점은 북방한계선(NNL) 인정과 관련된 진실 공방이었다. 북방한계선은 한국전쟁 후 휴전선 이외에 미군이 설정한 해상경계선으로, 노무현 대통령이 2007년 10월 4일 김정일과의 정상회담에서 NNL을 포기하는 듯한 발언이 포함된 속기록이 있다는 주장이 제기되었다. 새누리당은 당시 고 노무현 대통령의 비서실장이 민주당의 문재인 후보이므로 NNL을 실제로 포기하려고 했다면 이 부분에 대해 정치적으로 책임이 있다고 주장했다. 이에 대해 민주당 측에서는 당시 남북정상회담 속기록에는 NNL 포기 발언이 없었으며 남북평화와 협력을 위해 서해 공공어로수역을 설치하자는 것이 주요 내용이었다고 반박하고, 민주당은 NNL을 사수할 것임을 천명했다.

결국 NNL은 안보정책과 관련해 후보자의 진실성 여부에 관한 논쟁으로 변화했으며 새누리당은 국정원장을 상대로 NNL 속기록을 공개할 것을 요구했고, 민주당은 새누리당의 관련 인사를 허위사실 유포로 검찰에 고발하기도 했다. 국정원의 남북정상회담 속기록은 국가기밀에 해당하므로 공개하는 데 어려움이 있었다. 국민은 누구의 말이 진실인지 분명한 사실 증거를 제시받지 못했지만, 결국 북방한계선은 유지되어야 한다는 것에 대해 사회적 공감대를 확인하는 의미가 있었다(유현종, 2013).

4

문재인의 당내경선

당내경선 승리

문재인이 민주당 대선후보 경선에 뛰어들 때만 해도 이른바 '박근혜 대세론'이 확고했다. 그런 까닭에 문재인이 박근혜의 적수로는 역부족이라는 의견이 지배적이었다. 새누리당 경선 과정은 큰 갈등 없이 끝났다. 경선이라기보다는 오히려 추대에 가까웠다. 박근혜 후보가 새누리당 후보로 선출되는 과정은 단순하고 순탄했다. 박근혜 대세론의 영향으로 인해 특별한 이슈나 정책 공방, 비전 경쟁 없이 진행되었다. 박근혜 후보는 다른 경쟁 후보들의 이름이 기억나지 않을 정도의 압도적인 차이로 새누리당 후보로 선출되었다.

　반면, 민주당의 경선 과정은 복잡하고 시끄러웠다. 경선 과정에서 정책 공방이나 비전 경쟁보다 '이해찬 대표-박지원 원내대표 담합설'과 '친노(친노무현) 패권주의'에 대한 공방, '모바일 투표의 공정성'에 대한 시비 등이 일어나면서 경선 일정이 중단되는 파행까지 겪었다. 당

민주당 경선에서 승리한 문재인 후보
(출처: 한겨레, 2017. 3. 27.)

안팎에서는 당 지도부의 경선 과정에 대한 관리 부실과 소통 의지 부재에 대한 질타도 이어 졌다. 당 지도부와 경선 후보 모 두에게 상처를 남기는 대선 경 선이 되고 말았다. 민주당 초선 의원 21명은 "국민은 현재의 민 주당만으로 정권교체와 새로운 대한민국 건설이 확실할지 의구 심을 갖고 있다"며 혁신과 변화 를 촉구하는 성명을 내기도 했 다. 당 지도부가 여론의 질타를 받는 상황에서 대선 본선 승리에 대한 의원들의 의구심은 높아지고 대선후보가 타격을 입는 등 상처로 얼룩진 경선이었다(황대원, 2013).

민주당의 당내경선에서 친노의 지원을 받는 문재인 후보의 우세 가 점쳐지자 다른 후보들은 결선투표제를 요구했고 이를 문재인 후보 측이 수용해 경선을 실시한 결과, 결선투표 없이 문재인 후보가 과반 을 득표했다. 문재인 후보는 9월 16일 경기 고양체육관에서 열린 서울 순회경선에서 모바일 투표와 현장 투표, 투표소 투표 득표수를 합산한 결과, 34만 7,183표(56.5%)를 얻어 민주당 대통령 후보로 선출되었다. 한편 안철수 교수는 민주당 후보 확정 후 며칠 내로 대통령 출마 입장 을 밝히겠다고 공언한 상태였다. 여론에서는 단일화 전망 기사가 넘쳐 났고 단일화의 주요 변수로 민주당 혁신이 요구되었다.

문재인 후보는 경선 승리를 자축할 여유가 없었다. 대선을 불과 94일 남겨놓은 상황에서 앞으로 헤쳐나가야 할 험난한 과제가 가로놓여 있었기 때문이다. 먼저 민주당 대선후보 경선 과정에서 불거진 갈등과 후유증을 극복해야 했다. 국민 앞에 혁신된 민주당의 모습을 보여줘야 했고, 친노 패권주의에 대한 의혹도 불식시켜야 했다. 무엇보다 출마가 확실시되고 있던 안철수와의 치열한 야권 단일후보 경쟁이 기다리고 있었다.

이미 대선후보를 선출하고 안정적인 대선 관리 국면에 돌입한 새누리당에 비해 뒤늦은 대선후보 확정 때문에 대선 체제를 조속히 만들어야 할 민주당으로서는 경선 갈등과 후유증을 치료하고 새로운 민주당의 모습을 보여줘야 하는 과제를 안은 셈이다.

인적혁신의 과제

민주당 혁신이 단일화의 변수로 부상한 것은 민주당 대선 경선 과정의 갈등과 후유증으로 인해 민주당에 대한 불신이 심화된 때였다. 문재인 후보는 먼저 경선 룰 불공정 시비로 상처가 난 손학규와 김두관 후보를 껴안고 갈등과 앙금을 털어내는 일부터 시작해야 했다. 또한 문재인 후보는 민주당 불신을 해소할 수 있는 민주당 혁신 프로그램을 제시해야 했다. 민주당 혁신은 궁극적으로 '인적혁신'과 직결될 수밖에 없는 민감한 정치적 사안이었다. 하지만 문재인 후보가 민주당 혁신 프로그램을 제시하기도 전에 이미 당내 곳곳에서 '인적혁신'의 목소리가 나오기 시작했다.

"계파 패권, 기득권을 내려놓는 것이 쇄신의 출발점", "정당혁신은 사실상 주류혁신" 등 인적혁신과 관련된 발언이 나오면서 혁신의 성패는 인적혁신에 달려 있다는 여론이 서서히 형성되었다. 인적혁신은 민주당 내 '친노 2선 후퇴'를 의미하는 것이었다. 문재인 후보의 정치적 지지그룹을 문재인 후보 스스로 배제해야 하는 모순적 상황이 된 것이다.

따라서 민주당 경선 과정에서 드러난 후유증과 비노(非盧, 비노무현) 정서를 어떻게 끌어안고 가느냐가 문재인 후보가 당면한 선결 과제였다. 경선 과정의 후유증 극복은 당내 계파를 망라한 용광로 선대위를 구성하는 것으로 방향을 잡았지만, 민주당 내에 깊숙이 존재하는 비노 정서는 민주당 내 역량 결집과 후보 단일화 문제뿐만 아니라 대선 본선에서도 극복해야 할 중요한 변수였다. 더구나 새누리당은 참여정부를 '아마추어 정부'로 깎아내리고, 노무현 대통령에 대한 부정적 이미지를 확대하여 보수층의 지지를 결집시키는 선거 전략을 가지고 있었다. 보수 진영이 설정한 친노(親盧) · 비노(非盧) 프레임은 대선의 승패를 좌우할 수도 있는 중요한 사안이었다(황대원, 2013).

용광로 선대위

친노는 문재인의 뿌리였다. 정치 입문의 계기이자 출발이었으며, 민주당 대선후보의 위치에 오르는 데도 친노 세력의 도움이 컸다. 친노는 2010년 지방선거 이후 다시 정치권의 중심 세력으로 복귀했다. 민주당 전당대회를 통해 한명숙 전 총리가 당 대표가 된 후 문성근, 이해찬 대표 체제로 이어졌다. 마침내 다시 민주당의 주류 세력이 된 것이다. 하지만 2012년 치러진 19대 총선에서는 예상과 달리 참패했다. 총선 참패에 따른 친노의 공천책임론이 불거졌다. 공천에 대한 책임을 지고 한명숙 대표가 사퇴한 후 치러진 2012년 6·9 전당대회는 이해찬 당 대표와 박지원 원내대표의 담합 논란으로 얼룩졌다. 대선 승리를 위한 민주당 혁신의 발판을 마련하는 것과는 거리가 먼 전당대회가 되었다. 친노 패권주의를 경계하는 민주당 내 비주류세력이 친노 지도부의 패권적·배타적 당 운영에 대한 문제 제기를 계속하는 가운데 민주당 대선 경선은 막을 내렸다.

문재인 후보는 경선 시절부터 대선후보로 확정된 이후에도 "친노·비노 구분 없이 모든 계파를 녹인 용광로 같은 선대위를 만들고 기득권 정치를 깨겠다"며 당 쇄신과 화합을 위해 줄기차게 노력해왔다. '탈계파'는 '친노 탈피'를 의미했다. '친노' 이미지는 문 후보의 아킬레스건이었다. 경선과정에서도 친노 이미지는 상대 후보들이 문 후보를 공격하는 주요 원인으로 활용되었고, 박근혜 후보 진영도 벼르고 있었다. '친노 패권주의'와 '폐쇄성'이라는 부정적 이미지는 문재인의 지지층 확대에 걸림돌이 되어왔기에 용광로 선대위를 통해 대탕평 행보를 보일 필요가 있었다. 이는 문재인에게 매우 중요한 의미를 지니고 있었다.

10월 2일, 대선 캠프비서실 인선이 발표되었다. 친노 참모진 출신들이 비서실에 집중 배치되자 친노 계파주의 논쟁에 불이 붙었다. 친노 참모진 출신들이 비서실에 포진된 것과 관련해 "지근거리에서 후보를 보좌하기 위해 최소한의 인원이 배치된 것"이라고 밝혔다. 그러나 "최측근을 주변에 배치하겠다는 뜻이 다시 한번 확인된 것", "대통합의 진정성을 의심케 하는 인선"이라는 불만의 목소리와 함께 '친노 패권주의' 논란이 불거졌다. 비서실 인선 발표는 문재인 후보의 노력에 찬물을 끼얹는 결과를 초래했다(황대원, 2013).

캠프 인선에 정치권의 관심도 집중되었다. 대선 캠프의 주요 인물들은 대선의 승패를 좌우할 뿐 아니라 대선 승리 시 인수위원회 위원이나 청와대 관료로 다시 후보와 인연을 맺는 경우가 많기 때문이었다. 문재인 캠프는 10월 4일 공동선거대책위원장단 인선과 함께 당 내부적으로는 정파와 계파를 뛰어넘는 선대위를 발표했다. 소위 용광로 선대위는 비교적 성공적이었다는 평가를 받았다.

안철수의 새 정치와 문재인의 과제

민주당 혁신이 단일화의 주요 변수로 등장한 이유는 안철수 후보가 제시한 '새 정치'라는 화두 때문이었다. 안철수 후보의 '새 정치'는 국민 삶의 불안을 해소하지 못하는 기성 정치권에 대한 국민 불만과 그 대안을 갈구하는 국민의 염원이 반영된 화두였다. '새 정치' 화두는 새누리당은 물론 민주당 또한 낡은 정당으로 규정되는 효과를 가져왔다. 소위 낡은 두 세력, 즉 새누리당과 민주당이 적대적 공생관계를 통해 민의를 가로막고 정치를 독점하고 있다는 논리가 되었다. 새누리당과는 본질적으로 다른 역사성과 정체성을 가지고 있는 민주당도 '새 정치' 화두에 의하면 낡은 정당이 되었다. 안철수 후보의 '새 정치' 명분은 민주당 내부의 분열을 촉진시키는 역할을 하여 민주당 내의 대선 동력 자체를 떨어지게 했다.

결국 '이명박 정부 심판' 프레임과 '새 정치' 프레임을 동시에 해결해야 하는 민주당의 과제는 모두 문재인 후보의 과제가 되었다. 문재인은 이명박 정부 심판론을 통해 야당 대선후보의 선명성을 부각시켜야 했다. 민주당 불신에 대해서는 민주당 혁신으로 대응하고, 안철수 후보의 '새 정치'에 대해서는 '사람이 먼저인 세상'의 새로운 비전으로 대응해야 했다. 촉박해진 대선 일정을 감안할 때 대선후보 확정 이후 일주일이나 열흘 안에 주목할 만한 정책대안을 제시해야 하는 상황으로 내몰리고 있었다. 일정 기간 내에 혁신의 성과물이 나오지 않으면 안철수 후보의 '선(先)민주당 개혁, 후(後)협상' 프레임 전략에 의해 후보 단일화 일정조차 잡을 수 없는 상황이었다(황대원, 2013).

국민의 관심은 문재인 후보와 안철수 후보의 단일화가 어떻게 될 것이며, 대세론을 형성하며 줄곧 1위 자리를 지켜온 박근혜 후보가 단일화 후에도 1위 자리를 유지할 것인지에 쏠렸다. 세 후보가 제시하는 각각의 대한민국 발전 방향과 비전에 대해 호불호의 입장을 지지하기도 하고 바꾸기도 했다. 각 후보와 캠프 간의 피 말리는 득표전이 계속되고 있었고, 각 진영 간의 결집은 지역적 · 세대적 · 이념적으로 강력하게 이뤄지고 있었다.

5

안철수의 새 정치와 단일화

새로운 환경 변화

세계적인 경기침체로 인해 경제사정은 좋지 않았다. 가계부채가 계속해서 증가했고, 집값은 하락하는데 전셋값은 상승하는 하우스 푸어 문제가 심각했다. 청년세대들의 실업 문제도 나아지는 것이 별로 없었고, 값비싼 대학등록금을 낮추라는 요구도 높아졌다. 경기불황이 깊어지면서 성장률은 거의 정체상태에 머물렀고, 친인척 비리와 내곡동 사저에 대한 국가예산 지원 문제로 이명박 정부의 인기도는 계속 떨어졌다. 19대 총선에서 야권의 정당득표율 합이 새누리당을 앞섰으므로 대선은 야권에 불리하지 않을 것이라는 예측도 있었다.

이러한 상황에서 안철수 교수가 본격적으로 대권행보에 나서기 시작했다. 토크 콘서트 형식으로 대학교에서 학생들을 모아놓고 강연하면서 공정하지 못한 우리 사회의 현실을 개혁하기 위한 정치권의 자기반성을 요구했다. 대기업의 중소기업에 대한 횡포, 빈부격차의 확대와 부의 대물림, 시장경쟁에 낙오된 사람들에 대한 구제 등 신자유주의의 부작용을 치유하기 위한 경제민주화에 대한 요구가 뜨거운 이슈가 되었다. 그리고 이러한 일들을 누가 진정성 있게 실천할 수 있는지가 제18대 대통령선거의 화두가 되었다.

안철수의 대담 모습 (출처: 연합뉴스, 2011. 4. 5.)

국민은 새로운 리더십을 원했다. 그래서 서울시장 선거 당시 박원순 후보에게 아름다운 양보를 한 안철수에게 눈을 돌리기 시작했다. 안철수는 시대의 과제인 '경제민주화'를 가장 잘 해결할 인물로 비쳤다. 대선 공약집이라고 봐도 무방한 《안철수의 생각》이 출간되자 안철수의 지지율은 가파르게 상승했다. 당시로서는 '박근혜 대세론'을 꺾을 수 있는 것은 '안철수 현상'밖에 없어 보였다.

이러한 환경 변화에 대해 새누리당은 먼저 정치에 대한 변화 요구를 적극적으로 수용하고자 했다. 과거 새누리당을 비판했거나 야당에 소속된 인사도 영입해 당의 색깔을 바꾸어나갔다. 새누리당의 대선 슬로건은 "내 꿈이 이루어지는 나라, 국민행복시대"로 정했고, 소박하지만 국민 한 사람 한 사람이 노력하면 행복하게 살 수 있는 나라를 만들겠다고 약속했다. 또한 시대정신에 화답하기 위해 '경제민주화'라는 주제를 먼저 제기하기도 했다(유현종, 2013).

문재인은 경선에서 과반수가 넘는 득표를 얻으면서 건재함을 보여줬지만, 문재인의 입장에서 기뻐할 일만은 아니었다. 우선 안철수와 야권 단일후보 경쟁을 치러야 했다. 민주당 대선후보 경선이 예선이라면, 안철수와의 야권 단일후보 경선은 본선에 해당했다. 그 관문을 거쳐야만 결승전인 박근혜 새누리당 후보와 한판 승부를 벌일 수 있었다. 당시 박근혜는 시대 과제라 할 수 있는 경제민주화의 상징적 인물인 김종인 교수와 사법개혁의 상징적 인물인 안대희 전 대법관을 영입하면서 점차 대세론을 굳히고 있었다.

세 후보 중 박근혜의 행보 변화가 가장 컸다. 경제민주화, 복지 등 전통적으로 진보 진영의 전유물 같은 노선을 기꺼이 받아들였다. 박근혜는 보수대연합을 구축하는 집토끼 우선 전략을 구축하고 이후 진보 진영의 노선도 받아들이는 산토끼 전략에 초점을 두었다. 이 전략은 대선 중반까지 유지되었다. 김종인, 이상돈 비대위원 등은 진보 진영의 가치를 흡수하는 산토끼 전략에 필요한 인물이었다. 대선 후반부에 이르러 박근혜는 다시 집토끼 우선 전략을 택하고, 산토끼 중심 전략을 폐기했다.

9월 19일, 안철수 후보가 대선 출마 선언을 했다. 안철수 후보는 7월부터 국민의 의견을 듣겠다며 국민을 만나 민심을 청취하는 행보를 해왔다. 그 와중에 새누리당과 일부 언론이 제기한 각종 의혹과 네거티브 공세에 시달리기도 했다. 안철수는 각종 의혹과 소문에 무대응으로 일관하다가 대선출마를 얼마 안 남기고 적극적으로 대응하기 시작했다. 안철수 후보의 대선 출마를 요청하는 지지 세력의 여론이 강하게 일어나고 있었다. '안사모(안철수를 사랑하는 모임)' 등의 인터넷 카페, 학자와 교수들이 만든 포럼, 범야권 원로들이 중심이 된 '희망2013 승리 2012 원탁회의' 등 다양한 곳에서 그의 출마를 요청했다. 이명박 정부의 연장을 막기 위한 야권 단일후보 창출에 대한 열망과 기대감이 안철수 후보에게 쏠리고 있었다(황대원, 2013).

안철수 후보는 대선 출마 선언문에서 "분열과 증오의 정치를 넘

토크 콘서트를 하는 안철수 후보 (출처: 한겨레, 2012. 8. 26.)

어서 국민이 원하는 덧셈의 정치, 통합의 정치를 하겠다"고 밝혔다. 대한민국은 낡은 체제와 미래 가치가 충돌하고 있으며 이를 극복하기 위해 박근혜·문재인 후보에게 선의의 정책 경쟁을 하자고 제안했다. 세상을 움직이는 것은 결국 진심이며 진심의 정치를 할 것이라고 본인의 포부를 밝혔다. 문제를 해결해야 할 정치가 문제를 일으키고 있다며 정치 혁신에 대한 강한 의지를 표명하기도 했다.

문재인은 민주당 후보로 당선된 직후 안철수와의 단일화 연대를 이루겠다는 의지를 나타냈다. 당시 안철수는 문재인과의 단일화 연대에 대해 말은 아꼈지만, 사실 야권 단일화 없이는 정권 교체를 이룰 수 없다는 것을 두 후보 모두 공감하고 있었다. 이때부터 야권 단일후보가 되기 위한 두 후보의 본격적인 싸움이 시작되었다.

대선 승리를 위해서는 안철수와의 단일화가 당연시되었고, 원활한 단일화 성사는 문재인의 역량과 리더십을 가늠하는 척도였다. 문재인은 원활한 단일화를 위해 책임총리제를 통해 제왕적 대통령의 권력을 분산할 수 있는 공동정부론을 제안했다.

안철수가 내세운 카드는 '새 정치' 프레임이었다. 안철수는 기존의 여의도 정치를 '낡은 정치'로 규정하면서 국민이 동의할 수 있는 정치쇄신을 전면에 내세웠다. 안철수의 '새 정치'프레임은 뜨거운 논란이 됐다. '새 정치' 프레임 논란은 2012년 10월 23일 안철수 후보가 인하대학교 강연에서 국회의원 정수 줄이기와 국고보조금 · 중앙당 폐지를 뼈대로 한 정치 혁신안을 내놓으면서 불거졌다. 2012년 11월 3일 〈한겨레신문〉은 "아마추어 포퓰리즘인가 프레임 전쟁 노림수인가"라는 제목의 기사를 통해 안철수의 새 정치 프레임에 대해 심도 깊게 다뤘는데, 정치학자와 정치평론가들의 평가는 냉혹했다(유승찬, 2013).

'새 정치' 화두는 야권 단일화 국면이 본격화되면서 새누리당 박근혜 후보까지 입장을 내놓아야 할 이슈로 확대되었다. '새 정치'가 대선 이슈의 큰 흐름을 형성함에 따라 국민은 '새 정치'라는 정치개혁의 내용과 실체에 대해 궁금해하기 시작했다. 안철수 후보는 민주당을 낡은 정당이라고 직접 규정하지는 않았지만, 새누리당과 적대적 공생관계의 한 축인 민주당의 혁신이 단일화를 위한 전제조건인 것처럼 종종 언급했다.

11월 18일 민주당 지도부의 총사퇴 등 새 정치 프레임에 대응하기 위한 민주당의 혁신 노력과 단일화 과정에 대해 안철수는 모호한 의사표시를 했다. 민주당 지도부의 사퇴에 대해서는 지도부 사퇴를 요구한 적이 없다고 해명했고, 민주당의 일상적 당무 활동에 대해서는 낡은 정치 행태로 규정했다. 사람들은 이러한 안철수의 행태에 대해 혼란스러워했다. 정치 상황에 정확하게 부합하는 현실 정치 언어보다는 추상적 메시지가 담겨 있는 모호한 언어를 구사했다. 이는 안철수의 메시지 전달 방식의 한계였다.

한편 민주당은 재야 시민사회 세력들과 연계해 안철수를 영입해 단일화함으로써 대선에서 승리할 수 있다는 생각을 가지고 있었다. 안철수와의 단일화를 염두에 두고 대선일정을 잡았지만, 안철수가 다소 모호한 태도를 보임에 따라 당의 대선일정도 늦춰졌다. 당시 민주당은 안철수 후보와의 단일화에 집중하고 있었고, 단일화만 된다면 선거에서 승리할 수 있다는 집단사고에 빠져 있었다. 문재인 후보의 대선 슬로건은 "사람이 먼저다"로서 경제성장이나 물질적 가치보다는 서민의 일자리와 복지 등에 치중하겠다는 의지를 표현했다. 그렇게 볼 때 새누리당의 슬로건과 취지 면에서는 비슷한 점이 많았다. 즉, 새누리당과의 정책적 차이가 없었다. 민주당은 독자적인 정책 제시보다는 야권 연대와 단일화에만 집착했다(유승찬, 2013).

안철수의 입장에서는 '낡은 민주당'과의 단일화는 자신의 지지층 이탈을 가져오는 것으로 보였으므로 함께할 수 있는 정당이 아니었다. 따라서 민주당은 야권 단일화라는 목적을 달성하기 위해 안철수가 생각하는 '새 정치'의 모습인 혁신된 민주당을 갖추어야 했다.

야권 두 후보의 여론조사에서는 근소한 차이로 문재인이 안철수를 앞서고 있었다. 이는 민주당의 저력을 보여주는 것이었다. 민주당원들이 집결할 수 있도록 민주캠프, 시민캠프, 정책캠프라는 세 개로 구성된 용광로 선대위를 출범시킨 것도 문재인의 탁월한 선택이었다. 문재인은 용광로 선대위를 통해 '친노 패권주의'라는 딱지를 떼고 당내 여러 계파를 아우르게 되었다.

후보 단일화는 대통령선거마다 중요한 이슈였다. 1997년 대선에서는 김대중-김종필 연합, 2002년 대선 때는 노무현 후보와 정몽준 후보 단일화로 성공한 사례가 있었기 때문이다. 보수정당에 비해 고정표가 적었던 진보 야당으로서는 중도층을 끌어안을 단일화 전략이 필요하며, 이번 대선에서도 보수 중도층까지 껴안을 수 있는 안철수와의 단일화에 사활을 걸게 되었다.

누가 단일후보가 될 것인가에 초미의 관심이 쏠려 있었다. 하지만 왜, 어떤 후보가 단일후보가 되어야 하는지, 단일후보의 시대적 사명과 비전은 구체적으로 어떤 것이어야 하는지 등에 대한 본질적인 질문은 거의 없었다. 문재인 후보 캠프는 단일후보의 자격과 자질에 대해 이야기하기 시작했다. 누가 국정운영 능력을 갖추고 있는지, 누가 새로운 정치의 비전을 실현할 준비가 되어 있는 후보인지, 정권교체 이후에 누가 국가정책을 안정적으로 추진할 수 있는 정치적 기반을 가지고 있는지 질문하고 답했다.

문재인 캠프는 지속적으로 후보 단일화와 관련된 아이디어를 던지고, 시대적 사명에 부합하는 당위성과 명분으로 안철수 캠프에게 다가가려 했다. 후보 단일화가 시대교체, 정치교체, 정권교체를 희망하는 사람들의 공감대이자 희망임을 환기시키고, 아름다운 경쟁을 통해 단일화를 이루겠다는 진정성을 알리려 했다. 그러나 실제로는 후보 단일화를 바라보는 각 캠프의 입장차가 달라서 양 후보 간의 이견과 주도권 다툼으로 번져나가게 되었다.

문재인 캠프는 박근혜 캠프와 치열한 공방을 벌이면서도 안철수 캠프와 함께할 수 있는 연대와 협력의 틀을 구상해야 했다. 연대와 협력의 틀로서 공동정치혁신위원회 구성을 제안했다. 정치 혁신에 대한 문재인·안철수 후보의 공감대와 의지가 거의 비슷했으므로 후보 단일화에 대한 전제 없이도 정치혁신을 위한 공동 실천 방안을 만들어 내는 것이 가능해 보였다. 공동정치혁신위원회를 구성하는 안은 조국 서울대 교수가 제시한 '야권 후보 단일화 3단계 방안'에 들어 있는 안 이었다. 조국 교수는 1단계로 공동 정치혁신위원회를 구성하고, 이후 2단계로 공동정강정책을 확립하며, 3단계로 양 캠프의 세력관계를 조율해 후보 단일화를 이루는 야권후보 단일화 방안을 제시했다.

새누리당이 보수대연합을 완성해가고 있는 동안 야권은 후보 단일화를 위한 여러 제안과 시도가 있었음에도 현실적으로 구체화된 것은 아무것도 없었다. 오히려 문재인·안철수 캠프의 정치혁신안에 대한 신경전이 곳곳에서 펼쳐지고 있었다. 두 후보는 국회의원 정수(定數)를 줄이는 문제를 놓고 정면충돌했다. 문재인이 "좀 더 깊은 고민이 있었으면 좋겠다"고 하자 안철수가 "국민의 인식과 괴리돼 있다"고 받아쳤다. 지켜보다 못해 재야 원로인사들이 모인 '희망 2013, 승리 2012 원탁회의'가 후보등록 이전에 단일화할 것을 촉구하는 성명을 발표했다. 문화계를 비롯해 각계 인사 102명이 단일화를 재촉하는 성명을 낸 데 이어 야권원로 모임까지 후보 단일화 촉구 성명을 발표했다(황대원, 2013).

안철수 후보가 "후보 단일화를 안 하겠다는 게 아니다"라며 후보 단일화에 대한 진일보된 입장을 밝혔다. 후보 단일화에 대한 수많은 제안과 요청을 부담스러운 압박으로 생각한 안철수 캠프의 입장 변화였다. 문재인 캠프는 즉각 환영한다는 입장을 밝혔다. 또한 문재인·안철수 후보 두 진영 간의 공통의 목표와 가치를 확인하고, 이를 실현하기 위해 공동정책방안을 만들자고 제안했다.

야권의 후보 단일화에 대해 예민하게 촉각을 곤두세웠던 새누리당은 안철수가 후보 단일화에 진일보된 입장을 밝히자 당황하고 긴장했다. 자체적으로 보수대연합 구도를 완성해가고 있었지만, 야권 후보단일화는 자신들의 통제범위 밖의 일이었기 때문이다. 후보 단일화라는 메가톤급 이슈는 선거구도 자체를 변형시키거나 모든 이슈를 잠식하는 블랙홀이 될 수 있으므로 박근혜는 선거 국면의 중심에서 밀리지 않기 위해 후보 단일화를 흠집 내는 일 이외에 다른 방법이 없었다. 새누리당은 후보 단일화 흐름이 가시화되자 연일 야합이라며 비방과 흠집 내기에 열을 올렸다.

단일화의 효과

단일화는 두 후보 간의 정체성과 기반이 다를수록 효과는 더 커진다. 각각의 이질적 지지 기반이 합쳐져 지지층이 넓어지는 효과가 생긴다. 그러나 문재인·안철수 후보의 정책 노선은 정치 분야를 제외하면 경제, 복지, 문화, 외교안보 등 거의 모든 분야에서 비슷했다. 부문별로 미세한 차이가 있었지만 넓은 범위에서 보면 거의 일치하는 수준이었다. 단일화가 이뤄져도 정책연대에 의한 큰 시너지 효과를 기대할 수 없는 측면이 있었다. 이질적 세력 간의 단일화였던 1997년 김대중·김종필 후보의 연대, 2002년 노무현·정몽준 후보의 단일화 경우 지역 연합과 정책 연대에 의한 지지 기반 확산이 가능했다.

단일화의 효과를 극대화하기 위해서는 단일화의 내용과 원활한 과정이 필요했다. 즉, '아름다운 단일화'가 필요했다. 이를 위해 공동정부 구성과 정당을 같이할 수 있는 단일화의 내용이 충족되어야 했다. 그래야 어느 후보가 단일후보가 되더라도 지지자 이탈을 줄일 수 있었다. 따라서 문재인과 안철수의 단일화 합의문에 명시되어 있는 구체적 내용과 형식이 어떻게 전개될 것인지가 매우 중요했다. 문재인과 안철수의 신당 창당에 대한 결정도 관심을 끌었다. 그러나 공동정부 구성과 신당에 대한 입장 정리는 말처럼 쉬운 것이 아니므로 문재인과 안철수 간의 깊은 신뢰와 소통이 매우 중요했다.

극적인 단일화 합의

아름다운 단일화를 위해 내용만큼 중요한 것이 단일화 과정과 절차였다. 단일화 절차는 선거 일정과 밀접한 관련이 있었다. 후보등록일이 11월 25~26일이었는데 후보등록 이전이냐 이후이냐에 따라 단일화의 영향과 흐름이 상당히 달라진다. 자칫 협상이 진전되지 않아 '치킨게임'* 양상으로 흘러갈 경우, 투표율의 저하와 지지자 이탈이 일어날 수 있기 때문이다.

대선이 43일 남은 11월 6일, 드디어 문재인과 안철수가 백범기념관에서 만났다. 두 후보의 첫 회동은 정권교체와 새로운 정치를 열망

---

* 　두 명의 경기자 중 한쪽이 포기하지 않으면 다른 쪽이 포기하려 한다는 사실을 의미한다. 우리말로는 '겁쟁이 게임'으로 자주 번역된다. 1950년대 미국 젊은이들이 즐긴 치킨게임에서 유래되었는데, 치킨(chicken)이라는 명칭은 두 사람이 충돌을 불사하고 서로를 향해 차를 몰며 돌진하는 1950년대 미국 젊은이들의 게임에서 유래했다. 둘 중 하나가 핸들을 꺾지 않으면, 결국 충돌해 둘 다 죽는다. 만일 둘 중 하나가 핸들을 꺾으면, 다른 운전자는 승리자가 되며 둘 다 죽을 이유도 사라진다. 이 경우 핸들을 꺾은 사람은 치킨(chicken)이 된다. 즉, 치킨이 '겁쟁이'라는 뜻이다.

문재인과 안철수의 단일화
협상을 위한 만남
(출처: SBS뉴스 2012. 11. 23.)

하는 국민이 간절히 바라던 야권 단일화에 대한 기대를 한껏 부풀어
오르게 했다. 회담장이던 백범기념관은 두 후보의 단독 회동 소식을
듣고 달려온 수많은 기자로 발 디딜 틈조차 없이 북새통을 이루었다.
안철수가 "대한민국의 모든 기자가 다 온 것 같다"고 표현했을 정도였
다(황대원, 2013).

　　문재인과 안철수는 일사천리로 단일화 합의에 이르렀다. 단독 회
동 전 미묘한 신경전을 벌여온 터라 단일화 시기를 '후보등록 이전'으
로 합의한 것은 상당히 성공적이었다. 후보 단일화 시기가 후보등록일
인 11월 25~26일을 넘기면 두 후보 모두 투표용지에 이름을 올리게
되어 사표(死票)가 발생할 수 있기 때문이었다. 두 후보는 정권교체의
필요성과 추구하는 가치에 대해서도 공감대를 이루었다. 정권교체를
위해 새 정치와 정치혁신이 필요하고, 정치혁신의 첫걸음은 정치권이
먼저 기득권을 내려놓는 것이라는 데 의견을 같이했다. 단일화 방식은
따로 논의하지 않았다. 국민참여경선 도입 여부, 여론조사 방식, 여론
조사 설문 조정 등 다양한 단일화 방식에 대해 치열한 수싸움이 전개
될 것으로 예상되었다. 문재인은 단일화 시기를 정하는 데 중점을 두
었고, 안철수는 그동안 본인이 주장해온 국민연대나 새정치공동선언
을 반영하는 데 중점을 두었다.

11월 6일 단일화 합의선언 이후 누가 단일후보가 될 것인가에 관심이 집중되었다. 모든 정국 상황은 '단일화'라는 이슈에 묻혀버렸다. 단일화와 관련된 보도는 모든 후보의 민생 행보나 정책 행보에 대한 보도를 덮어버리고도 남았다. 이러한 현상은 안철수가 내세운 '새 정치' 이슈가 더 이상 부각되지 못하는 결과를 가져왔다. 안철수가 내세운 정치개혁 의제는 더 이상 큰 관심을 끌지 못했다. 단일화 합의 이후 문재인의 지지율은 상승했고, 안철수의 지지율은 정체상태나 하락추세를 보였다.

단일화의 고비

단일화 방식은 가장 뜨거운 감자였다. 담판과 경선을 통한 두 가지 단일화 방식이 있었는데, 어떤 방식을 채택할 것인지는 예측과 추측만 난무했다. 안철수가 내세운 국회의원 정수 축소나 중앙당 폐지 등의 정치개혁 이슈는 민주당, 학자, 시민단체가 비판하면서 안철수의 '새 정치' 실체에 대한 의문이 일기 시작했다. 이런 와중에 보도된 '안철수 양보론'은 안철수 캠프를 자극하여 위기감을 증폭시켰다. 안철수 캠프는 '안철수 양보론'이 보도되자 문재인의 지지율을 올리기 위해 문재인 캠프가 퍼뜨린 소문으로 단정하고 단일화 협상을 중단시켰다. 문재인은 이에 대해 사과했으나 안철수 후보 진영은 단일화 협상 재개를 외면했다. 안철수 캠프는 단일화 협상 중단 이유로 안철수 후보 양보론에 대한 보도와 안철수 캠프 실무팀에 대한 인신공격 등을 주장했다.
　　안철수 캠프의 단일화 협상 중단 선언으로 야권 후보 단일화가 위기에 봉착하자 안철수 양보론 보도의 진위를 확인할 길이 없어 문재인 캠프는 매우 곤혹스러웠다. 문재인과 우상호 공보단장 등이 여러 번 공식 사과를 하면서 안철수 캠프에 이해를 구하며 단일화의 중대성을 환기시켰지만, 안철수 캠프는 요지부동의 자세를 보였다.

안철수 캠프는 문제 당사자들이 책임지고 사과해야 하며 후보 간 신뢰를 훼손시킨 데 대해 이를 만회할 조치를 취하지 않으면 협상을 재개하지 않을 것이라고 밝혔다. 문재인 캠프는 단일화 파행이라는 파국을 피하고 위기에 봉착한 협상 중단을 정상화시키기 위해 취할 수 있는 가시적인 조치가 무엇인지, 어떤 수준의 가시적인 조치를 말하는 것인지에 대해 깊은 시름을 해야 했다. 문재인은 직접 네거티브를 자제하고 단일화 성공을 위해 안철수 캠프의 공격에도 일절 대응하지 않고 지내왔음에도 단일화 협상 중단 사태가 일어난 것에 대해 매우 침통해했다.

문재인 후보는 즉각적인 단일화 논의 재개를 촉구하며 "여론조사 방식이든, 여론조사+α든 단일화 방안을 안철수 후보 측이 결정하도록 맡기겠다"고 했다. 안철수도 단일화 재협상에 대한 압력이 강해지자 빠른 시간 내에 문재인을 만나겠다며 모든 것을 걸고 단일화를 반드시 이루겠다고 밝혔다. 문재인은 '단일화 룰' 양보 의사를 밝혔고, 안철수는 '조건 없는 단일화' 의지로 화답했다. 두 후보는 배석자 없이 전격적으로 다시 만났다. 단일화 파행 5일 만이었다. 민주당 지도부의 사퇴와 문재인 후보의 단일화 방식 양보 소식을 들은 국민은 안도했다. 단일화 협상은 다시 급물살을 타기 시작했다. 문재인 · 안철수 후보는 새정치공동선언에 합의하고 11월 19일부터 단일화 방식 실무협상팀을 곧바로 가동하기로 했다. 이날 문재인 · 안철수 캠프는 두 후보의 회동 후 각 캠프에서 공동으로 새정치공동선언문을 발표했다(황대원, 2013).

단일화 방식의 갈등

그러나 실무협상팀의 단일화 협상은 더 거친 파열음을 냈다. 안철수 캠프는 단일화 방식으로 여론조사와 공론조사 병행 방식을 제안했다. 문재인 캠프는 이를 수용했지만, 세부 시행 방안에 대해 확연한 입장 차이가 있었다. 이로 인해 장외설전과 신경전을 주고받는 등 감정적인 파열음도 발생했다. 안철수 캠프는 문재인 후보가 단일화 방안을 수용하겠다고 해놓고 실제 협상장에서는 '통 큰 양보'가 없었다고 비판했다. 그뿐 아니라 "제안을 하라고 해 우리가 제안했더니 받아들여지지 않았고, 그래서 논의가 다시 원점에서 시작되고 있다"고 지적했다. 민주당 캠프는 "도저히 받아들일 수 없는 안을 가져와놓고 문 후보가 '통 큰 양보'를 하지 않았다고 언론플레이 하는 것은 있을 수 없는 일"이라며 반박했다.

여론조사 문구도 논쟁 대상이었다. 단일화 협상팀은 여론조사 문항 선정과 관련해서도 문재인 캠프가 '적합도', 안철수 후보 캠프가 '경쟁력' 문항을 각각 주장하며 입장 차이를 좁히지 못했다. 문재인 후보는 '선호형' 질문 방식, 즉 적합도 문항을 넣으면 유리했고 안철수 후보는 '지지형' 질문 방식인 '경쟁력'과 '지지도' 문항을 넣으면 유리했다. 결국 양 캠프의 주장을 조정하려면 '경쟁력'과 '적합도' 문구가 모두 들어간 문항이 되어야 했다.

안철수 캠프는 여론조사 설문 문항을 '가상 양자대결' 방식으로 하자고 주장했다. 가상 양자대결 방식은 '박근혜 후보 대 문재인 후보'와 '박근혜 후보 대 안철수 후보'의 양자대결을 각각 조사해서 이를 비교하는 조사 방식이었다. 당시 박근혜 후보에게 대항할 야권 후보의 적합도에서는 문재인 후보가 안철수 후보에 앞섰고, 야권 후보로서 지지도에서는 안철수 후보에 뒤처지는 것으로 나타났다. 문재인 후보는 박근혜 후보와의 가상대결(50%)과 야권후보 적합도(50%) 안을 제안했고, 안철수 후보는 가상대결(50%)과 야권후보 지지도(50%)를 최종안으로 제안했으나 결국 합의를 도출하지 못했다.

11월 22일에도 단일후보 결정을 위한 여론조사 문구를 놓고 온종일 대립했다. 두 후보가 직접 만난 자리에서조차 별다른 진전이 없을 정도로 총체적 난국이었다. 오히려 양측 모두 시간이 촉박하다는 점을 강조하며 경쟁적으로 '벼랑끝전술'을 폈다. 문재인과 안철수 후보는 오전 10시 30분 배석자 없이 단독 회동을 가졌다. 1시간 30분가량 진행된 회동 직후 양측 대변인의 브리핑은 "한걸음도 이견을 좁히지 못했다"였다. '가상 양자대결'을 두고 대립하는 사이 감정의 골도 깊어졌다(황대원, 2013). 후보 간 담판에서 단일화 합의에 성공할 것으로 전망했지만 진전이 없었다. 이렇게 되자 1987년 김대중과 김영삼 후보의 실패한 단일화의 전철을 밟을 수도 있다는 우려가 점점 높아졌다.

미완의 단일화

그러나 후보 등록일 하루 전인 11월 24일 안철수 후보가 돌연 기자회견을 열어 자진 사퇴를 발표했다. 2002년 대선에서 노무현-정몽준 후보 간 단일화가 소주 러브샷으로 마무리 된 데 반해 이번의 단일화에서는 서로 유리한 게임의 룰을 주장하다가 여론에 밀려 한쪽이 사퇴하는 모양새를 만들어 결국 아름다운 단일화가 되지 못했다. 안철수 후보가 "정권교체를 위해 백의종군하겠다"며 "단일후보는 문재인 후보다. 문 후보에게 성원을 보내달라"고 밝혔다. 사람들은 놀람과 침묵과 감탄을 교차하며 각양각색의 반응을 보였다.

단일화 합의 후 악수하는 문재인과 안철수
(출처: 한겨레, 2012. 11. 18.)

단일화는 그동안 협상 중단과 재개, 협상팀 교체, 후보 간 회동, 후보 대리인 회동 등 숱한 우여곡절과 갈등을 치렀고 마주 달리는 자동차처럼 '치킨게임'을 벌이기도 했다. 정권교체를 위해 단일화를 염원하던 국민의 가슴을 타들어가게 만들기도 했고, 심지어 단일화 협상의 타개를 호소하며 스스로 목숨을 끊는 국민도 있었다. 실망과 안타까움, 비난과 질책, 간절함과 염원이 함께했지만 아름다운 단일화가 아닌 미완의 단일화였다. 안철수 후보는 단일화 과정에서 많은 상처를 입었다. 떼를 쓰고 자기 이해관계에 집착하는 모습을 보이면서 지지율도 흔들렸다(황대원, 2013).

안철수 후보의 사퇴로 야권 지지층 결집이 최대의 과제가 되었다. 안철수가 언제, 어떠한 방법으로 백의종군하느냐가 야권 지지층 결집의 핵심 변수로 부상했다. 지지자 간 갈등의 봉합이 시급했다. 안철수 지지층이 부동층으로 바뀌거나 박근혜 쪽으로 가는 것을 막아야 했기 때문이다. 안철수가 공식선거운동 기간 동안 적극적으로 문재인을 도와야 문재인과 안철수 양측의 지지자 이탈 폭을 최소화하고, 박근혜를 이길 수 있었다. 안철수의 돌연한 후보직 사퇴로 인해 지지자의 이탈로 단일화의 시너지 효과도 반감되고, 자칫하면 박근혜에게 승리를 내줄 수도 있기 때문이었다. 대선 직전 한풀 꺾인 박근혜 대세론,

문재인과 안철수 후보의 '미완의 단일화', 공식선거운동 개시 전까지 표심을 정하지 않고 관망하는 10% 이상의 부동층 등 예측할 수 없는 다양한 변수로 인해 18대 대선은 역대 대선 중에서 가장 예상하기 어려운 접전이었다.

새누리당은 야권의 대선후보 단일화 협상이 파행을 이어가는 동안 공세의 강도를 높였다. 단일화 파행이 국민에게 '이전투구', '구태정치'로 비칠 것을 기대하면서 박근혜 후보가 경제와 민생을 챙기고 있다는 점을 부각시키려 애썼다.

박근혜 후보는 '텃밭' 표심 지키기에 나서는 한편 중소기업, 시장, 공사현장을 두루 찾으며 '민생 후보' 이미지를 쌓는 데 주력했다. 박근혜는 야권 단일화에 대해 강도 높게 비판했다. "민생과 아무런 상관없는 이벤트에 시간과 노력을 다 쏟아붓고 있다"며 "한 달 정도 남은 시점에서도 후보를 결정하지 못해 국민의 알 권리와 판단하고 검증할 기회를 박탈하고 있다. 이런 것이야말로 구태정치"라고 비난했다.

안철수 캠프는 '벼랑끝전술'을 계속 구사하면 합리적이고 온화한 성품을 가진 문재인 후보가 양보할 수도 있다는 생각을 했다. 그러나 이러한 생각은 큰 오산이었다. 문재인이 양보할 수 없던 이유는 100만 명 이상의 당원과 시민 선거인단이 뽑은 후보이자 민주당이라는 조직을 가진 공당의 대선후보였기 때문이다. 안철수가 서울시장 보궐선거 때 박원순에게 양보했던 것은 본인의 의지만으로 가능했으나 문재인은 본인 마음대로 결정해서 양보할 수 있는 처지가 아니었다. 문재인의 경우 만일 단일화가 이루어지지 않고 각각 출마해 정권교체에 실패한다면 정권교체를 열망하는 국민의 지탄을 한 몸에 받을 수 있는 후보였으나 스스로 후보직을 양보하거나 사퇴할 경우 지지 세력으로부터 지탄을 한몸에 받을 수 있는 후보이기도 했다.

문재인과 안철수 후보의 협력관계는 단일화 과정에서의 갈등으로 인해 공식 선거운동에서의 협력도 기약할 수 없게 되었다. 단일화 선언 이후 안철수 후보는 돌연 잠적해버려서 단일화의 효과도 제대로 보지 못했다. 박근혜의 지지율이 상승하자 안철수가 문재인의 선거운동에 나서기 시작했으나 시기적으로 늦은 감이 있었다. 안철수는 선거

안철수가 서울시장후보를 박원순에게
양보하고 포옹하는 장면
(출처: 한국일보, 2018. 3. 31.)

유세에서 소극적으로 행동했으며, 선거 당일 미국으로 출국했다.

야권이 단일화 과정에서 주춤하는 사이 박근혜 캠프는 보수대연합 체제를 공고히 했다. 보수대연합에는 대표적인 동교동계 인사인 한광옥, 한화갑도 합류한 상태였다. 특히 놀라웠던 것은 그 이름만으로도 민주화운동의 상징처럼 여겨졌던 김지하 시인이 박근혜를 지지하고 나선 것이다. 김지하 시인의 박근혜 후보 지지는 두 가지 상징적인 의미가 있었다. 첫째는 "산업화 과정에서 고초를 겪은 민주화 인사들에게 용서를 구한다"라는 박근혜의 발언에 화답해줌으로써 그 진정성에 힘을 실어줬다는 것이다. 둘째는 시대 과제인 경제민주화의 주역으로 문재인이 아니라 박근혜를 지목했다는 것이다. 한국사회는 단시간 안에 산업화와 민주화를 이뤘다. 그 과정에서 두 세력은 반목했고, 산업화의 상징적 존재는 박정희 전 대통령이었다. 그리고 박정희 전 대통령에게 모진 핍박을 받은 민주화 인사 중 한 명이 김지하 시인이었다(유승환, 2013).

6

대선

야당의 실수: 안 먹히는 이명박근혜

박근혜와 문재인 후보의 양강 구도로 18대 대선의 막이 올랐다. 대한민국의 미래를 놓고 한 발짝도 물러설 수 없는 배수진을 치고 치열한 대결을 시작했다. 18대 대선은 11월 27일 자정부터 투표 전날인 12월 18일 밤 12시까지 22일간 진행되었다. 후보등록을 전후해 실시된 각종 여론조사 결과 두 후보는 오차 범위 내 초박빙의 접전 양상을 보이고 있었다. 두 후보는 안철수를 지지했던 세력, 중도무당파, 충청권, PK(부산·경남) 등 전략 지역과 핵심 타깃층의 지지를 얻기 위해 모든 역량을 총동원할 준비 태세를 갖추기 시작했다. 새누리당은 후보 단일화 이전부터 차곡차곡 유세와 홍보, 조직 등 대선을 치르기 위한 준비를 거의 마친 상태였다. 반면 민주당은 후보 단일화가 늦게 결정되는 바람에 모든 것을 대기시켜놓아야 했다. 안철수의 사퇴 이후 문재인 캠프는 후보 단일화 때의 선대위 체제를 전면적인 대선체제로 전환해야 했다.

2012년 대통령선거에서는 총선에서 많이 주목받았던 복지의 확대 그리고 빈부격차, 양극화로 인해 관심이 쏠리고 있는 경제민주화가 가장 많이 논의되었다. 복지의 확대는 2010년 지방선거와 2011년 서울시 주민투표에서 논쟁이 된 학교무상급식의 영향력이 2012년 총선과 대선에서 지속적으로 확대되고 있는 상황이었다. 한편, 경제민주화는 대기업의 무분별한 확장과 이에 따른 중소기업의 도태, 자영업자의 위기, 부익부빈익빈 문제 등으로 인해 경제적 약자에 대한 보호의 필요성에 의해 제기된 것이다. 경제위기 속에서 경제적 부담을 덜어주는 것이 유권자의 희망이었기 때문에 복지의 확대와 경제민주화가 많이 논의되었다.

박근혜는 이명박의 실정에도 불구하고 이명박 대통령 재임 중에는 '야당'이라는 인상을 심어주었다. 2012년 총선 때 민주당의 한명숙 대표가 미국 대사관 앞에서 시위하고 제주도까지 가서 해군 기지 반대 시위를 하자 새누리당은 야당을 강하게 비난했다. 박근혜는 후보로 확정된 후 〈MBC 시선집중〉과의 인터뷰에서 과거사 발언에 대해 실수했다. 과거사 논란은 박근혜에게 불리하게 작용했고, 이로 인해 중도층의 지지를 이끌어낼 수 있었으나 야당은 오직 단일화에만 목을 매고 있었다.

박근혜가 대선 출마에서 제시한 공약은 '경제민주화', '복지와 일자리', '깨끗하고 투명한 정부' 세 가지였다. 경제민주화와 복지, 일자리를 위해 '국민행복추진위원회'를 만들었고 깨끗하고 투명한 정부를 위해 '정치소신위원회'를 만들었다. 상징적인 인물로 국민행복추진위원회 위원장으로 김종인을, 정치소신위원회 위원장으로 안대희를 내정했다.

야당은 박근혜가 대통령이 되면 '이명박근혜' 정부라고 주장했다.

박근혜 후보의 대통령 선거 유세 모습
(출처: 중앙일보, 2012. 12. 17.)

문재인 후보의 대통령 선거 유세 모습
(출처: 중앙일보, 2017. 4. 5.)

그러나 박근혜는 워낙 반이명박 대통령 이미지가 강했다. 박근혜와 이명박은 2007년 경선에서 서로 치열하게 경쟁했고, 세종시 수정 논란 때는 박근혜가 드러내놓고 반대해서 결국 세종시의 행정복합도시를 관철시켰다. 따라서 사람들에게는 야당이 주장한 '이명박근혜 정부'가 받아들여지지 않았다(윤여준·이상동·이철희, 2014).

　박근혜 후보의 첫 유세지역은 충청권이었다. 충청권은 주요 대선 때마다 대선 판세의 캐스팅보트 역할을 해왔다. 김대중 후보 시절의 김대중-김종필(DJP) 연합과 노무현 후보 시절의 행정수도 건설 공약도 대선 판세를 좌우할 전략적 요충지로서의 충청권 지역의 중요성 때문에 만들어진 것이다.

　18대 대선에서 충청권과 관련된 핵심 이슈는 특이하게도 '누가 행정수도인 세종시를 지켰는가?'였다. 박근혜는 세종시를 필두로 충남 공주, 논산, 부여, 보령 등 충청권 공략에 나섰다. 박근혜는 세종시 유세에서 "정치생명을 걸고 세종시를 지켜냈다"는 점을 강조했다. '약속과 신뢰의 정치인' 이미지를 적극 부각하면서 행정수도 건설을 무산시키려 했던 이명박 정부와 대립각을 세우려 했다. 박근혜는 같은 당에 소속되어 있음에도 이명박 대통령과의 차별성을 통해 충청권 유권자에게 다가가려 했다.

문재인은 첫 선거유세 지역으로 부산·경남(PK)을 선택했다. 부산·경남으로 향하는 공식 선거운동 첫날 새벽, 문재인은 서울 지하철 9호선 노량진역에서 지하철에 탑승했다. 김포공항역으로 이동하는 지하철 안에서 공식 선거운동을 시작한 것이다. 시민의 삶의 문제를 현장에서 직접 경청하기 위해서였다.

선거 프레임

박근혜 캠프는 노무현 전 대통령의 부정적 이미지를 더욱 확산하기 위해 철저히 준비된 프레임을 들고 나왔다. 모든 선거 전략이 철저히 '박정희-노무현' 프레임의 확산에 맞춰져 있었다. 새누리당은 이번 대선에서 '박정희-노무현' 구도로 가면 승산이 있다고 보았다. '박정희-노무현' 구도는 박근혜가 새누리당 대통령 후보임에도 이명박 정권의 실정을 덮기에도 좋고, 아버지 박정희 전 대통령의 긍정적 후광을 다시 조명받기에도 좋은 구도였다. 더구나 문재인은 노무현 전 대통령의 비서실장, 민정수석, 시민사회수석을 지낸 후보이니 부정적인 노무현 이미지를 씌우려 했다.

문재인의 핵심 메시지는 박근혜를 유신 독재 세력의 잔재로 규정한 것이다. 그러나 문재인은 다양한 프레임을 내세웠다. 문재인은 '안철수 후보와 심상정(정의당) 후보가 지지한 야권 단일후보', '경제민주화와 복지국가의 새 시대를 여는 첫 대통령', '과거 세력 대 미래 세력의 대결(유신 독재 세력 대 민주주의 세력)', '이명박 정부 심판', '참여정부의 이명박 정부 비교우위론' 등 여러 가지 메시지를 동시에 던졌다. 여러 가지 메시지가 전달되면서 메시지가 분산되는 문제가 발생했다. 핵심 메시지가 정확히 전달되지 않는 문제가 생긴 것이다.

문재인의 '과거 세력-미래 세력' 프레임은 박근혜가 주장한 '박정희-노무현' 프레임에 흡수되어버렸다. 문재인이 박근혜를 유신 독재 세력의 잔재라고 규정할수록 '박정희-노무현' 프레임이 강화되는 역효과가 발생했다(황대원, 2013).

진보진영 대 보수진영, 민주화 세력 대 산업화 세력, 박정희 군사 독재 세력 대 노무현 민주주의 세력, 남성 대 여성 등의 대결구도가 박근혜와 문재인의 핵심 대결 구도로 자리 잡았다. 언론에는 박근혜와 문재인보다 박정희와 노무현이 주요 쟁점이 되었다. 보수 언론의 의도적인 프레임 짜기가 작용했는데, 문재인 캠프가 이 프레임에 말려든 꼴이 되었다.

박근혜의 본질을 알리고 '실패한 정권의 공동책임자'로 인식시키기까지는 많은 시간이 걸렸다. 박정희-노무현의 프레임으로 끌려들어간 실수는 후보 단일화에 너무 많은 에너지를 소비했기 때문이다. 후보 단일화에 거의 모든 에너지를 쏟아부어 대선 승리를 위해 많은 것을 준비했지만, 마치 예선에서 지나친 힘을 소비하고 본선을 맞이한 운동선수처럼 초반 대선 캠페인전에서 제대로 된 기량을 발휘하지 못했다. 더구나 국민에게 어렵게 쟁취한 단일화 후보가 되었음을 알리긴 했지만, 문재인을 돕기 위해 안철수가 문재인 곁에서 항상 있어야 하는데 정작 문재인의 곁에는 안철수가 보이지 않았다.

세대와 이념

2012년 12월 17일, 19대 대통령 선거를 이틀 앞두고 대선구도는 그야 말로 '안개 속의 풍경'처럼 한치 앞을 예측할 수 없는 상황이었다. 12월 12일 주요 언론 방송들이 마지막 여론조사 결과를 발표했다. 박근혜 후보와 문재인 후보가 오차 범위 내에 접전을 벌이는 것으로 집계됐 다. 혼전 속에서 문재인의 지지율이 가파르게 상승하고 있었다. 문재 인의 '이명박 정권 심판론'과 박근혜의 '참여정부 심판론' 가운데 국민 은 이명박 정권 심판론에 더 공감하고 있었다.

세대는 지난 대선에서 유권자의 투표 선택에 커다란 영향을 미 친 매우 중요한 요인이었다. 2012년 대선의 특징은 20~30세대와 50~ 60세대 간의 대결이자 보수와 진보의 대결이었다. 문재인 후보는 "사 람이 먼저다"라는 슬로건을 내세웠고, 국가에 비해 인간 개인을 중시 하는 내면을 보여주었다. 또 "개인이 발전해야 나라가 발전한다"는 서 구식 시민의식을 기반으로 하고 있었다. 반면에 박근혜 후보는 "국가 가 발전해야 개인도 행복하다"는 동양적 사고를 기본 바탕으로 가지 고 있었다. 따라서 '무엇무엇을 해주겠다'는 식의 국가 우월을 전제 로 하여 국민에게 베푸는 식의 표현이 많았고, 얼핏 보기에는 화려하 지 않고 무미건조했지만 의외로 민심을 더 크게 얻었다(우종창·노희상, 2013).

우리나라는 분단되어 있고 지역감정이 심하며 끝없이 국가 정체 성을 위협받는 나라여서 '국가주의'를 우선적으로 선택할 수밖에 없다 는 50~60대 기성세대의 판단이 암묵적으로 박근혜를 지지하게 되었 다. 이에 맞추어 박근혜는 국가 분열적 요소를 막고 정체성을 바로 세 우며 미래를 지향하기 위해 '국민대통합'을 핵심 공약으로 내걸었다.

2012년 대선은 인터넷 선거운동이 자유화되고 안철수 후보가 새 정치를 선언해 서로 과열된 선거경쟁을 피하면서 불법 선거운동이 과거보다 많이 줄어들었다. 그러나 선거기간 중 갑자기 SNS 불법선거운동 사무소 설치 사건이 언론에 보도되었다. ○○단이라는 단체가 사무실에서 조직적으로 SNS 선거운동을 하고 있으며 그 책임자가 새누리당의 'SNS 미디어본부장'이라는 직함이 적힌 명함을 쓰고 있었다는 것이다. 이것이 방송뉴스를 포함해 언론에 대서특필되자 박빙의 승부 속에서 새누리당은 즉각 당과 관련된 공식적인 기구가 아니라면서 직접적인 연관을 부인했다. 그러면서 민주당에서도 선거사무소로 신고하지 않고 SNS 선거운동을 하는 사무실을 설치하고 있다며 맞불을 놓았다(유현종, 2013).

새누리당의 불법 선거 혐의가 불거진 상태여서 여권은 더욱 수세에 몰리게 됐다. 제보를 받고 출동한 서울특별시선거관리위원회 기동조사팀은 여의도의 한 오피스텔에서 박근혜 후보를 지지하는 댓글을

국정원 여직원을
감금하고 있는 장면
(출처: 뉴시스, 2012.
12. 12.)

달고 있는 정황을 포착했다, 선거 사무실로 신고하지 않은 이 오피스텔에는 박근혜 후보 명의의 선대위 임명과 명함이 쌓여 있었다. 또한, 새누리당 SNS 전력을 담은 문건이 발견됐고, 'President War Room(대통령 선거 상황실)'이라는 표식도 걸려 있었다. 이에 국가정보원 직원이 대선에 개입했다는 의혹도 제기됐다. 여러모로 야권의 입장에서는 '정권교체'를 실현시키기에는 절호의 기회가 아닐 수 없었다(유승찬, 2013).

TV 토론의 영향

후보자 간 TV 토론회는 많이 개최되지 못했다. 유일하게 후보들 간에 토론할 수 있는 기회는 공직선거법에 따라 선거방송토론위원회가 3회 개최하도록 한 선거방송토론이었다. 후보자의 자질과 공약에 대해 제대로 알 수 없었던 유권자로서는 TV 토론에 관심을 가졌다. 그러나 지지율이 1% 정도인 제3의 후보가 공직선거법상 원내 5석 이상의 정당에서 추천한 후보라는 이유로 참석하게 되자 양자대결을 기대했던 유권자는 실망했다. 특히 이정희 후보는 막말 시비를 불러일으키며 정책 중심의 검증되어야 할 토론 분위기를 망쳤다는 비난도 받았다. 이 과정에서 야당 후보로서 문재인 후보의 이미지는 부각되지 못했다.

이정희 대표는 "대선에 왜 나왔느냐?"라는 사회자의 질문에 "박근혜 후보를 떨어뜨리려고 나왔다"라고 답해 논란을 불러일으켰다. 또한 "유신 독재 퍼스트레이디가 청와대로 가면 여왕이 된다. 여성 대통령이 필요하다. 그러나 여왕은 안 되지 않겠나! 불통과 오만, 독선의 여왕은 대한민국에 필요 없다"라고 공박했다. 박근혜는 생방송 도중

얼굴이 빨개지고, 말을 더듬을 정도로 당황한 모습이 역력했다. 이정희 후보는 박근혜의 답변을 무시하는 태도로 "됐습니다"라고 잘라 말했고, 박정희 전 대통령을 일본식 이름인 다카키 마사오로 부르고 박근혜의 질문에는 건성으로 무시하듯이 답변하는 토론 매너에 유권자도 상당히 당황스럽게 생각했다. 더구나 과거의 향수를 가지고 있었던 50~60대 세대에게는 충격적인 토론회였다.

　　가장 큰 문제점은 국민의 지지도가 1% 정도인 후보도 40% 이상의 지지를 받는 후보들과 동일한 발언 기회를 가지고 토론에 참여하는 것에 대해 국민의 불만이 많았다는 것이다. 방송토론 후 선거방송 토론위원회 인터넷 게시판에는 이정희 후보의 토론 참여를 비난하는 글들이 많이 올라왔다.

문재인의 NLL과 박근혜의 정수장학회

10월 8일, 새누리당 정문헌 의원이 노무현 전 대통령이 NLL(North Limit

Line, 북방한계선)을 부정하는 발언을 했다고 갑자기 폭탄 발언을 했다. 문재인 후보는 정문헌 의원의 발언에 대해 정면 대응했다. 10월 12일 해군 2함대 사령부를 방문한 자리에서 정문헌 의원이 제기한 NLL 포기 의혹이 사실일 경우에는 본인이 책임지겠다고 밝히고, 만약 사실이 아닐 경우에는 정문헌 의원과 박근혜 후보가 책임져야 한다고 강력히 경고했다. 문재인은 또한 "참여정부 5년간 북방한계선(NLL)은 물론 휴전선에서도 단 한 차례의 군사적 충돌이 발생하지 않았다"고 강조했다. 이어 이명박 정부 하에서 천안함 사태와 연평도 포격 도발이 발생한 점을 지적하면서 서해 NLL에 공동어로구역의 설치가 한반도 안보관리는 물론 황해 경제권을 창출하는 계기가 될 것이라고 역설했다.

새누리당의 NLL 정치 공세에 대해 민주당의 공보팀은 본격적으로 대응하기로 했다. 새누리당의 NLL 정치 공세를 차단하기 위해 재빨리 움직이기 시작했다. 공보팀은 박근혜 후보 캠프의 공세에 대해 처음에는 방어적인 자세를 유지하다가 NLL 정치 공세를 계기로 공격적인 자세로 전환했다. NLL 논란을 시작으로 박근혜에 대해 본격적인 공세 기조로 전환했고, 문재인에 대한 방어 시스템을 가동하기 시작했다. 점차 다가올 본격적인 대언론 경쟁도 준비했다. NLL 이슈는 선거프레임 상 문재인 후보 캠프에게 반가운 이슈가 아니었다. 하지만 가만히 둔다고 하더라도 잠잠해질 이슈도 아니었다. 정문헌 의원의 폭로를 필두로 보수 언론들이 NLL 프레임을 확대·재생산할 것이 명백했기 때문이다.

박근혜가 NLL 논란을 통해 신북풍을 일으키려는 배경에는 정수장학회 논란이 있었기 때문이다. 정수장학회 논란은 박정희의 지시로 중앙정보부가 개입해서 당시 부산지역 기업인이었던 고 김지태 삼화고무 사장의 부일장학회를 강제로 국가에 헌납하게 한 사건이었다. 후에 이 장학회를 정수장학회*로 이름을 바꾸어서 박근혜가 관리해왔다는 주장이었다. 이 사건의 핵심 쟁점은 헌납 과정의 강제성 여부였다. 서류상에는 김지태 사장이 자진 납부한 것으로 되어 있지만, 유족들은 박정희가 강제로 빼앗아갔다는 주장이었다. 여론은 정수장학회에 대한 박근혜의 입장 표명을 요구하고 있었다. 박근혜는 정수장학회 문제를 더 이상 관망할 수 없게 되었다. 박근혜는 정수장학회는 "본인과 무관하다"는 해명을 하면서도 정수장학회 이사진에게 "현명하게 판단해달라"며 퇴진을 주장하는 등 앞뒤가 맞지 않는 실수를 연발했다. 정수장학회 논란에 대한 명확한 입장 표명을 회피할수록 논란은 더욱 뜨거워졌다(황대원, 2013).

정수장학회 유족들은 박근혜가 정수장학회에 대한 기본적 사실조차 파악하지 못하고 있다고 비난하며 법적 대응을 검토하겠다고 밝혔다. 박근혜의 정수장학회 기자회견을 통해 더 이상 역사 인식 논란이 없기를 기대했던 새누리당조차 박근혜의 의도를 모르겠다며 한숨을 쉬었다. 박근혜는 정수장학회 기자회견을 통해 꼬인 문제를 풀겠다고 한 것인데, 역사적 사실 관계에 대한 기본적 사실 파악도 하지 못하고 오도된 역사 인식만 드러내게 되어 상황을 더욱 어렵게 만들었다. 과거사에 대한 사과마저 '악어의 눈물'이었다는 의혹을 사기에 충분했다.

박근혜는 정수장학회 논란을 덮기 위한 소재가 필요했다. 그래서 꺼져가고 있던 NLL 논란에 다시 불을 붙였다. 그러나 정수장학회 논란은 '혹부리 영감의 혹'처럼 점점 커져만 갔다. 박근혜가 직접 나서서 NLL 논란을 통해 정수장학회 논란을 가라앉히려고 했지만 소용이 없었다.

---

* 박정희의 '정' 자와 육영수의 '수' 자를 따서 이름을 지었다는 주장이 있었다.

박근혜의 승인과 문재인의 패인

어려운 승리

기자들은 18일 오전부터 19일 오후 6시 출구조사 결과가 나올 때까지 박근혜가 거의 '졌다'고 생각했다. 선거 직전 신뢰도가 높은 방송사들이 합동으로 진행한 13일 여론조사에서는 박근혜가 47.3%로 문재인(42.3%)을 여유 있게 앞섰다. 국정원 여직원 감금 사건 등이 터진 직후인 15일 조사에서는 박근혜 46.4%, 문재인 45.1%로 거의 근접했다. 선거 전날 마지막 여론조사에서는 박근혜 44.6%, 문재인 46%로 문재인이 승리하는 것으로 조사되었다.

새누리당은 '투표율'에 마지막 기대를 걸었다. 투표율이 70%를 밑돌면 50~60대의 중장년층 투표 비율이 상대적으로 높아 승리할 수도 있다고 기대했다. 그러나 막상 투표가 시작되고 투표율이 높자 이러한 기대마저 무너졌다. 오후 3시쯤 몇 군데 언론사가 문재인 당선을 전제로 기사를 준비하고 있다는 소식도 들렸다.

거의 패배 선언만 남았다는 분위기의 새누리당에 오후 5시 40분쯤 방송사 출구조사 결과가 알려졌다. 조사결과 박근혜가 앞선다는 내용이었다. 전날 방송 3사 여론조사에서 박근혜가 진다는 소식이 알려지고 출구조사가 나올 때까지 32시간 동안의 악몽에서 벗어나는 순간이었다.

투표일 오후 5~6시 사이에 투표장으로 몰려간 노장층의 박근혜 몰표가 큰 역할을 했다. 5시 출구조사 격차보다 실제 격차가 2%나 더 난 것은 이들 덕분이었다. 판세가 문재인 쪽으로 기운다고 본 노장층과 보수단체들은 비상을 걸었다. 기원에서 바둑 두던 사람들도 전화 메시지를 받고는 "야, 우리가 이럴 때가 아니다"라면서 바둑판을 엎고 몰려 나갔다(조갑제, 2013).

방송 3사의 12월 19일 출구조사에 따르면, 오전에 투표율이 올라간 것은 50세 이상 유권자들이 몰렸기 때문이다. 그래서 오전 출구조사에서는 박근혜 후보가 7% 정도의 격차로 문재인 후보를 앞서고 있었다. 투표율이 올라가자 문재인 캠프는 "젊은이들이 많이 나왔다"면서 환호했고, 박근혜 캠프는 울상을 지었다. 양쪽 캠프와 언론은 모두 "투표율이 오르면 문재인에게 유리하고, 낮으면 박근혜에게 유리하다"라는 고정관념에 사로잡혀 있었다.

투표일 정오 무렵에는 출구조사에서 문 후보가 1.5% 앞섰다는 소문이 돌기 시작했다. 보수층은 높아진 투표율이 박 후보에게 불리할 것이라고 생각하고 있던 터에 이런 소문에 자극되어 투표 독려에 나섰다. 방송 3사의 의뢰를 받은 여론조사에서는 오후 5시에 조사를 마감하고 5~6시까지의 지지율을 추산해 오후 6시에 발표했다. 그 결과 박근혜 50.1%, 문재인 48.9%였다. 실제 득표율은 박근혜 51.6%, 문재인 48%로 108만 표의 차였다. 오후 5~6시 사이에 박근혜 지지자들이

대통령 당선 직후
지지자들에게 화답하는
박근혜 (출처: 한겨레, 2017.
12. 19.)

예상보다 많이 몰린 탓이었다. 만약 선거를 오전에 민주당이 지고 있다고 울상을 짓고, 새누리당은 '이겼다'고 환호했더라면 불안한 젊은 세대의 투표율이 더 높아지고, 느긋한 보수층의 투표율은 낮아졌을 거라는 추측도 나왔다.

2012년 대선은 보수와 진보가 총결집해 서로 창과 방패의 대결을 벌이며 치열한 승부를 겨루었다. 새누리당 박근혜 후보는 민주화 이후 최초로 과반이 넘는 51.6%(15,773,128표)의 득표율을 기록하며 48.0%(14,692,632)를 얻은 민주통합당 문재인 후보를 가까스로 따돌리고 승리했다. 이전 대선에 비해 제18대 대통령 선거는 높은 관심 속에 세대 간의 대결 양상을 나타냈다. 연초부터 시민사회의 안철수가 청년 세대를 대상으로 '청춘 콘서트'라는 새로운 형식의 대담을 진행하면서 현실 정치에 대해 비판을 제기했고, 기존 정치의 염증은 느끼던 2030세대의 호응을 얻었다.

안개 속 행보 속에 안철수라는 개인이 정치에 들어와 뭔가 새로운 것을 보여주기를 원했고, 이는 야권 후보들 간의 단일화로 이어졌다. 그러나 결국 단일화 룰과 관련해 아름다운 타협을 하지 못하고 일

방적인 사퇴로 마무리되어 아쉬움을 남기기도 했다. 후보 단일화 이후 칩거하던 안철수 후보가 다시 문재인 후보의 선거운동을 도와주면서 선거 양상은 바뀌는 듯했으나 안정적 변화를 갈망하는 50대 이상 유권자가 대거 박근혜 후보를 지지함으로써 결국 선거는 보수의 승리로 끝나게 되었다.

박근혜 후보가 당선될 수 있었던 이유는 50~60대의 선거에 대한 관심과 투표의지가 20~30세대에 비해 더 강했기 때문이다. 또한 안정 속에 변화를 바라는 50~60대의 표심이 더 많이 반영되었기 때문이다. 20대와 30대의 투표율이 각각 65.2%, 72.5%인 데 반해 50대와 60대 이상의 투표율은 89.9%, 78.8%를 나타냈다. 전체 유권자의 비중을 보면 50~60대 이상인 세대가 전체 유권자 중 39.9%(16,182,017명)를 차지하는 데 반해 20~30대는 전체 유권자의 36.4%(14,767,278명)로서 오히려 비중이 적었다. 40대에서 문재인 후보가 다소 앞선다고 하더라도 50~60대가 박근혜 후보에게 압도적인 지지를 보냄으로써 당선될 수 있었다(유현종, 2013).

지지율의 변화

대선과정에서 유권자의 표심은 다양하게 요동쳤다. 연초만 해도 박근혜 후보와 문재인 후보 간에는 지지율에 큰 차이가 없었다. 그러나 새누리당이 박근혜를 중심으로 한 비대위 체제를 통해 진보적 정책을 대폭 수용해 당의 변화를 일으키고 공천 물갈이를 통해 참신한 인사를 공천해 총선에서 152석을 차지하는 승리를 거두자, 박근혜의 지지율은 고공행진을 하고 문재인의 지지율은 떨어졌다. 더구나 새누리당의 대통령 후보 선출을 위한 경선과정에서 박근혜가 1위를 차지하는 컨벤션 효과로 지지율이 다시 올라가 대세론이 형성되었다. 그러나 박근혜 대세론은 오래가지 못했다. 민주화운동 인사였던 고 장준하의 의문사와 1970년대 유신체제 하에서 인혁당 사건으로 억울하게 사형을 당한 사람들이 박정희 정권 시절 인권탄압의 과거사에 대해 문제를 제기했는데, 박근혜는 두 개의 판결을 언급하며 역사가 판단할 문제라고 했다가 여론의 비판을 받게 되었다. 이와 동시에 제19대 총선과정에서 공천심사위원에게 금품로비를 하려고 했다는 사실을 내부고발자가 선관위에 신고해 검찰에 고발되었다. 또한 박근혜의 최측근이 불법정치자금 수수로 고발된 사실이 언론에 보도되자 지지율은 떨어졌고 양자대결에서 문재인에게 역전되기도 했다. 이 무렵 문재인도 민주당의 대통령 후보로 선출되어 지지율이 상승했고, 시민사회의 안철수도 대선출마를 선언하자 박근혜 대세론은 순식간에 무너지게 되었다.

그 후 박근혜 후보가 과거사에 대해 언론을 통해 사과하면서 과거사 논쟁이 일단락되었고, 안대희 전 대법관을 영입해 정치쇄신에 관한 새로운 공약들을 제시하자 지지율이 다시 회복되었다. 문재인과 안철수 간의 단일화를 위한 줄다리기 협상이 계속되면서 문재인 후보의 지지율은 오히려 상승하는 반면 안철수 후보의 지지율은 떨어졌다. 그리고 박근혜 후보와 문재인 후보의 지지율은 엎치락뒤치락하는 초박빙의 상황이었다. 그러나 문재인-안철수 후보의 단일화과정이 경선 룰을 둘러싼 신경전으로 아름답게 끝나지 못하자 박근혜 후보의 지지율은 다시금 상승하게 되었다. 물러났던 안철수 후보가 문재인 후보의 선거운동을 도와주면서 다시 문재인 후보가 추격하여 초박빙으로 이어졌으나, 결국 선거 당일 50~60대 이상 세대와 보수층 표의 결집력으로 박근혜가 문재인을 물리치고 당선되었다.

보수대연합

문재인은 대한민국 유사 이래 가장 강력한 보수 후보와 대결했다. 박근혜는 이명박 정권 5년 내내 부동의 지지율 1위 후보였다. 거의 5년 내내 본인 개인기로만 부동의 1위 자리를 유지했다. 박근혜 후보의 개인기와 보수대연합으로 똘똘 뭉친 보수진영을 상대하는 것은 야권 후보와 야권진영이 100% 제 역할을 다 해내더라도 승부를 점치기 어려운 상황이었다.

박근혜는 2012년 8월 새누리당 대선후보로 지명된 후부터 '국민대통합'을 제시하며 '보수대연합'을 시도해왔다. 보수대연합은 새누리당 대선 전략의 핵심이었다. 새누리당 내 일부에서는 보수대연합 전략이 젊은 층이나 중도층, 그리고 무당파층의 거부감을 초래할 수 있다고 우려하기도 했지만 보수대연합의 완성은 지지층의 결속과 외연의 확대를 기대할 수 있는 막강한 파급력을 가져왔다.

이인제 의원이 대표로 있던 선진통일당과의 합당, 이회창 전 자유선진당 대표, 김종필 전 국무총리 등 충청권을 기반으로 한 보수층 인사들의 지지를 이끌어냈다. 2002년 대선을 반면교사로 삼고 충청권에 상당한 공을 들였다. 김영삼 전 대통령과 상도동계인 민주동지회 인사 등, 당내 비박(非朴, 비박근혜)계의 중심인 정몽준·이재오 의원, 2005년 '행정중심복합도시건설 특별법'에 반대하며 자신과 결별했던 한반도선진화재단의 박세일 이사장까지 박근혜 후보에 대한 지지를

보수대연합 포럼의 창립식 모습 (출처: 아주경제, 2017. 4. 17.)

이끌어냈다. 박근혜는 2012년 대선에서 실질적인 범(汎)보수 진영의 '단일후보'였고, 문재인 후보는 가장 강력한 범보수 진영 후보를 상대하게 된 것이다.

문재인은 자신을 '서민 후보', 박근혜를 '귀족 후보'라는 이미지로 대비시키려 했지만 잘 먹혀들지 않았다. 유세장에 가보면 박근혜 후보 쪽으로 서민층이 많이 모이고, 문재인 후보 유세에는 학생들과 사무실 근무자가 많았다. 박근혜가 시장상인들을 만나면서 일일이 악수하는 장면과 악수를 많이 해서 손에 하얀 붕대를 감고 악수하는 모습, 그리고 이러한 박근혜를 열렬히 환영하는 시장상인들의 모습을 보면 귀족적 이미지보다는 오히려 서민적 이미지가 더 강하게 느껴졌다. 지지층을 살펴보면 박근혜는 서민층(저소득층, 저학력층, 생활인층)에서 압도적 지지를 받았고, 문재인 후보는 고소득층·고학력층에서 지지율이 높았다. 아이러니하게도 지지층을 기준으로 하면 박근혜가 서민 후보, 문재인은 부자 후보였다(조갑제, 2013).

전문가들은 18대 대선에서 박근혜가 승리한 가장 큰 요인으로 50~ 60대가 진보-좌파 진영에 느낀 불안감 때문이었다고 분석했다. 그들은 자신들이 만들어온 시대가 전면적으로 부정당하는 듯한 상황에 분노했다는 것이다. 박정희에 대한 부정, 이정희 후보의 표독스러운 발언, 문재인의 위험한 안보관, 민주당원들이 저지른 국정원 여직원 불법 감금 사건 등이 문재인에게 부메랑이 되어 역효과를 가져왔다. 여론조사에 따르면, 보수층을 자극해 이들을 투표장으로 불러내는 데 가장 큰 공을 세운 사람은 이정희 통합진보당 후보라고 한다. 대선후보 3자 토론은 통합진보당 이정희 후보의 표독스러운 발언으로 다소 어눌한 박근혜 후보가 가장 큰 득을 봤고, 가장 큰 피해자는 문재인 후보였다.

자식 키우고 부모 모시는 사람들, 이정희의 파행적 언동을 보고 잠을 못 잤다는 사람들, 텔레비전을 깨버렸다는 사람들, 진보를 사칭한 종북의 정체를 비로소 알았다는 사람들, 그 이정희와 손을 잡은 문재인을 의심하는 사람들이 투표날을 기다리고 있다가 새벽부터 몰려나갔다. 오전 투표율 상승은 이 사람들 때문인데, 새누리당과 민주당은 '젊은이들이 몰려온다'고 각각 오판했다. 오전 선거에서 실제로는 박근혜가 거의 7% 차이로 앞섰으나 문재인이 앞서고 있다는 뜬소문이 조직적으로 유포되었다. 이 소문 또한 50~60대 또는 그 이상의 연령층을 자극하여 투표장으로 나가게 한 것이다(조갑제, 2013).

선거 막판에 민주당이 제기한 국정원 여직원 사건도 50~60대의 불안감을 증폭시켰다. 국정을 운영해본 민주당이 확실한 근거도 없이 여직원을 감금하고 국정원·경찰 등 국가기관을 공격한 것이 굉장한

붕대 감은 손으로 시장상인들과 악수하는 박근혜 후보 (출처: 연합뉴스, 2012. 4. 14.)

역풍을 불러왔다.* 베이비붐 세대인 50대는 1985년 2·12 총선 이변
의 주역 세대였다. 20대 시절 그때도 이들은 유세장과 투표장으로 몰려
나갔다. 이들은 반전두환 정권 운동을 벌이던 신민당을 집중적으로 지
지하여 민주화의 분수령이 된 선거혁명을 일으켰다. 그 뒤 30년간 치
열한 경쟁 속에서 살아왔고, 지킬 것도 많아진 50대는 한 세대 만에 반
정부에서 체제수호로 대변신을 한 것이다.

　박근혜는 안정적이고 신뢰할 만한 이미지를 가졌다. 많은 유권자

＊　국가정보원 소속 심리정보국 공무원들이 국가정보원의 지시에 따라 인터넷에 게시글을 남
　　겨서 선거에 영향을 미치고 있다는 제보가 들어오자 선관위 직원이 경찰에 신고해서 출동한
　　수서경찰서 직원 3명과 선관위 직원, 제보자와 함께 국정원소속 여직원 오피스텔에 들어가
　　확인했다. 그 결과 불법선거운동을 했다고 단정할 만한 사정이 없다고 판단하고 제보자에게
　　조사가 끝났음을 알리고 경찰과 선관위 직원이 떠났다. 이에 민주당 당원들이 20대 여성을
　　9평 남짓한 오피스텔에서 나오지 못하게 하면서 철저한 조사를 요구했다. 사흘 밤낮을 감금
　　한 꼴이 되었다. 민주당원 관계자들은 불법 감금당한 여직원을 만나려는 가족들이 오피스텔
　　에 들어가는 것까지 막았다. 이에 여직원이 112 경찰신고를 3번이나 했으나, 경찰은 이에 어
　　떤 보호조치도 하지 않았다고 한다. 민주당 당원들과 경찰들이 대치하는 과정에서 해당 직
　　원은 문 밖으로 나오지 않고 사흘 동안을 오피스텔에 감금당한 셈이 되었다. 가족과 경찰이
　　오피스텔에 들어가려는 시도를 방해하는 민주당원들의 모습이 생생히 카메라로 생중계 되
　　어 국민을 놀라게 했다. 여직원은 부정선거를 한 적이 없다고 주장했다. 결국 경찰은 수사에
　　들어갔으나, 국가정보원 요원은 전화를 통해 자신이 항상 정치적 중립을 지키고 있으며 대
　　선과 관련한 어떤 글도 인터넷에 올린 적이 없다고 주장했다.

는 박근혜가 그동안 걸어온 삶의 경험을 신뢰했다. 과거 퍼스트레이디로서 활동한 것에서 육영수의 환영을 느낀 50~60대 유권자도 많았다. 당이 위기에 처했을 때마다 당을 구한 정치 경험도 높이 평가했다. 아울러 박근혜가 원칙을 강조하고 끝까지 이를 지킨 것도 호평을 받았다. 새누리당으로서는 중장년층을 가장 많이 끌어들일 수 있는 최적의 후보를 낸 셈이다. 역대 대선 가운데 2012년 선거같이 보수진영이 똘똘 뭉친 적이 없었다.

2012년 대선의 최대변수였던 안철수가 단일화 과정에서 갑작스러운 사퇴를 하며 예상과 다른 행동을 함으로써 순수했던 그의 이미지에 금이 갔다. 젊은 층을 중심으로 그에게 과도한 관심이 쏠렸고, 민주당이 너무 20~30대에게만 매달리는 모습이 오히려 50~60대에게는 불만으로 여겨졌다. 이러한 불만은 50대 이상 세대를 뭉치게 했으며 이들의 투표율을 크게 높였다.

문재인은 자신만의 독자적인 브랜드가 없었다. 국민에게 스스로 서지 못하고 계속해서 안철수 전 후보를 바라보면서 도와달라고 요청한다는 인상을 줬다. 특히 노무현 후보가 정몽준에게 베팅한 것처럼 선거 막판에 자신의 모든 것을 던지고 베팅해야 했다. 즉, 단일화 과정에서 문재인 후보는 안철수 후보 측 제안을 받아들였어야 했다. 여론조사를 앞두고 적합도, 본선 경쟁력 등의 여론조사 방식 논쟁을 한 것은 결국 아름다운 단일화를 이끌지 못한 이유가 되었다. 대선 레이스 도중에 대선판을 흔들 대형 이슈를 만들어내지 못한 것이다.

제16대 대통령 선거 TV 광고에서 이회창 후보는 시골길을 거칠게 운전하는 장면으로 "누가 대한민국을 운전해야겠습니까?"라는 문구로 안전한 국정 운영을 할 사람은 자신임을 강조했다. 그에 반해 노무현 대통령은 직접 통기타로 연주하며 〈상록수〉를 부른 데 이어 평화의 메시지를 담은 존 레넌의 유명한 곡인 〈이메진(Imagine)〉을 배경으로 눈물을 흘렸다(강승규, 2008).

이들 광고는 대단히 대조적인 이미지를 보여주었다. 이회창 후보의 광고가 공격적이고 네거티브 전략을 고수하고 있었다면 노무현 대통령의 광고는 친근하고 감성적이었다. 많은 전문가들이 제16대 대선은 노무현 대통령의 '눈물'의 승리라고 평가했다. 물론 절대적인 요인은 아니었지만 영향력이 컸다. 그러나 18대 대선에서 문재인에게는 눈물이 보이지 않았다.

8

그 이후

박근혜는 대통령 취임 후 경제나 외교에 혼신의 힘을 기울였다. 통일 대박론으로 통일에 대한 의지를 보여주었고, 미국과 중국을 오가며 활발한 외교정책을 펼쳐나갔다. 그러나 대통령 재임 중 세월호 침몰 사고, 메르스(전염 감기) 사태를 비롯한 재난 대응의 미비와 추진하는 정책들이 실패로 돌아가고 미숙한 국정운영과 불통 논란, 독단적이며 권위주의적인 행태 등으로 인해 사회적 저항과 비판을 받아왔다.

2014년 4월 16일 진도 해상에서 청해진해운 소속 여객선 '세월호'가 침몰했다. 이 사고로 인해 세월호에 타고 있던 안산 단원고등학교 학생과 일반인 등 300여 명이 사망했다. 사고 발생 이후 해양경찰의 미숙한 대처와 미흡한 구조로 인해 다수의 사망자·실종자가 발생한 것으로 인식되어 해경 및 정부에 대한 강한 비판여론이 발생했다.

검찰조사에서 박근혜 대통령은 세월호 구조의 골든타임이 끝날 때까지 침몰 사실을 전혀 모르고 관저 침실에 있었다는 점과 구조를 위해 즉각 아무런 조치를 취하지 않았다고 발표했다. 또한 자신의 직무유기를 감추기 위한 거짓 조작을 하려 했다고 발표했다. 이러한 사실에 국민은 분노하게 되었다.

2016년 10월 민간인인 박근혜 대통령의 측근 최순실이 국정에 개입했다는 의혹이 터지면서 임기 중 최대의 위기에 몰렸다. 박근혜 대통령의 정치 인생 전반을 최순실이 관여한 것으로 의심되며 대통령 취임 이후 현재까지 모든 정책에 최순실이 관여한 것으로 추측되자 국민의 저항이 거세게 일어났다.

특히 이화여자대학교는 최순실의 딸인 정유라를 체육 특기자로 부정입학시킨 후 학사 관리를 소홀히 해왔음이 밝혀지자 자식을 대학에 보내려는 입학생 부모의 분노는 대단했다. 국민은 박근혜의 실정과 민간인의 국정개입에 분노하며 광화문에 모여 박근혜 퇴진을 요구하는 촛불집회를 하기 시작했다. 연이은 촛불집회는 비폭력적이었으며 많은 국민의 지지와 관심을 끌었다. 촛불집회의 영향으로 국회에서는 2016년 12월 3일 박근혜 대통령 탄핵안이 발의되었다. 탄핵안은 국회를 통과하여 헌법재판소의 결정을 기다리게 되었다. 결국 2017년 3월 10일 헌법재판소는 만장일치로 탄핵 소추안을 인용하여 박근혜 대통령을 파면시켰다. 이는 대한민국 헌정 사상 최초로 대통령이 탄핵으로 물러난 것이다. 1925년 대한민국 임시 정부에서 탄핵된 이승만 대통령까지 포함할 경우 역사상 두 번째로 탄핵된 대통령이었다. 탄핵 후 곧바로 3월 21일 검찰에 소환되어 대한민국의 전직 대통령 중 전두환, 노태우, 노무현에 이어 네 번째로 검찰 수사를 받았으며, 이후 3월 31일 구속영장이 발부되어 서울구치소에 수감되면서 전두환, 노태우에 이어 세 번째로 구속된 전직 대통령이 되었다. 현재까지 (2018. 9.) 박근혜는 구속된 상태에서 수사와 재판을 진행해오고 있다.

이른바 촛불혁명으로 박근혜 대통령이 파면되고 구속되자 조기

문재인 대통령의 취임식 (출처: 한겨레, 2018. 1. 10.)

에 대통령 선거를 치르게 되었다. 2017년 3월 10일 조기 대선이 결정되자 문재인은 대권에 재도전했다. 이재명, 최성, 안희정과 겨루어 전체 표수의 과반을 얻어 결선투표 없이 2017년 4월 3일 더불어민주당 대선후보 경선에서 최종 승리하여 더불어민주당 제19대 대선후보가 되었다. 2017년 5월 9일 치러진 대선에서 41.1%를 득표하여 24%를 득표한 자유한국당 홍준표 후보를 누르고 당선되었다. 대통령이 파면되어 치러진 궐위선거이므로 중앙선거관리위원회 당선인 결정 시간인 2017년 5월 10일 8시 9분 대통령직 인수위원회를 구성하지 않고 곧바로 제19대 대통령에 취임했다.

참고문헌

강승규.《대통령을 만든 마케팅 비밀 일곱 가지》. 중앙북스, 2008.

강준식.《대통령 이야기》. 예스위캔, 2011.

김규회.《대한민국 정치 따라잡기》. 북쏠레, 2008.

김대중.《나의 삶 나의 길》. 산하, 1997.

김만흠.《민주화 이후의 한국정치와 노무현 정권》. 한울아카데미, 2006.

김병문.《그들이 한국의 대통령이다》. 북코리아, 2012.

김상웅.《노무현 평전》. 책보세, 2012.

김성진.《한국정치 100년을 말하다》. 두산동아, 1999.

김영삼.《김영삼 대통령 회고록》. 조선일보사, 2001.

_____.《김영삼 회고록》. 백산서당, 2000.

김영호.《경제민주화시대 대통령》. 나무, 2012.

김영환.《김영삼과 나》. 도서출판 심우, 1992.

_____.《덧셈의 정치 뺄셈의 정치》. 나무와숲, 2006.

김욱.《김대중의 끝나지 않은 이야기》. 인물과사상사, 2005.

김운태.《미군정의 한국통치》. 박영사, 1992.

김재홍.《박정희의 유산》. 도서출판 푸른숲, 1998.

김충식.《남산의 부장들》. 폴리티쿠스, 2012.

김헌식.《노무현 코드의 반란》. 월간말, 2003.

김형문.《김대중 그는 누구인가》. 금문당, 2009.

남경완.《꿈이 있어야 국민이다》. 박영률출판사, 2004.

노무현 외.《노무현: 상식, 혹은 희망》. 행복한책읽기, 2002.

노재현.《청와대 비서실》. 중앙일보사, 1993.

동아일보사 편집부.《현대사를 어떻게 볼 것인가?》. 동아일보사, 1990.

로버트 T. 올리버.《이승만 비록》. 한국문화출판사, 1982.

박권흠.《닭의 목을 비틀어도 새벽은 온다: 김영삼, 그 투쟁과 사상과 경륜》. 백양출판사,
     1992.

박도재.《사랑해요 DJ: 김대중 평전》. 이룸, 2009.

박보균.《청와대 비서실》. 중앙일보사, 1994.

박성대.《대한민국은 왜 대통령다운 대통령을 가질 수 없는가?》. 도서출판 베가북스, 2009.

박일영.《건국의 내막 로버트 디 올리버》. 계명사, 1998.

박철언.《바른 역사를 위한 증언》. 랜덤하우스중앙, 2005.

브루스 커밍스.《분단 전후의 현대사》. 일월서각, 1983.

서중석.《대한민국 선거이야기》. 역사비평사, 2008.

_____.《이승만의 정치이데올로기》. 역사비평사, 2005.

_____.《한국 현대사》. 웅진지식하우스, 2005.

서프라이즈 검객들.《노무현과 서프라이즈 세상을 바꾼 드라마》. 시대의창, 2003.

신동준.《대통령의 승부수》. 올림, 2009.

어수영 편.《한국의 선거》. 오름출판사, 2006.

오경환.《대통령가의 사람들》. 도리, 2003.

오병상.《청와대 비서실》. 중앙일보사, 1995.

오인환.《이승만의 삶과 국가》. 나남, 2013.

우종창.《권력의 역설》. 미래를소유한사람들, 2011.

우종철 · 노희상.《박근혜 민생정부 약속과 책임》. 승연사, 2013.

월간조선 편집부.《이승만, 박정희를 추억한다》. 월간조선사, 2004.

_____.《비록 한국의 대통령》(월간조선 1993년 신년호 별책부록). 조선일보사, 1993.

유승찬.《문재인의 위대한 시작》. 미르북스, 2013.

유시민 · 노무현.《운명이다: 노무현 자서전》. 돌베개, 2010.

유영익.《이승만 대통령 재평가》. 연세대학교 출판부, 2006.

_____.《이승만의 삶과 꿈》. 중앙일보사, 1996.

유현종.《선택 2012의 분석: 정치 · 행정개혁의 비전과 과제》. 법문사, 2013.

윤여준 · 이상돈 · 이철희.《누가 해도 당신들보다 낫겠다》. 미디어트리거, 2014.

윤치영.《윤치영의 20세기》. 삼성출판사, 1991.

이규철.《충신이 환관을 못 당한다》. 어문각, 2002.

이기수.《자전거 타는 대통령》. 오늘, 2003.

이기택.《한국야당사》. 백산서당, 1987.

이도성.《남산의 부장들》. 동아일보사, 1993.

이동형.《김대중 vs 김영삼》. 왕의서재, 2011.

_____.《바람이 불면 당신인 줄 알겠습니다》. 왕의서재, 2013.

이만섭.《나의 정치인생 반세기》. 문학사상, 2004.

_____.《증언대: 청와대 담판과 나의 직언》. 문호사, 1989.

이영석.《야당 40년사》. 인간사, 1987.

이영훈.《대한민국역사》. 기파랑, 2013.

이용식.《김영삼 권력의 탄생》. 도서출판 공간, 1993.

이원순.《인간 이승만》. 신태양사, 1993.

이윤섭.《김대중과 분열의 한국정치》. 팝디자인, 2003.

이종윤.《시대정신과 한국대충격》. 북갤러리, 2013.

이주영.《이승만과 그의 시대》. 기파랑, 2011.

이철승 · 박갑욱.《대한민국 이렇게 세웠다》. 계명사, 1998.

이청승.《호랑이를 탄 대통령》. 베세토, 2012.

이현우.《한국의 선거 16대 대선에서 나타난 이슈와 후보자 전략》, 2006.

이현출.《대통령선거와 시대정신》. 도서출판오름, 2012.

인보길.《이승만 다시 보기》. 기파랑, 2011.

임영태.《대한민국 50년사》. 들녘, 1998.

장을병.《인물로 본 8 · 15 공간》. 종합출판 범우, 2007.

장훈 · 윤종빈. 《2012 대통령선거: 구조와 쟁점》. 오름, 2013.

전인권. 《김대중을 계산하자》. 도서출판 새날, 1997.

정대수. 《선동가 노무현, 김대중 둥지에서 살다》. 에세이, 2009.

정병준. 《우남 이승만 연구》. 역사비평사, 2005.

정용욱. 《존 하지와 미군점령통치 3년》. 중심, 2003.

정창원. 《남북 현대사의 쟁점과 시각》. 선인, 2009.

조갑제. 《나의 가장 길었던 하루》. 조갑제닷컴, 2013.

_____. 《내 무덤에 침을 뱉어라》. 조선일보사, 1998.

_____. 《박정희》. 조갑제닷컴, 2009.

_____. 《박정희의 결정적 순간들》. 도서출판 기파랑, 2009.

조용중. 《미군정하의 한국정치현장》. 나남, 1990.

조우석. 《박정희, 한국의 탄생》. 살림출판사, 2009.

주돈식. 《우리도 좋은 대통령을 갖고 싶다》. 사람과책, 2004.

채수명. 《한국대통령학 & 대권 시나리오》. 이유, 2002.

최상오 · 홍선표. 《이승만과 대한민국 건국》. 연세대학교 출판부, 2011.

최홍순 · 이상진. 《김대중과 이지메》. 이가책, 1998.

한국대통령평가위원회 · 한국대통령학연구소. 《한국의 대통령 평가》. 조선일보사, 2002.

한국역사연구회 현대사연구반. 《한국현대사 I: 해방 직후의 변혁운동과 미군정》. 풀빛, 1991.

한국정치연구회. 《박정희를 넘어서》. 푸른숲, 1998.

한국정치평론학회. 《18대 대선과 정치평론》. 인간사랑, 2013.

한국정치학회 관훈클럽. 《한국의 대통령 리더십과 국가발전》. 인간사랑, 2007.

한배호. 《한국정치사》. 일조각, 2008.

한승인. 《독재자 이승만》. 일월서각, 1984.

허영섭. 《정주영 무릎을 꿇다》. 아침, 1993.

허원순. 《대통령으로 산다는 것》. 한국경제신문, 2006.

현무암, 《노무현 시대와 디지털 민주주의》. 실천문학사, 2010.

황대원. 《대한민국 대통령의 자격》. 진한엠비, 2013.

황정일. 《이승만 로버트 올리버》. 건국대학교 출판부, 2002.